THE DESIGN THINKING PLAYBOOK

MINDFUL DIGITAL TRANSFORMATION
OF TEAMS, PRODUCTS, SERVICES,
BUSINESSES AND ECOSYSTEMS

MICHAEL LEWRICK   PATRICK LINK   LARRY LEIFER

デザインシンキング・プレイブック
デジタル化時代のビジネス課題を今すぐ解決する

マイケル・リューリック　パトリック・リンク　ラリー・ライファー 著　今津美樹 訳

The Design Thinking Playbook: Mindful Digital Transformation of Teams,
Products, Services, Businesses and Ecosystems by Michael Lewrick, Patrick Link and Larry Leifer
Copyright © 2018 Verlag Vahlen GmbH, München. All rights reserved.
Translation copyright © 2019 by Shoeisha Co., Ltd.
All Rights Reserved.
This translation published under license with the original publisher John Wiley & Sons, Inc. through Tuttle-Mori Agency, Inc., Tokyo

「デザインシンキングの意味をこれほどまで見事に表現した本は見たことがない」
──ケース・ドルスト（シドニー工科大学デザイン学教授）

「単にデザインシンキングを活用する方法を伝授するだけではなく、これまでにない独創的な本だ」
──ナイジェル・クロス（『エンジニアリングデザイン』）

「著者陣や構成、中身からして必読書と言える。見た目は遊び心にあふれているが、驚くほど突っ込んだ内容になっている」
──「ハーバード・ビジネス・マネジャー」（「ハーバード・ビジネス・レビュー」のドイツ語版）

本書の協力者

Armin Ledergerber / Beat Knüsel / Daniel Osterwalder / Dominic Hurni / Elena Bonanomi / Emmanuel Sauvonnet / Isabelle Hauser / Jan-Erik Baars / Jana Lév / Mario Gurschler / Markus Blatt / Mike Johnson / Natalie Breitschmid / Natalie Jäggi / Sophie Bürgin / Stijn Ossevoort / Tamara Carleton / Thomas Eppler / William Cockayne

目　次

『デザインシンキング・プレイブック』では、テトリスのブロックがガイド役をつとめます。まずは、デザインシンキングのサイクルにおける各フェーズをしっかり「理解」することから始めます。「変革」では、組織や空間の環境を構築するにはどうすれば良いのか、そして将来を戦略的に見通すことでいかに大きなビジョンを描けるかを考えます。最後に「将来をデザインする」では、デジタル化におけるデザイン基準、エコシステムのデザイン、システムシンキングやデータ分析とデザインシンキングの組み合わせについて取り上げます。

序文　　　　7
はじめに　　10

1. デザインシンキングを理解する　　13

 1.1　ペルソナを作る　　14
 1.2　各フェーズを理解する　　36
 1.3　問題提起文を提示する　　50
 1.4　ユーザーのニーズを発見する　　58
 1.5　ユーザーに深く共感する　　72
 1.6　視点を定める　　80
 1.7　アイデアを生み出す　　90
 1.8　アイデアを選択する　　98
 1.9　プロトタイプを作る　　108
 1.10　プロトタイプをテストする　　118

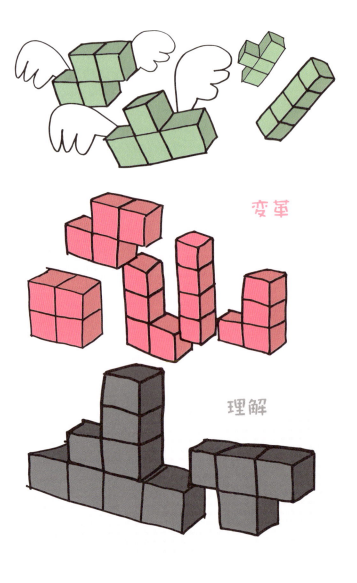

3. 将来をデザインする　　211

- 3.1　システムシンキングを取り入れる　　212
- 3.2　リーンスタートアップの発想を取り入れる　　224
- 3.3　ビジネスエコシステムデザインを築く　　240
- 3.4　社内を巻き込む　　254
- 3.5　人間とロボットの関係をデザインする　　266
- 3.6　デジタル変革を促進する　　278
- 3.7　AIで顧客体験を変える　　292
- 3.8　データ分析を取り入れる　　302

2. 組織を変革する　　131

- 2.1　クリエイティブな環境を作る　　132
- 2.2　異分野連携チームを結成する　　144
- 2.3　アイデアを視覚化する　　158
- 2.4　ストーリーをデザインする　　168
- 2.5　ファシリテーターとして変化を促す　　180
- 2.6　マインドセットを切り替える　　190
- 2.7　戦略的展望を持つ　　198

結びの言葉	314
エキスパートの紹介	323
出典	326

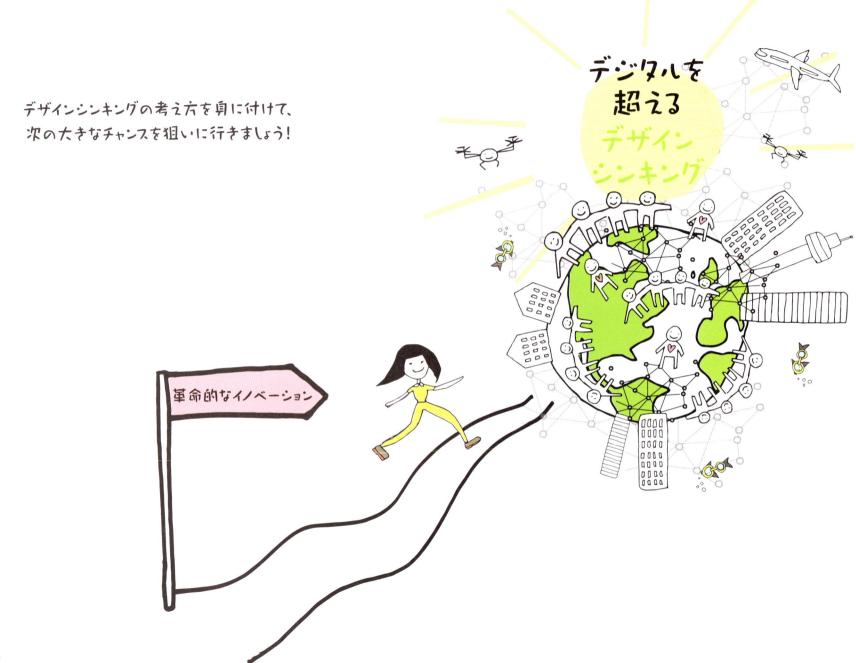

序文

ラリー・ライファー教授
- スタンフォード大学機械工学デザイン科教授
- スタンフォード大学デザイン研究センター所長（創設時より）
- スタンドフォード大学ハッソ・プラットナー・デザイン研究所（通称d.school）デザインシンキング研究プログラムディレクター（創設時より）

　この度、デザインシンキングを成功させる要素を集めた本書が世に出ることをたいへん光栄に思います。これもマイケル・リューリック氏とパトリック・リンク氏のおふたりの協力のおかげです。また、ビジュアルデザインを担当したナディア・ランゲンサンド氏にも感謝いたします。異なる分野における専門家がひとつのチームとして見事に連携できたことで、素晴らしい本にまとめることができました。本書に知識や考察を惜しみなく提供してくださった専門家の皆さまにも改めてお礼申し上げます。

　本書はデザインシンキングに関する書籍であるだけでなく、知的好奇心を刺激するエッセイとして、デジタル化に関する課題解決にとどまらず、デザインシンキングを応用するための深い洞察を提示しています。このプレイブックを楽しく読み進むうちに、考えるだけでなくきっと実践してみたくなるはずです。

　本書を読むと、次のようなことをやってみようという意欲が生まれ、実践できるようになります。

- よく知られたツールおよび新しいツールを適材適所で活用する
- デザインシンキングの全体像を把握する
- ピーター、リリー、マークという登場人物に自らを重ね、感情移入する
- 人間と機械の関係性が変わり、デザイン標準が問い直される中、デジタル化に伴うさまざまな課題に取り組む
- 会社にデザインシンキングを確実に定着させ、画期的なイノベーションを生み出すための、心をかきたてるフレームワークを導入する

　本書で特に注目していただきたい点は、学術界のみならず実務の世界の専門家にも協力を仰いだことです。数年前に、デザインシンキングを実践する人々のネットワークを強化すべきだというアイデアが生まれました。本書と、デザインシンキング・プレイブック（DTP）コミュニティでのコミュニケーションが刺激となってオープンな意見交換が活発に行われ、さまざまな企業においてデザインシンキングと新しいマインドセット（考え方）を根付かせる上で大いに貢献しています。

　最近になってデザインシンキングに対する関心が高まっているのは、これがデジタルトランスフォーメーション（デジタル変革）に取り掛かる上で軸となるツールだからです。銀行では「脱銀行業時代」の取り組みに活用され、スタートアップではビジネスエコシステムを構築することで新しい市場の創出を可能にする実例を目の当たりにしています。

　今や伝説的存在となりつつあるスタンフォードの授業「ME310（国際間デザイン実践プログラム）」で、私は、世界中から多種多様な業界の企業パートナーを迎えています。こうした企業は、本学および海外の学生たちとともに、刺激的なデザインの課題に取り組み、成果を上げています。

　それでは、どうぞ本書をお楽しみください。

ラリー・ライファー

DTP - COMMUNITY
WWW.DT-PLAYBOOK.COM

好奇心で動く

好奇心を持ち、心を開いて、常に「5W1Hの質問」を問い続け、視点を変えることであらゆる角度から物事を見てみましょう。

人に注目する

人にフォーカスし、共感を築き、ニーズを深掘りすることに注力します。

複雑さを受け入れる

複雑な仕組みを解く鍵となるものを探し、不確かなことを受け入れ、複雑な問題には複雑なソリューションが必要だという事実を受け止めます。

視覚化して見せる

ストーリー、ビジュアル化、シンプルな言葉を使って知見をチームと共有したり、ユーザーに対して明確な価値提案を創出したりします。

実験と反復

プロトタイプを作り、テストを繰り返すことで、ユーザーの置かれた状況で問題を理解し、学習し、解決します。

デザインシンキングプレイブックのマインドセット

共創、成長、拡張

デジタルの世界でもエコシステムにおいても、さらなる市場機会を創出するために、自らの能力を伸ばし続けます。

さまざまな思考法を組み合わせる

状況に応じて異なるアプローチを、デザインシンキング、データ分析、システムシンキング、リーンスタートアップと組み合わせます。

プロセスへの意識を高める

デザインシンキングのプロセスで自分が今どの段階にいるのかを知り、「グロウン・ゾーン（産みの苦しみの時期）」にさしかかったら、明確な目標のもとチームを率いることで、マインドセットを変革します。

新たな考え方。
新たな枠組み。
新たな解決策。

WWW.DESIGN-THINKING-PLAYBOOK.COM

ネットワーク型連携

部署や会社の垣根を超えた「T型人材（145ページ参照）」と「U型のチーム（150ページ参照）」による、臨機応変で機動性の高いネットワーク型連携を実現します。

行動を振り返る

自分の考え方、行動、姿勢を振り返ります。これによって、自分がどんな先入観をもっていて、今後何をするかを確認することができます。

9

はじめに

次の大きな市場機会はどこにあるのか、と誰もが絶えず狙っています。野心あふれる起業家も、優秀な社員も、中間管理職も、商品デザイナーも、講師も、大学教授でさえも。誰もが一度は抜群のビジネスアイデアを思いついたことがあるはずです。たとえば、Facebookが色あせるほど革新的な次世代のSNSや、患者に最善の治療法を提案しつつ膨大な医療データを蓄積できるシステムといったアイデアです。

新しいアイデアを生み出すために、最大限のエネルギーを注いで、労を惜しまず取り組むのは、私たちのようなごく普通の人々であり、私たちの頭の中はビジョンであふれています。成功するために必要なのは、（顧客の）ニーズ、異分野連携チーム、正しいマインドセット、実験的な試みのためのゆとり、創造性、そして既存のものを疑う勇気です。

あらゆる分野においてますます重要になっているのは、今後の市場機会をいかに特定し、組織内の人々を迅速に、かつ創造性をもって動かすことができるようにするかということです。

従来の事業計画やマネジメントの枠組みでは、なかなか環境の変化に対応できません。さらに、多くの企業では創造性を抑圧し、オペレーショナル・エクセレンス（優れた業務遂行能力）と目標管理制度（MBO）を優先しています。

ですから、古いやり方は捨てなければなりません。そのためには、新たな連携の形を取り入れ、マインドセットを変え、ソリューションを模索するための余地を確保することが必要です。

ここで重要な事柄が3つあります。

1) 自分の個性を消さない！

「創造力があり成長の余地があるからといって、カリスマファッションデザイナーを真似たりする必要なんて誰にもありません！」

一人ひとり違った個性を持っているのですから、今のありのままの自分でいること、自分の経験と意思を信じ続けることが、成功を導くために非常に重要です。そして、テトリスから学んだことがひとつあるとすれば、ついついきちんとはまる場所を探してしまうという点があります。ぴったりはまった瞬間に消えてしまうというのに！

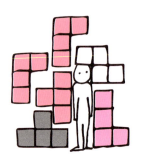

2) 気に入る！ 変える！ 捨てる！

「自分の気に入った概念やヒントを、
課題に合わせてアレンジして使いましょう」

どのマインドセットが自分の組織に合うのかは自分で決めます。本書にある専門家のヒントも、気に入るか、理屈に合わないと思うのでアレンジを加えるのか、自分の状況に合わせてみるのか、それも自分で決めます。すべての組織がGoogleやSpotifyやUberのクローンのようになったらおかしいですよね。それぞれの会社に独自のアイデンティティと価値があります。テトリスでも、ぎりぎりのところでブロックを回転させるとうまくいく可能性があります。

3) 一人でやらないで！

「チームが成功するために必要なスキル、
テクノロジー、考え方を身に付け、
ビジネスエコシステムに当てはめて考えましょう」

過去のマインドセット、デザイン基準、ニーズでは、今日の商品を開発することはできません。ユーザーのニーズも仕事の協力体制も変化しています。デジタル化の世界では、商品やサービス、ビジネスモデル、ビジネスエコシステムを開発するために必要な自由とスキルを持ち、俊敏性も備えていなければなりません。もし組織を変革しなければ、成長戦略の失敗例が積みあがっていくだけです。

気に入る！　変える！　捨てる！

今こそ変化の時！

本書の狙い

『デザインシンキング・プレイブック』は、マネジメントの新たなあり方への変革を手助けします。こうした変革は顧客のニーズから知ることができます。例として、アナログ電話からスマートフォンを経てマインドフォンまで進化する流れを考えてみましょう。

1980年代には、自宅で仕事の電話を受ける必要があることなどめったになかったものですが、現在ではいつでもどこでも連絡が取れなければなりません。将来は、簡単なコミュニケーションなら頭の中で考えた通りにやりとりできるようになり、非効率的な手動入力のスマートフォンインタフェースは消えていくかもしれません。成功している会社は、こうした変化も考慮してビジネスエコシステムも創り上げて、顧客、サプライヤー（供給業者）、開発業者、ハードウェアメーカーと緊密に連携しています。

このプレイブックでは、デザインシンキングの世界を分かりやすく解説します。この本を読み終える時には、読者の皆さんが今よりちょっと幸せになっていれば本望です。デザインシンキングは幸せも生むものだからです。読者の皆さんが幸せになれば、著者の私たちにとっては大成功です。

1980年のニーズ　→　アナログ電話

変化

現在のニーズ　→　スマートフォン

変化

将来のニーズ　→　マインドフォン

本書で工夫したこと

「あなたは今書いている本の読者のニーズを本当に分かっていますか？」

これは、本書の編集者と寄稿者が集まる最初の会議で実際にあった発言です。私たちは自分自身を本書の読者ターゲットとして思い描くことはできていました。しかし、改めてこの質問に答えることにしました。

そこで、デザインシンキングの手法で、まずは顧客のニーズを判断し、さまざまな登場人物を作り上げ、デザインシンキング実践者の作業に大いなる共感を抱くことで、確かな基盤を築きました。ですから本書は最初から最後までそのマインドセットを実践した初のデザインシンキング本です。

市場にはすでにたくさんのデザインシンキング本が出回っているので、私たちはデザインシンキングを活用するための最適な方法を示す必要があると感じました。また、デザインシンキングのスキルをプロとして使えるものにするために役立つ本にもしたいと思っています。世界は決して立ち止まることはありません。デジタル化社会でさらに優れた革新的な存在となるために、デジタル化において必要とされることを考慮し、デザインシンキングを他のマインドセットと組み合わせています。

さて、ここからは最も大切なこと、つまりデザインシンキングと専門家のヒントを実際に活用するための具体的で実践的な方法に注目しましょう。こうしたヒントは、実際に取り組める自己完結したアクティビティの形にまとめるようにしました。

「どうすれば…」のコーナーは、どうすれば先に進めるかということを示すヒントにすぎません。デザインシンキングは構造が固定しているプロセスではありません。それぞれの状況に合わせてマインドセットとアプローチを変えていけばいいのです。

将来

1. デザインシンキングを理解する

1.1 ペルソナを作る

「はじめに」でもご説明しましたが、私たちはイノベーションに関心のあるすべての人たちのための本を書きたいと思いました。たとえば物理的な商品はもちろんですがデジタル商品、サービスなどさまざまな商材を扱う皆さんです。そしてビジネスモデル、ビジネスエコシステムに業務の一環として携わっている、影響力のある人や起業家も対象にしています。

本書では、3人のペルソナを登場させています。本書の読者ターゲットであり、日々デザインシンキングを活用する、全くタイプの異なる3人です。ただ、共通するのは、変化の激しい世界で何か新しいものを生み出そうとしている点です。

ここで最初の質問が生まれます。

「潜在的なユーザーをいかに深く理解し、その隠れたニーズを明らかにすることができるか？」

各章で「ピーター」「リリー」「マーク」という3人のペルソナに注目していきます。この方法で、デザインシンキングを実践する人たちの多くのニーズに応えられることでしょう。

ピーターの人物像は？

40歳のピーターは、スイスの大手IT企業に勤務しています。ピーターのデザインシンキングとの出会いは4年前、会社のプロジェクトに取り組んでいる時でした。当時ピーターはプロダクトマネージャーとして、次の大きな市場機会を探りつつ、さまざまな試みをしていました。

しばらくの間、ピーターは元旦に必ず赤い下着を着けるなどの"ゲン担ぎ"をしていましたが、全くご利益がありませんでした。なかなか成功に結びつかなかったため、最初はデザインシンキングが自分の役に立つのかどうか疑っていました。

彼の姿勢が変わったのは、顧客と一緒にデザインシンキングのワークショップに何度か参加してからです。環境が整った状況でさまざまなバックグラウンドの人たちが複雑な問題に一緒に取り組むことで、今までとは違った勢いが生まれることを実感しました。適切な作業指示によって誘導する優秀なファシリテーターと組むと、どんなグループでも潜在的ユーザーに対して新たな体験を提供できるようになるのです。このような経験をしたピーターは、デザインシンキングのワークショップでファシリテーターの役割に挑戦しようと思いました。

ワークショップを経験し、その成果をプロジェクトにうまく取り入れることができたおかげで、ピーターは最近昇進しました。今では「イノベーション＆コ・クリエーションマネージャー」という肩書きを持っています。

イベントなどで、デザインシンキングに精通したエバンジェリストたちと意見交換することがピーターの楽しみとなっています。

ピーターの人物像を掘り下げよう

　ミュンヘン工科大学卒業後、ピーターは電気通信、IT、メディア、エンターテインメントなどの業界でいろいろな仕事を経験してきました。そして5年前、ミュンヘンからスイスへの移住を決意しました。スイスのロケーションと充実したインフラに惹かれてのことです。ここでピーターは未来の妻プリヤと出会い、結婚して2年になります。プリヤはチューリッヒにあるGoogleのコーポレートキャンパスで働いています。プリヤは残念ながら職務上、今どんな仕事に取り組んでいるのかを詳しく話すことができません。もし話ができればピーターは興味津々になるはずなのですが。

　2人とも新しいテクノロジーはすぐに試したいタイプです。スマートウォッチでもAR（拡張現実）でも、さらにはシェアリングサービスでも、デジタル社会から生まれるものはなんでも試してみます。

　数週間前、ピーターは夢だったテスラの車を手に入れました。早く自動運転でドライブしながら景色を楽しみたいと思っています。イノベーション＆コ・クリエーションマネージャーという新しい役職によって、ピーターも「クリエイティブ系」の仲間入りを果たしました。服装もスーツと革靴からコンバースのオールスターに変えました。

　そんなピーターは、最近の夫婦間の危機をちょっとしたデザインシンキングのセッションで解決しようと試みました。

　ある日、突然プリヤがピーターに対して他人行儀な態度をとるようになりました。ピーターはプリヤの話を聞いて彼女が求めているものをもっと理解するための時間を作りました。2人で一緒に、夫婦関係にもう少し刺激をもたらす方法がないか話し合ったのです。ブレインストーミング中、ピーターは幸運の赤い下着が夫婦関係を救ってくれるのではないかと、ふと頭に浮かびました。でも、プリヤの悩みや不安に深く共感できるようになって気づいたのは、必要なのは赤い下着ではないということです。最終的に、2人は関係改善のためのいいアイデアをいくつか見つけました。ただ、デザインシンキング以外の方法で問題の解決策を探ってくれればいいのに、というのがプリヤの本音です。

　現在まで、ピーターはデザインシンキングをさまざまな状況で活用してきました。このアプローチが、ある時は目標達成に大いに役立つこともあれば、うまくいかない時もあることを学習しました。経験豊富なデザインシンキング実践者にいくつかヒントをもらうことで、もっと仕事に活かしたいと思っています。

ペルソナのビジュアル化

経験豊富なデザインシンキング実践者のユーザープロフィール

チームの
リーダー

<ピーター>
イノベーション &
コ・クリエーション
マネージャー

デザインシンキングの
エキスパートに
なりたい

デザインワークショップの
ファシリテーター

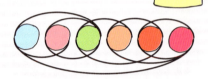

クリエイティブ　分析的

IT業界で
新しい商品・プロセス・サービスの
アイデアを開発

他のデザインシンキング実践者との
コミュニティ構築と知識の交換

ミュンヘン工科大学電気工学科卒
IT、メディア、エンターテインメント

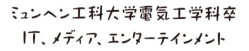

デジタルビジネスモデルの構築と
デジタル化戦略の実施

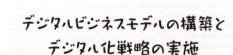

ペイン（現状に対し不満・不安に思うこと）

- ピーターの雇用主は従業員のスキルアップのための研修にあまり投資しません。
- ピーターは今ではデザインシンキングの取り組みにかなり自信をつけましたが、このアプローチからもっと得るものがあると信じています。
- ピーターは、デザインシンキングは強力なツールでありながら、最適な使い方をされていないこともあるという点に気付いています。
- ピーターは、どうすればデジタルトランスフォーメーション（デジタル変革）を加速できるか、今後市場で成功するにはどのデザイン基準が必要か、よく悩んでいます。
- ピーターは他の方法やツールをデザインシンキングと組み合わせたいと思っています。
- ピーターは自分のチームに新しいマインドセットを伝えるという課題に直面しています。
- 社外のデザインシンキングのエキスパートとアイデアを交換したいと思っています。

ゲイン（現状に対し満足していること）

- ピーターは日常業務の自由度が大きいので、新しいメソッドやツールを試すことができます。
- 本など形あるものを好み、視覚化や単純なプロトタイプを使って物事を説明することが得意です。
- 本当にやりたいことは、社内全体でデザインシンキングを確立することです。
- デザインシンキングとリンクさせたいさまざまなマネジメント手法を知っています。

Jobs-to-be-done（解決・達成したい課題）

- ピーターはデザインシンキングのマインドセットを身に付けましたが、一方で自分の環境を変えるために役立つような最適な例は簡単には入手できないことも分かっています。
- ピーターは新しいものを試すことが好きです。エンジニアリングの素養があるので、定量的アプローチや分析的アプローチなど、問題解決のためのさまざまな手法を試したいと思っています。
- 現在の環境でもエキスパートになりたいと思っています。同じ志の人たちとつながりを求めています。
- ピーターはデザインシンキングの実験をしています。

<u>ユースケース：</u>

ピーターが求めているのは、エキスパートが自らの体験を記した本や、事例を挙げてツールの説明をする本です。会社のあらゆる役職の人にお勧めできる本。インスピレーションの枠組みを広げ、デザインシンキングについてもっと知りたいと思わせる本。ピーターは、特にデジタル商品とサービスの開発に関してどういったデザイン基準が今後求められるかについても知りたいと思っています。

リリーの人物像は？

28歳のリリーは、現在シンガポール工科デザイン大学（SUTD）でデザインシンキングとスタートアップのコーチを務めています。この大学はアジアでIT企業向けデザインシンキングとアントレプレナーシップの分野ではパイオニアとして知られています。

リリーはデザインシンキングとリーンスタートアップを組み合わせたワークショップやコースを主催しています。講義だけでなく、学生チームにプロジェクトのコーチングも行っています。これと並行して、リリーは、マサチューセッツ工科大学の協力を得てシステムデザインマネジメントの分野で「デジタル化世界における強力なビジネスエコシステムのデザイン」というテーマで博士論文を書いています。

デザインシンキングのコースで参加者をグループに分ける際に、リリーはHBDI®（ハーマン脳優勢度調査）モデルを使います。この方法で4～5名の生産性の高いグループに分けられ、課題を端的に示した1つの問題提起文にそれぞれ取り組みます。リリーは、HBDI®の全脳モデルで示される4つの思考スタイルすべてを各チームメンバーとして集めることがきわめて重要であることに気付きました。リリー自身が好む思考スタイルは明らかに右大脳半分にあり、実験的、クリエイティブ、他者に囲まれることを好むという特徴があります。

リリーは浙江大学の大学院で企業経営を学びました。パリの国立土木学校で1年学び、修士号も取得しています。ME310プログラムの一環としてスタンフォード大学と共同で、リリーは企業パートナーとして防衛・電子機器のThales（タレス）とともにプロジェクトに携わり、ここでデザインシンキングに出会いました。ME310プロジェクトがとても気に入ったので、SUTDに通うことに決めました。ここでリリーは教授陣の間で、ド派手なビーチサンダルで有名になりました。SUTDの学生はそれほど興味を持ってくれなかったのですが。

リリーの人物像を掘り下げよう

リリーはさまざまな方法やアプローチについて深い理論的知識があり、学生チームには実践でこれを応用することができます。学生チームに対するコーチングは得意ですが、実践面での理解に欠けています。大学でデザインシンキングのワークショップを開催しており、産業界からイノベーション能力や社内ベンチャーについて詳しく知りたいという人たちが参加しています。

リリーはシンガポール在住で、フランス留学中に知り合った友人のジョニーとルームシェアしています。ジョニーはフランスの大手銀行のシンガポール支店の駐在員です。最初はリリーのビーチサンダルにちょっとひいてしまっていたジョニーですが、今となってはリリーのチャームポイントだと思っています。

ジョニーは、自分が勤める銀行の特徴である顧客との接点の重視や、ユーザーを中心としたデザインに、大きな可能性を感じています。新しいテクノロジーには非常に関心が高く、技術革新が銀行をどう変えるかという点には好奇心と不安を同時に感じています。

フィンテック業界（Finance＋Technology：金融テクノロジー）の動向は常にチェックし、ブロックチェーン（ビットコインなど仮想通貨の基幹技術の中心となる分散型台帳技術）の体系的適用から生じる新たな可能性を認識しています。こうした現状を打破する新しいテクノロジーが、銀行とそのビジネスモデルを変えてしまうのではと思っています。

その変革は、Uber（ウーバー）がタクシー業界に、Airbnb（エアビーアンドビー）がホテル業界に与えた変化よりもさらに根本的な革新になるのではと脅威に感じています。そして、もしその変革が起きるなら、それがいつになるのかも心配事です。ジョニーにとっての最も本質的な質問とは、現在の私たちが知る銀行という形態がこの世から消えてしまう

時が来るのかどうかという点です。いずれにせよ、銀行は今よりさらに顧客志向になることと、デジタル化がもたらす機会を潜在的な新規参入者よりも上手に活かすことが不可欠です。

　ジョニーは今のところ失業の心配はしていませんが、リリーと一緒に起業するのも心躍る選択肢です。ジョニーは自分の銀行がデザインシンキングを採用して新しいマインドセットを身に付けることを期待していますが、今のところは希望的観測にすぎません。

　リリーとジョニーはデザインシンキングを活用して企業のデジタル変革を支援するコンサルティング会社を設立したいとも思っています。既存のコンサルティング会社と比較して、スタートアップの会社としてより差別化できるものを模索しています。特に、コンサルティングのアプローチに文化的背景やニーズも取り入れたいと考えています。

　リリーは、ヨーロッパ流やアメリカ流のデザインシンキングのマインドセットがアジアの国々では失敗する例を山ほど見てきました。リリーは、人類学者のように各国の特殊性を特定し、デザインシンキングのアプローチに取り入れたいと考えています。

　しかし、この目標の実現に向けて躊躇する要因がありました。2人がややリスク回避をしたがっているのは、来年リリーが博士論文を仕上げたら、結婚して家族を作ろうとしているからです。リリーは、子供を3人は欲しいと思っています。

　リリーは、プライベートではクリエイティブで活動的なタイプです。シンガポールの国家プロジェクト「SkillsFuture」（シンガポール市民にスタートの年齢を問わず生涯を通じて潜在能力を開花させる可能性を与える国家政策）で知り合った仲間や、デザインシンガポール・カウンシルが協賛している「イノベーション・バイ・デザイン」というイベントで会った人たちとよく集まっています。こうした人たちは、特に、国のスペースと環境を人々のニーズに合わせようというコンセプトを展開しています。

　リリーが特に興味を惹かれたのは、センサーやSNS、モバイルデバイスの匿名化されたリアルタイムデータを利用したハッカソンやさまざまな試みです。シンガポールはデザインシンキングのマインドセットを国全体に積極的に採用しようとするパイオニアで、「国民全員のスキルセットとしてデザインを取り入れる」キャンペーンを行っています。

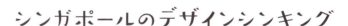

シンガポールのデザインシンキング

ペルソナのビジュアル化

学術的な経験の豊富なデザインシンキング実践者のユーザープロフィール

アジャイルメソッド
分野の研究

＜リリー＞
デザインシンキングと
リーンスタートアップのコーチ

他のデザインシンキングの
エキスパートとつながりを作り、
関係を維持する
⇩
メソッドとマインドセットを
さらに発展

博士論文
「デジタル化世界における強力な
ビジネスエコシステムのデザイン」

子供か起業か？

クリエイティブ　分析的

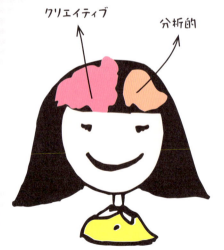

浙江大学経営大学院企業経営学部

学生チームのコーチング

デザインシンキングの
エキスパート 👑

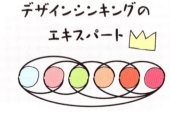

実践からの事例を増やす

アイデア ∞⟶ イノベーション

ペイン（現状に対し不満・不安に思うこと）

- リリーは論文を終えた後で家庭を作りたいのか起業したいのか決めかねています。
- リリーは東南アジア、できればシンガポールでデザインシンキングとリーンスタートアップの分野で教授として働きたいと思っていますが、この地域ではまだそのような役職がありません。
- デザインシンキングについては理論も学生の指導も自信がありますが、実践の重要性を確立して業界のパートナーにその必要性を理解してもらうことに苦労しています。
- 他の学部の同僚と一緒に働くことは難しいですが、デザインシンキングは他のアプローチと組み合わせると相性が良い可能性があります。
- リリーは、ネットワークを広げて業界のパートナーと接触するために、世界中のデザインシンキング実践者とアイデアを交換したいと思っていますが、そのためのプラットフォームをまだ見つけられずにいます。

ゲイン（現状に対し満足していること）

- リリーはコーチとして学生と密接に関わることで与えられた可能性を活かしています。新しいアイデアをすぐに試せる上、学生を観察することで博士論文に役立つ多くの知見を得られました。
- リリーはTEDトーク（世界中の著名人によるさまざまな講演内容をインターネット配信したもの）やMOOC（大規模公開オンライン講座）が大好きで、デザインシンキング、クリエイティビティ、リーンスタートアップに関する多くのコースや講演を聴講して幅広い知識基盤を得ています。新しい知見やメソッドを自分のコースに取り入れたいと思っています。
- リリーは知識をコミュニティに提供して他のエキスパートとのつながりを培うことで、メソッドを展開させ、発表し、一緒に研究したいと思っています。
- 実践に関わる人たちとの意見交換を通じて、リリーは新しいアイデアをテストして改善できます。

Jobs-to-be-done（解決・達成したい課題）

- リリーはデザインシンキングの理論を理解し、アプローチを学生に説明するのは得意ですが、学生やワークショップの参加者にデザインシンキングを自分でも試してみようと思わせるのにぴったりな新しい例や業界の成功事例を思いつけないことがあります。
- リリーは学生や起業家にコーチングをしたり、デザインシンキングとリーンスタートアップのワークショップを開催したりしています。目標はすべての参加者にユーザー中心という考え方を定着させることにあります。
- リリーは新しいものを試すことが好きで、研究のおかげで民族誌学的アプローチや人間中心のアプローチを知っています。一つ一つの分野にもそれぞれの良さがありますが、異分野の人たちが集まるチームのほうがはるかに目覚ましい成果を達成できることに何度も驚かされます。
- リリーは仕事でも起業においても新しい人々に会い、アイデアを見つけたいと思っています。

ユースケース：

リリーが求めている本は、純粋な理論よりも実践からの多くの例と活動が紹介されているもの。専門家のヒントが詰まった使いやすい参考書で、インスピレーションのフレームワークを広げ、デザインシンキングに対する熱意をかきたてるようなもの。将来を見据え、デザインシンキングがどのように発展していくかを示してくれるプレイブック。学生に参考資料として推奨できる本。

マークの人物像は?

27歳のマークは、2年前にコンピュータサイエンスの修士号を取得。現在はスタンフォード大学博士課程在籍中で、ネットワーク作りにいそしんでいます。さらにd.schoolで開催されたITイノベーションなどをテーマにした特別セッションにも多数参加しました。マークはここで志を同じくする、自分と同じく熱心にアイデアを語り合う仲間に会いました。

マークはわりと人見知りで気軽に人に声をかけられるタイプではないため、ファシリテーターがいてくれるd.schoolのワークショップは、とてもありがたい機会でした。

ファシリテーターは発言そのものだけでなく思考の傾向も考慮してもらえる雰囲気を作ってくれた上、各チームを最適なメンバー構成にしてくれていました。

マークのグループはすぐに彼のことを認め、「イノベーター」として評価してくれました。他のチームメンバーはマーケティングやセールス、財務や経営管理、医療や機械工学の知識のある人たちでした。グループは、DTL(分散型台帳技術)を使用して医療と医療技術業界に旋風を起こそうというマークのアイデアに興奮していました。

マークは、ビットコイン、Zcash、Ethereum、Ripple、Hyperledger Fabric、Corda、Sawtoothといった仮想通貨やDTL等に関するワードを並べてメンバーを圧倒し、これらの「スマートコントラクト」(あらゆる契約行動をプログラム化し、自動的に実行しようとする仕組み)を可能にするERISなどのフレームワークについて熱心に語りました。その上、マークはすでに2つのスタートアップ企業に関わった経験がありました。マークのブロックチェーン技術に関する知識をもってしても、すぐに儲かるビジネスにはならないと分かっていたものの、このグループでスタートアップ企業を立ち上げようという気運がすぐに高まりました。革命を始めるには、プロセスと、とりわけビジネスエコシステムをデザインしなければなりません。

マークの人物像を掘り下げよう

マークはモバイル通信とともに育った世代です。すでに紹介した通りに、テクノロジーありきのライフスタイルを送ってきました。ありきたりな社会学用語を使えば、彼は典型的な「ジェネレーションY」の若者です。マークにとって重要なのは、意義あることをするために自分のスキルを活かすことなので、チームで仕事をして認められたいと思っています。専門分野のブロックチェーンに関しては、誰にも指図されないことが理想です。

マークはデトロイト出身。中流家庭で育ち、父も母も大手の自動車会社でキャリアを築いていました。そのためマークは、1つの業界全体が少しずつ輝きを失っていくことがあるということを目の当たりにしてきました。サブプライム問題や金融危機によって、ある日突然デトロイト郊外の大邸宅の住宅ローンを払えなくなることがあるということも知りました。マークは子供のうちに、不確実な世界と向き合う方法を学んだのです。彼は不確実性を受け入れ、選択肢を比較検討する方法を身に付けました。マークにとってデザインシンキングとそれにまつわるマインドセットは特別なことではありません。既存のものを疑い、問題に対する新たな解決策を見つけることは、マークにとって常に当たり前のことでした。

彼は奨学金を得てスタンフォードで学びました。彼はd.schoolのチームとスタートアップを設立す

るという選択肢の他に、キャンパスでの就職フェアでSpotify（スポティファイ：音楽ストリーミングサービス）とFacebookから人工知能関連の仕事で採用のオファーを受けました。どちらの企業も裁量労働制で、仕事のやり方も自由にしてよいという条件なので、甲乙つけ難いところです。

プライベートでは、マークは大の野球ファン。デトロイト・タイガースを応援しています。

デトロイトの出会い

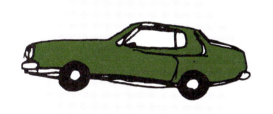

例の就職フェアからの帰り道に、マークはリンダと出会いました。ブラジル出身の美女で、大学の医療センターで看護師として働いています。マークはスマートフォンでEverledger（エバーレッジャー：ダイヤモンド取引の分散型管理台帳）に関する文献を夢中になって読んでいたので、知らないうちに自転車専用レーンに踏み出してしまいました。リンダはすんでのところでブレーキをかけ、お互いにかなりヒヤッとした出会い方をしました。

マークはちょっと恥ずかしかったのですが、思い切ってリンダにFacebookで友達申請してもいいかと尋ねました。マークは勇気を出して本当に良かったと思っています。今ではほぼ1時間ごとにWhatsAppで絵文字を送り合う仲です。マークはたいてい小さなダイヤモンドの絵文字を送ります。これはデジタル資産を意味しているわけではなく、いとしいリンダへのバーチャルな愛の証です。と同時にマークは、デジタル資産としてのダイヤモンドがプライベートなブロックチェーンを通じて取引されるという事実にも惹かれているのです。

ペルソナのビジュアル化

典型的なスタートアップチームのユーザープロフィール

ブレイン（ベアトリス）

- クリエイティブな問題解決担当
- 天性のビジネスセンス
- 幅広い知識

キーマン（ヴァディム）

- 技術の専門知識
- 実行力
- 信頼できる

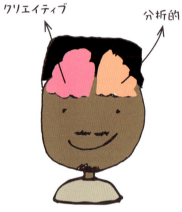

＜マーク＞
イノベーター、
アントレプレナー、
IT起業家

クリエイティブ　　分析的

コンピュータ科学の修士号取得者
学部で機械工学を修める
スタンフォード大学博士課程在学中
デザイン研究とイノベーション

セールスマン（アレックス）

- 強い個性
- 説得力がある
- 顧客中心、社交的

ビジョナリー（タマラ）

- クリエイティブで洞察力がある
- 将来の機会を考える
- 大局的に物事をとらえる

ストラテジスト（ステファン）

- クリエイティブで戦略的
- 現実的な選択肢で考える
- リスクを特定

ペイン（現状に対し不満・不安に思うこと）

- マークからすれば、チームの学習スピードに不満があります。もっと迅速にサービス環境でシンプルな実験を行ってプロトタイプを開発したいと思っています。
- マークは自分たちのスタートアップ企業のためにリーンアプローチについて学び、自分に正直であることが重要だと気付きました。また、最大のリスクは最初に試すべきだということも知りました。
- 市場とテクノロジーは変化が激しいため、すでに実証済みのことも繰り返し疑ってかからなければなりません。
- どんなビジネスエコシステムを作ればよいのか、なかなか定まりません。複雑なエコシステムを考案し、そこに属するプレイヤーのビジネスモデルを想定するのが難しいと感じることが多々あります。

ゲイン（現状に対し満足していること）

- マークは自分のテーマとチームに対して熱意があります。活力のある環境と意義ある仕事を楽しんでいます。
- マークはデザインシンキングをイノベーションの検討に活用し、新しい要素と組み合わせています。
- マークはデジタルビジネスモデルの可能性に魅力を感じ、全世界が大変動の時期に入っているためスタートアップ企業に非常に大きなチャンスが巡ってきていることを知っています。
- 現時点でマークは実際のユーザーとのインタビューやテストが好きになってきています。適切な質問をする技術を身に付け、新しい知見が速いペースであふれ出てくることを期待しています。

Jobs-to-be-done（解決・達成したい課題）

- マークが求めている本は、既存のものを疑う天性の才能を自由に活かすことができ、新しいツールを提示して、その活用方法を示してくれるものです。
- マークはITの知識を有意義なソリューションに変換する方法を知りたいと思っています。自分のブロックチェーンのアイデアがスケールするための方法を迅速に見つけること、そして斬新なビジネスモデルによって中期的に発展させることが彼にとって不可欠です。
- スタンリー・マクリスタルが提唱した「チームの中のチーム」というコンセプトが実践されている環境で働きたいと思っており、そのためのアドバイスを求めています。
- デザインシンキングの力を借りて、マークは共通言語とマインドセットを確立したいと思っています。ますます変化が激しくなり、状況が複雑かつ不確実になる中、マークは自分が対応できてもチームはそうでないことに気付いています。
- 特にブロックチェーンを取り巻く環境は、技術開発が相当速いペースで進んでいます。チームは実験からすばやく学習して市場と顧客の両方を開発しなければなりません。

ユースケース：

マークが求めている本は、チームがデザインシンキングのマインドセットをもっとスピーディーに取り入れ、もっと速いペースで学習するために役立つもの。経験豊富なデザインシンキング実践者にも、初めてこのマインドセットに取り組む人にも役立つアドバイスやヒントが詰まっている本です。さらに、マークはデジタルビジネスエコシステムの開発方法や、成長フェーズでも変化に対して迅速に対応できる柔軟性を維持する方法についてもアドバイスを求めています。

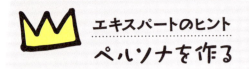

エキスパートのヒント
ペルソナを作る

ペルソナはどうやって作る?

ペルソナ作りにはさまざまな方法があります。大事なことは、典型的なユーザーを「実在する人物」として想像することです。人にはそれぞれ、経験、生涯のキャリア、好みの傾向、プライベートと仕事での関心事があります。目標は、その人たちの真のニーズは何かを探り出すことです。多くの場合、まず今持っている知識に基づいて潜在的ユーザーを大まかに描きます。次に、そのような人が実際に存在するかどうかを検証しなければなりません。インタビューや観察によって、潜在的ユーザーは当初の想定とは異なるニーズや好みの傾向を持っていることが明らかになることもよくあります。こうした深い洞察(インサイト)を経なければ、ピーターが赤い下着を好むことや、リリーがビーチサンダルに愛着を持っていることなどは、決して見えてきません。多くのワークショップでは、いわゆるキャンバスモデルを使って戦略を練り、ビジネスモデルとそれに関連するビジネスエコシステムを創り上げます。私たちのワークショップのために開発した「ユーザープロフィール・キャンバス」は、重要な質問が一目瞭然で、それを基にすばやくペルソナを作ることができるようになっています。

創造性を発揮して型にはまらない考え方ができるように、キャンバスを切り離して大きな紙に貼り付けると使いやすくなります。この紙に、ペルソナを等身大で描きます。そしてペルソナを何度も改訂して、少しずつ洗練させ、深く掘り下げましょう。

実際の問題を把握するには、「なぜ(why)」と問いかけることが、理解への早道です。実際の状況や実際の出来事をヒアリングし、ストーリーを見つけ、それを記録します。写真、画像、発言、ストーリーなどによって、このペルソナの真の姿に迫ります。

一般に、ペルソナのコンセプトは、ミステリーやサスペンスもののテレビドラマでプロファイラーといわれる役が行っている作業に似ています。プロファイラーは犯人を追い、殺人事件を解決するために何が起きたのかを時間の流れに沿って再現します。該当する性格や人格の特徴を描写しながら、行動から結論を導き出そうとします。

読者の皆さんもぜひご自分でペルソナを作ってみてください。潜在的ユーザーへの共感を高めるには、集中力と親近感が重要です。時間がない時は、標準ペルソナを使うこともできます。概要だけのペルソナは要注意です。下記の「双子のペルソナ」を見ていただければお分かりのように、基本的な要素は同じでも、実際は似ても似つきません。だからこそ、もう1段階掘り下げて、ニーズを詳細に理解することが重要になります。洞察が深まるほど、興味もさらに湧いてきます。

双子のペルソナ

1948年生まれ
イングランド育ち
結婚歴2回
子供あり
成功者、富裕層
休暇はアルプスへ
犬好き

チャールズ皇太子

1948年生まれ
イングランド育ち
結婚歴2回
子供あり
成功者、富裕層
休暇はアルプスへ
犬好き

オジー・オズボーン*

* 過激なパフォーマンスで知られるヘヴィメタのミュージシャン

ユーザープロフィール・キャンバス

氏名

ペルソナの説明
年齢、性別、居住地、家族構成、趣味、休みの過ごし方、学歴、研修歴、
会社での肩書き、社会的環境、Sinus によるミリュー分類＊、考え方など

＊個人を社会的立場や基本的な価値観に基づいて分析する

ストーリー

ストーリー

写真

Jobs-to-be-done

商品を使うことでうまくいくようになる
タスクパフォーマンスは何か？
目標は？
なぜそれが理にかなって
いるのか？

画像

ゲイン

現在の商品はどの程度顧客を
満足させているか？

画像

ユースケース

商品がどのように、どこで、
誰に使われているのか？
使用前・使用後は何が起きるのか？
顧客はどのように情報を得るのか？
購入プロセスは？
決定に影響を与えたのは誰か？

写真

ペイン

現在の商品の何が顧客を
不満にさせているか？
ユーザーの不安は何か？

写真

ストーリー

エキスパートのヒント
共感マップ

潜在的ユーザーへの共感をどのように高めるか?

デザインシンキングの本を作るというこのプロジェクトで、ペルソナの最初のドラフトは簡単にできました。概要にすぎませんが、いろいろなことに気付かせてくれるとても有意義なものです。チームでのブレインストーミングで最初の洞察が生まれ、理解が深まります。ただし、絶対に必要なのは、このペルソナが実在の人、観察、インタビューに裏付けられていることです。

最初のステップでは、ユーザーを定義して発見しなければなりません。理想としては、最初から外へ出て潜在的ユーザーと会うことです。ユーザーを観察し、話を聞き、共感を高めます。洞察は詳細に記録し、できれば写真やビデオを使いましょう。写真を撮る場合は、事前に許可を得ることが重要です。写真や動画を撮られることが好きではない人もいるからです。ここでは、聞いていること、思っていること、感じていること、見ていること、話していること、やっていること、ストレスを感じていること、望んでいることを聞き出していきます。

また、ペルソナをよく知るエキスパートと話をしたり、自分でも動いてユーザーと同じことをしたりもしてみましょう。

ポイントは「潜在的ユーザーの目線で行動してみる!」

自分たちは商品や状況を分かっていると思っている時は特に、状況に対して初心者のように、好奇心を持って先入観なくアプローチするようにします。意識的に、五感をフル稼働して、ユーザーと同じ体験をしてみましょう。

この「冒険」の後、チームで仮説を定義し、その仮説を潜在的ユーザーに対してテストするか、既存のデータを使って検証し、確認、破棄、または応用します。これを繰り返すたびに、ペルソナ像がさらに明確になり、内容が充実していきます。

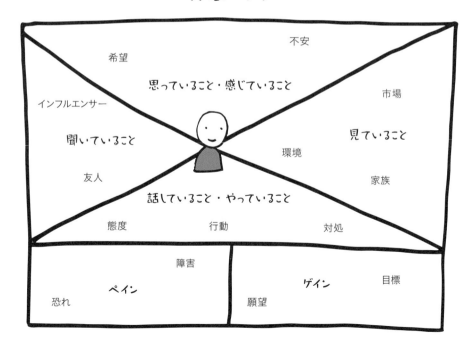

共感マップ

エキスパートのヒント
AEIOU メソッド

　ユーザーについて最初の知識を得るために役立つもう1つのツールは、AEIOUメソッドです。AEIOUは環境におけるすべての出来事を把握するのに便利なツールです。

　作業は簡単です。部屋から出て、潜在的ユーザーと話し、彼らの立場に立って考え、彼らと同じように行動してみましょう。

　AEIOUの質問は、観察結果を系統立てるのに役立ちます。特に経験のないグループでは、この方法のほうが取りかかるべき作業を効率よく説明できます。

　状況によっては、それぞれの観察に応じて個々の質問を変えることもできます。AEIOUの質問一覧は質問とそれに関連する指示を説明しているため、初期の潜在的ユーザーの手掛かりが掴みやすくなります。経験から言えば、最初に潜在的ユーザーと接触する時にはデザインシンキングのファシリテーターかニーズ探しの経験がある人物がグループに付き添うことで助けになります。知らない人に接触し、その人を観察し、ニーズについて質問するのは誰でも気後れしてしまうものです。最初のハードルさえクリアしてしまえば、参加者やグループによってはニーズ探しのエキスパートに成長することもあります。セクション1.4でニーズ探しと質問表の作成方法について詳しく説明します。

　AEIOUは5つのカテゴリーに分かれています。それぞれのユーザーが実世界とデジタル世界でどのように行動するかを考えましょう。

Activities(活動)	何が起きた？ その人は何をしている？ その人の任務は？ 実行している活動は？ 活動の前後に何が起きた？
Environment(環境)	外観的にどのような場所だったのか？ 何をするための場所だったのか？
Interaction(やりとり)	そのシステムはどのように相互作用しているか？ インタフェースはあるか？ ユーザーはどのようにやりとりしているか？ その過程の構成要素は？
Objects(モノ)	モノやデバイスは使ったか？ そのモノは誰がどんな環境で使用するのか？
User(ひと)	ユーザーはどんな人？ ユーザーが果たす役割は？ 誰の影響を受けている？

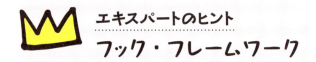

エキスパートのヒント
フック・フレームワーク

人々の習慣を活用した市場での勝ち抜き方は？

フック・フレームワーク（アレックス・コーワン）は、デジタルサービスや商品はユーザーの習慣となることができる、という発想に基づいています。フックキャンバスにはアクションのトリガー、活動、報酬、投資という4つの主な構成要素があります。潜在的ユーザーにとって、アクションのトリガーは2つあります。外部環境からのトリガー（例：出会い系アプリのTinderで「超いいね」をもらったという通知）と、内的トリガー（例：淋しい時にFacebookアプリを開く）です。

アクションはサービスまたは商品と潜在的ユーザーとの最低限のインタラクションを表します。優秀なデザイナーとしては、ユーザーにとってできるだけシンプルですばやいアクションになるようにデザインしたいところです。

報酬はユーザーにとって重要な感情的要素です。アクションによっては、当初の想定以上の満足感が得られます。自分のコメントや記事への好意的なレビューやフィードバックを考えてみましょう。あなたはただ情報を共有したかっただけですが、コミュニティでの評判のおかげではるかに大きな喜びを得ています。

ここで残る疑問は、次なる喜びに向けて、内部または外部アクションを引き起こすために、ユーザーは何に投資するのか、という点です。たとえば、Twitterのフィードを積極的に追いかけたり、特定の商品またはサービスがまた利用できるようになったという通知を書いたりすることです。

フックキャンバス

トリガー

1. 外部トリガー
   - さまざまなペルソナにとってアクションを引き起こすトリガーは何か？
   - 商品またはサービスの使用を促す外部および内部トリガーは何か？

2. 内部トリガー
   - ユーザーが望むものは何か、そしてさらに効果的にするためにはどうすればよいか？
   - アクションを引き起こす従来のトリガーで、一般的に有効なのは、どのようなものか？
   - ユーザーの行動をどのように再現できるか？

アクション

3. ユーザーが報酬を得るためにしなければならない最もシンプルなアクションは何か？
   - ユーザーにとってメリットになるほど労力を最小化できているか？

投資

5. ペルソナはどのように次のアクションを起こすか（知識の投資または特定の行動をとる傾向の強化）？
   - このループをより良い方法で成立させるにはどのような可能性があるか？

さまざまな報酬

4. ユーザーはどのように報酬を受けるか？
   - 報酬は当初の目標を超えたものになりうるか？
   - コミュニティと潜在的ユーザーには報酬があるか？

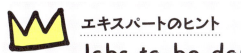

エキスパートのヒント
Jobs-to-be-done フレームワーク

ただのシェイクじゃない…

この商品は何を解決するのか？

Jobs-to-be-doneフレームワークはミルクシェイクのエピソードで広く知られています。問題提起文は「ミルクシェイクの売上を15%増加させるにはどうすればよいか？」というありふれたものです。従来のマインドセットでは、商品の属性に注目し、トッピングやフレーバー、カップサイズを変えれば問題を解決できるのではと考えます。顧客調査を通じて、新たに考案した属性は人気があることが分かったとします。ところが結局、イノベーションは徐々にしか進まないもので、結果は微々たる改善に留まる、というのはよくある話です。一方、Jobs-to-be-doneフレームワークは行動の変化と顧客のニーズに注目します。ミルクシェイクの例では、この方法によってファストフード店でミルクシェイクを購入する顧客には2つのタイプがあることが分かりました。出発点は、「なぜ顧客はその商品を購入するのか？」でした。言い換えれば、「よく知られたミルクシェイクの代わりにどんな商品なら顧客は購入するのか？」という質問です。

1つ目のタイプの顧客は朝に来店し、車で通勤しており、朝食代わりとしてドライブの間に口さみしいのでミルクシェイクを購入しているということが分かりました。コーヒーでは買った時点で熱すぎるのにすぐに冷めてしまうこと、液体はこぼしやすいというデメリットがあるのです。理想的なミルクシェイクは、量が多く、栄養があり、飲みごたえのあるものです。つまり、ミルクシェイクのJobs-to-be-doneは朝食代わりで車通勤の楽しい気晴らしになるもの、ということです。

2つ目のタイプの顧客は午後に来店する、通常は子連れの母親です。子供はファストフード店で何か食べたいとぐずっています。母親は子供にヘルシーなものを与えたいのでミルクシェイクを購入します。この場合は量が少なく、薄めで、さらっとしていて、子供がすぐ飲めて、カロリーが低いものが望まれます。ミルクシェイクのJobs-to-be-doneは子供を満足させ、母親をハッピーにさせることです。

原則として、デジタル商品であれ物理的商品であれ、どんな商品でも「なぜ顧客はこの商品またはサービスを購入するのだろうか」と問うことができます。

Adobe PhotoshopやInstagramもJobs-to-be-doneを追求した好例です。どちらも、写真をプロが撮影したようなものに見せることを目的としています。Photoshopではアプリを使って簡単に、しかもプロ並みに画像を編集できます。InstagramはSNSを使って、写真を簡単に編集して共有することを、早くから実現させました。

デジタルのJobs-to-be-done

いつ
デジタルカメラで写真を撮影した時

したいこと
プロのカメラマンが撮影したような写真になるよう編集したい

ゴール
完璧な写真を見せる

いつ
携帯電話で写真を撮影した時

したいこと
簡単でシンプルに編集したい

ゴール
すぐに友達にシェアする

どうすれば…
ペルソナを作成できる?

　デザインシンキングでは常に人間を中心に考え、作られるペルソナが非常に重要なので、このアプローチについてもう一度例を挙げて説明します。チームが一定の期間をかけてユーザーへの「共感」を高めるという作業に取り組む時、または最初にデザインシンキングを適用する時は、仕組みと手順を決めておくとよいでしょう。状況によっては、先ほど説明したツールを使うこと(AEIOU、Jobs-to-be-doneフレームワーク、フックキャンバス、ユーザープロフィール・キャンバス)、あるいは他のメソッドや文献をここに挙げたステップに取り込んで活用することをお勧めします。

　このプロセスをもっとよく理解していただくために、本書では要所要所に「どうすれば…」というコラムで手順を説明しています。

1. ユーザーを見つける

質問
どんな人がユーザーか?
何人いるのか?
何をしている人か?

メソッド
データの定量収集、AEIOUメソッド

2. 仮説を立てる

質問
それぞれのユーザーの違いは何か?

メソッド
同様のユーザーグループ/セグメントの説明

10. さらに開発を続ける

質問
新しい情報はあるか? ペルソナを定義し直す必要があるか?

メソッド
ユーザビリティテスト、ペルソナの継続的改良

9. シナリオを作る

質問
与えられた状況と目的の中で、ペルソナがこのテクノロジーを使うと何が起きるか?

メソッド
ナラティブシナリオ、つまりストーリーテリング、状況説明、ストーリーでシナリオを作成するフックキャンバスの適用

3. 確認

質問
仮説を裏付けするデータまたは証拠があるか？

メソッド
データの定量収集、共感マップ

4. パターンを見つける

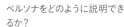

質問
グループの最初の描写を再考する必要はないか？ 他に重要なグループはあるか？

メソッド
カテゴライズ、Jobs-to-be-doneフレームワークの適用

5. ペルソナを作る

質問
ペルソナをどのように説明できるか？

メソッド
カテゴライズ、ペルソナ

8. 知識を広める

質問
どのようにペルソナを発表し、他のチームメンバー、企業、ステークホルダーと共有するか？

メソッド
ポスター、会議、メール、キャンペーン、イベント、動画、写真

7. 検証

質問
このような人を知っているか？

メソッド
ペルソナを知っている人にインタビューする
ペルソナの説明を読んでコメントする

6. 状況を定義する

質問
ペルソナにはどんなユースケースがあるか？

メソッド
状況とニーズを追求する
ユーザープロフィール・キャンバス／顧客プロフィール
カスタマージャーニー（顧客が購入に至るプロセス）

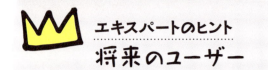

エキスパートのヒント
将来のユーザー

将来のユーザーをどのように マッピングするか？

特に革新的なイノベーションに取り組む際、時間軸が非常に長くなることも少なくありません。たとえば、商品の市場投入まで10年もかかることがあります。このターゲットグループが30代の場合、ユーザーは現在20代ということになります。

「将来のユーザー」メソッドは、こうしたユーザーの将来のペルソナを推定する試みです（202ページ「戦略的展望とイノベーションのプレイブック」を参照）。現在のペルソナと過去数年の発展過程を分析することで、もともとのペルソナを拡張します。さらに、将来のターゲットグループを現在の年齢でインタビューします。その後、マインドセット、モチベーション、ライフスタイルなどを推定して将来のユーザー像の明確化を図ります。

このメソッドは簡単に適用することができます。まず現在のユーザーのプロフィールから始めましょう。これを事実、市場分析、オンライン調査、個人インタビューなどで裏付けを取ります。

ペルソナを作成する時は、価値観、ライフスタイル、テクノロジーやメディアの利用、商品の傾向などの変化も念頭に置いておく必要があります。

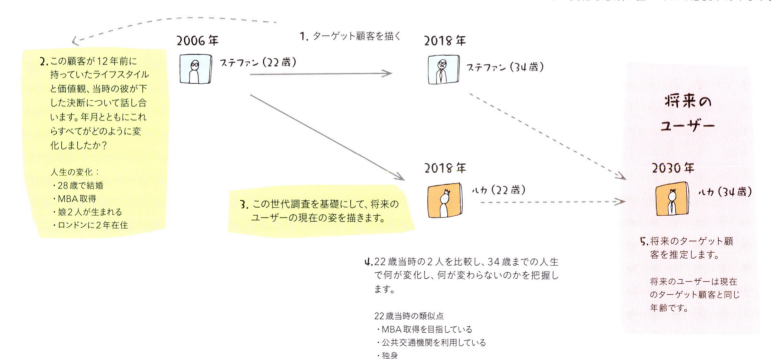

ここまでのポイント
具体的なペルソナで検討するには……

- 実在の人物の実名と属性を使います。
- 年齢や婚姻状態は具体的に。インターネットから人口統計情報を得ます。
- 可能ならペルソナを等身大で描きます。
- ペルソナのビジュアルを追加します。アクセサリー（時計、車、ジュエリーなど）には雑誌の切り抜きを使います。
- 想定している商品またはサービスを使うユースケースを特定して描写します。
- 潜在的ユーザーをアイデア、チーム、用途という文脈で考えます。
- ペルソナのペインとゲインをリストにします。
- 商品またはサービスが解決を支援する顧客の課題（Jobs-to-be-done）を把握します。
- 特に重要な経験を描写します。本当に重要なものは何かが分かるようにプロトタイプを作成します。
- 作成中にペルソナの習慣を考慮に入れるようにします。
- 商品やサービスの内容を決定するためのツール（ユーザーキャンバスや顧客プロフィール、フックキャンバス、将来のユーザーなど）を試してみます。

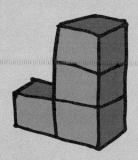

1.2 各フェーズを理解する

デザインシンキングの成功にとって重要な要因は、今の自分がプロセスのどの段階にいるのかを知ることです。リリー、ピーター、そしてマークでさえ、アイデアを「発散」させるフェーズから「収束」させるフェーズへの移行はとりわけ難しいものです。

大量のアイデアを可能性のあるソリューションへと転換させるには、どの時点で十分な情報を収集したことになり、いくつアイデアが必要なのでしょうか？

現在どの段階にいるのかだけでなく、デザインシンキングではツールについても常に注意を払う必要があります。現在の状況ではどのツールが最も効果的でしょうか？「次の大きな機会を狙う」段階では、通常は2つの精神状態があります。たくさんの新しいアイデアを思いつく（発散）か、個々のニーズ、機能、候補となるソリューションに限定して集中する（収束）かのどちらかです。この状態は2つのひし形で表されます。

リリーにとって、これがそんなに難しいことではないのは、大学のデザインシンキングコースの期間が分かっているため、デザインの課題を定義する段階から、疑問の範囲をどの程度拡大あるいは制限すべきかを自分でコントロールできるからです。実際の問題提起は少し異なります。通常は開始段階で自分をコンフォート・ゾーン（安心できる領域）から追い出し、クリエイティブなフレームワークを自分が本当は望んでいるよりも広く定義しなければなり

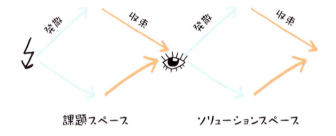

ません。発散フェーズでは、アイデアの数は無限大とも言えます。ここで難しいのは、適切なタイミングでこのフェーズの仕上げにかかり、最終的に最適なソリューションにたどり着くために最も重要な機能に集中することです。もちろん、ありとあらゆるアイデアのビジネスが市場に氾濫しており、その中には運を味方につけて成功するものもあります。とはいえ、たいていの場合、運はそう都合よく働いてくれません。ですから、このプロセスでは収束が成功の決め手なのです。

スティーブ・ジョブズは「グロウン・ゾーン」（産みの苦しみの時期）を適切にマネジメントする達人で、マインドセットを変えるべきタイミングや発散フェーズを離れるべきタイミングを選ぶ直感に優れていました。Apple社では、ソフトウェア・テクノロジー担当副社長バド・トリブルが「現実歪曲空間」という造語を生み出しましたが、これは思いのままに頭の切り替えを促すことができるスティーブ・ジョブズの能力を指した言葉です。その由来は『スタートレック』の「タロス星の幻怪人」というエピソードで、宇宙人がテレパシーで新しい世界を生み出す話から思いついたといいます。

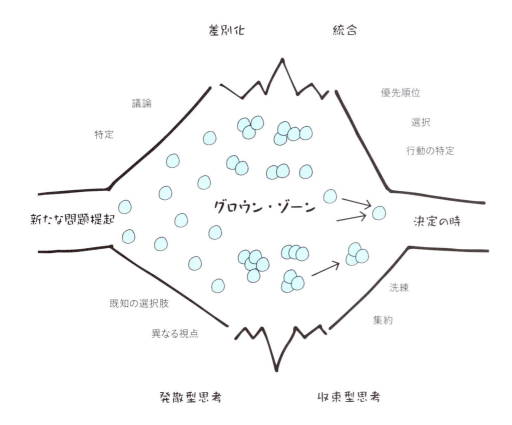

エキスパートのヒント
マインドセットを変える最適なタイミング

　マインドセットを変えるために役立つことの1つに、時間の制約があります。プロジェクトの最終期限が迫っている、あるいは最初のプロトタイプを予定より早く求められているという場合、マインドセットは自動的に変わらなければなりません。さらに、デザインシンキングのプロセスの早い段階で機能と特性を決めておくこともお勧めします。収束フェーズへの移行期に、機能と特性を再び取り上げて、多種多様なアイデアとマッチングさせます。この選考によって、この段階でいくつかのアイデアを除外することができます。アイデアを論理的クラスタに統合したり組み合わせたりしてもよいかもしれません。ただし、この時点でも最終的に選択と集中は免れません。

　このフェーズでは残りのアイデアを他のグループや参加者に提示しておくとよいでしょう。付箋紙を配り、みんなでどれがベストアイデアかを決めます。自分のグループだけで行うと、特定のアイデアに執着してしまい客観的な結論を出せなくなることもあります。収束フェーズに進めなかったアイデアをどう扱うかはあなた次第です。ファシリテーターによっては、参加者に付箋紙に書いたアイデアを床に投げ捨ててもらう人も、アイデアを知識の貯蔵庫としてプロジェクトが終わるまで保管しておく人もいます。

デザインシンキングのマイクロサイクルとは？

実際のやり方について詳しく解説する前に、それぞれのデザインシンキングのプロセスを明確にしておきましょう。どれも同じ目標を目指していますが、異なる用語を使います。基本的に、最初に問題提起があり、最後にソリューションがあり、ソリューションには反復する手順の末にたどり着きます。焦点は断然"人間"なので、デザインシンキングは「Human Centered Design」（人間中心設計）と呼ばれることもあります。デザインシンキングに関わったことのある人ならプロセスについて知っているとは思いますが、ここでマイクロサイクルとマクロサイクルの各フェーズを簡単に説明し、各フェーズの中核アイデアも確認しましょう。リリーはおそらくHPI（ハッソ・プラットナー研究所）で使用される6つのステップの絵を見慣れているでしょう。ほとんどの大学で、デザインシンキングのプロセスとして示されるものです。その後でマクロサイクルについて説明します。

一部の大学では、プロセスをさらにシンプルにしています。たとえば日本では、金沢工業高等専門学校グローバル情報工学科が、6つではなく4つのフェーズ（共感・分析・プロトタイプ・共創）で取り組んでいます。d.schoolでは「理解」と「観察」を統合して「理解と共感」としています。

デザインとイノベーションの会社であるIDEOは、反復を通して新しいアイデアを得るためにマイクロサイクルにおける5つのシンプルなステップを下記の通り定義しました。さらに、特に実践を重視しているのは、どんなに優れたアイデアも市場でイノベーションの成功例として確立されなければ結局は何の役にも立たないからです。

- タスク、市場、クライアント、テクノロジー、制限条件、制約、最適化条件を「理解」する

- 実際の状況や特定のタスクに関して実際の人々の行動を「観察」して「分析」する

- 最初のソリューション案を「視覚化」する（3D、シミュレーション、プロトタイプ、グラフィック、図案など）

- 継続的反復を速いペースで続けてプロトタイプを「評価」して「最適化」する

- 新しいコンセプトを「実践」する（最も時間のかかるフェーズ）

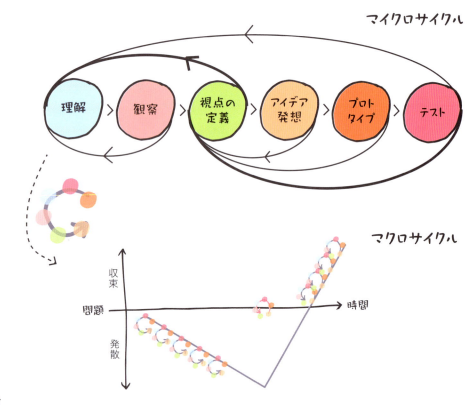

ビジネスの現場で働く人なら誰でも、別の文脈での反復手順をよく知っているはずです。たとえばソフトウェア開発ではISO13407、いわゆる「スクラム」がその例です。この場合、ソフトウェアのユーザー適合性は反復的プロセスによって確保されるか、またはスプリントを通して漸進的に改善されます。

ISO13407では、次のフェーズがあります。

計画（プロセス）→ 分析（ユーザーコンテキスト）→ 仕様（ユーザー要件）→ プロトタイプ（複数パターンのドラフト）→ 評価（ソリューションと要件の評価）

スクラムでは、1回の反復を「スプリント」と呼びます。1回のスプリントは1〜4週間かかります。要件や機能は「ユーザーストーリー」という形で「プロダクト・バックログ」に記録されます。各スプリントで何を優先して処理するかを定めたものが、「スプリント・バックログ」です。各スプリントの終了時には、スプリント中にユーザーテストを実施し、発売できる状態に仕上げた商品が出来上がっているはずです。さらに、プロセス自体もレトロスペクティブ（振り返り）で見直され、継続的に改善されます。

ほとんどの会社では、デザインシンキングのマイクロプロセスが3〜7つのフェーズに分けられ、その多くはIDEO、d.school、HPIのステップをベースにしています。スイスのIT企業であるSwisscomは、マインドセットを迅速に組織へ浸透させられるように簡略化したマイクロサイクルをデザインしています。

そのフェーズとは、Hear（理解）、Create（創造）、Deliver（実践）です。

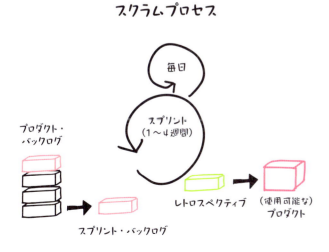

スクラムプロセス

フェーズ	説明	基本ツール
Hear（理解）	・プロジェクトを理解する ・顧客の問題/ニーズを理解する ・情報を入手する（内部と外部） ・顧客から体験情報を直接収集する	デザインの課題 顧客インタビュー
Create（創造）	・学習したことをソリューション案に転換する ・複数のソリューションと可能性を生む ・ソリューションの特性を定義する	中核的信念 ターゲットとなるカスタマー・エクスペリエンス・チェーン（一連の顧客体験）
Deliver（実践）	・アイデアを固める ・プロトタイプを作成してテストする ・アイデアを検証、促進、却下する ・洞察を得て学習する	ニーズ、アプローチ、ベネフィット、競合（NABC） プロトタイプ計画 自己検証

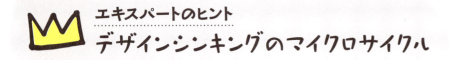

エキスパートのヒント
デザインシンキングのマイクロサイクル

マイクロサイクルの各フェーズ

理解：

このフェーズはすでにセクション1.1で説明しました。出発点は達成すべき目標ではなく、ニーズを持つ、または問題解決に難航しているペルソナです。問題が認識されたら、問題提起文を適切なレベルで定義する必要があります。2つのタイプの質問によって、クリエイティブなフレームワークを拡大（Why〔なぜ〕？）または特定（How〔どのように〕？）することができます。分かりやすくするため、「デザインシンキングの学びを進める」ことの必要性を図にしてみましょう。

問題提起文の他に、全体的な背景を理解することが重要です。5W1H (who, why, what, when, where, how)に答えることで基本的な洞察が得られます。

- 誰が、ターゲットグループなのか（規模、タイプ、特徴）？
- なぜ、ユーザーはソリューションが必要だと思っているか？
- 何を、ユーザーはソリューションとして提案しているか？
- いつ、どのくらいの期間で結果が得られるのか（プロジェクトの期間または商品のライフサイクル）？
- どこで、結果は活用されるのか（環境、メディア、場所、国）？
- どのように、ソリューションは実施されるのか（スキル、予算、ビジネスモデル、市場進出）？

この点についてはセクション1.4と1.5で詳しく説明します。

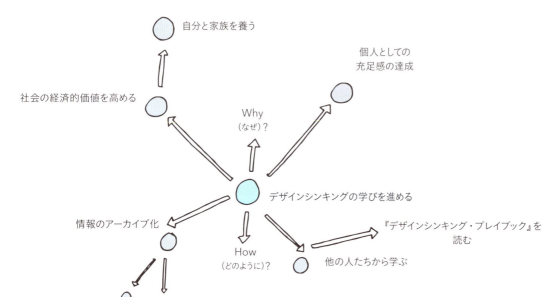

観察：

　デザインシンキングの本を作るというこのプロジェクトでは、すでに最初から「観察」フェーズはある程度扱ってきました。エキスパートとなって読者のニーズを理解しようとしました。3つの異なる環境からきた、デザインシンキングを適用する人々をよく観察して、職場の人たちのグループを観察しました。そのために、さまざまな機会を活かしました。ポツダムのHPIで、スタンフォードのd.schoolで、ME310のコーチと交流して、スタートアップ・コンテストのワークショップで、顧客にデジタル化を促すことを目的とした社内ワークショップや共創ワークショップで。常に重要なことはこうした知見を記録して視覚化し、後日他の人たちと共有できるようにすることです。これまでのところ、デザインシンキングに関わった人のほとんどが定性的な観察方法に焦点を当てています。記録には、アイデアボード、ビジョンボード、写真を使った毎日のストーリー、マインドマップ、ムード写真、人生のさまざまな場面や人々の写真などを使います。このすべてが重要な情報としてペルソナの作成と改善に使用することができ、ユーザーに対する共感を高めることにつながります。この点についてはセクション1.5で詳しく説明します。

視点の定義：

　視点として重要なことは、すべての知見を取り入れ、解釈し、重み付けをすることです。ファシリテーターにはグループ全員に自らの体験を話すよう促してもらいます。目標は共通の知識基盤を確立することです。これを行う最も良い方法は、経験談を話すこと、写真を見せること、人々の反応や気持ちを説明することです。ここでも、目標はペルソナをさらに発展させる、あるいは改善することです。このステップについてはセクション1.6で説明します。

アイデア発想：

　アイデア発想のフェーズでは、創造力を高めるさまざまなメソッドとアプローチを適用できますが、通常はブレインストーミングやスケッチの作成を行います。目標は、できるだけ多くの異なるコンセプトを開発して視覚化することです。このためのテクニックはセクション1.7で紹介します。アイデア発想のフェーズは、プロトタイプを構築してテストする後続のフェーズと密接なつながりがあります。次の「エキスパートのヒント」では、このアプローチをさらに掘り下げます。このフェーズの第一の目標は、反復するたびに創造力が段階的に増加することです。問題提起文によっては、可能性のあるアイデアについてまず大まかなブレインストーミングを行うこともできます。ブレインストーミングでは目標を明らかにして個々のタスクを示すとうまくいくことが実証されています。そうすれば、創造力と発散フェーズ全体をコントロールできるからです。その例としては、重要機能に関するブレインストーミング、他の業界またはシチュエーションのベンチマーキング、実際の状況を意図的に省略したり最高のアイデアと最低のアイデアを組み合わせたりして作るダークホースがあります。すべての制限要素を無視した型破りなプロトタイプもアイデアを生むことがあります。この点についてはマクロサイクルの説明で具体的に解説します。

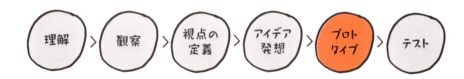

プロトタイプ：

　前のフェーズで、すでに次のステップである「プロトタイプの作成」と「プロトタイプのテスト」について言及していますが、これはアイデア発想と常につながっているからです。セクション1.9はプロトタイプの構成要素について説明します。

　とにかく、できるだけ早い段階でアイデアを具体化し、潜在的ユーザーに対してテストをすべきです。これによってアイデアとプロトタイプの改善について重要なフィードバックを得られます。どうすれば良いか迷ったら、モットーは「気に入るか、変えるか、捨てるか」です。

テスト：

　このフェーズはそれぞれの開発したプロトタイプまたは下書きしたスケッチの後にくるものです。テストは同僚に対して行っても構いませんが、本当にわくわくするのは潜在的ユーザーとのインタラクションです。従来のテストに加え、現在ではさまざまなデジタルツールが利用できるので、プロトタイプや個々の機能をすぐに多数のユーザーに対してテストできます。こうした可能性についてはセクション1.10で説明します。このフェーズでは主に質的フィードバックを得ます。こうしたアドバイスを吸収し、さらに発展させて、自らのアイデアに満足できるまで続けます。そうならない場合は、捨てるか変えるか、です。

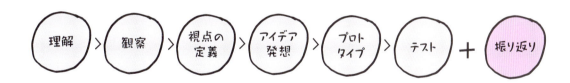

振り返り：

　反復プロセスの新たなサイクルを始める前に、選んだ方向性について振り返ることも大切です。振り返りは、アイデアやテスト結果が社会的に許容されリソース効率に優れているという要件を満たしているかという問いから始めるとよいでしょう。スクラムのようなアジャイルメソッドでは、プロセスのまとめとして振り返りを行います。プロセスと最後の反復を振り返り、うまくいった点と改善すべき点について話し合います。「私が気に入ったのは — 私が望むのは」というフィードバックサイクルを通じて考えることも、またはフィードバックマップを使ってフィードバックを体系的に得ることもできます。もちろん、テストフェーズで知見を統合できていなかった場合、振り返りフェーズを利用することもできます。

ペルソナを改良し、必要に応じて知見に基づいて他の記録も更新します。一般に、振り返りによって新しい可能性を探ることができるため、より優れたソリューションにたどり着いたり、プロセス全体を改善できることもあります。

各フェーズのツールとメソッドの一覧

フェーズ	ツールとメソッドの例	ページ
理解	・ペルソナを作る	26
	・フックキャンバスを使う	30
	・Jobs-to-be-done フレームワークを使う	31
	・将来のユーザー像を描く	34
観察	・共感マップに記入する	28
	・AEIOU（何を、どのように、なぜ）を実行する	29
	・重要な仮説をチェックする	60
	・ニーズ探しのディスカッション（自由回答方式の質問をする）	63
	・リードユーザー（トレンドを牽引するユーザーまたは顧客）	66
	・5W1H質問	69
	・マインドフルに	75
	・トーキングスティックを使う	76
	・UXデザインに共感という観点を取り入れる	77
視点の定義	・360°の視野	82
	・9-windowツールとデイジーマップを使う	85
	・PoVを一文にまとめる（例：「どうすれば…」質問）	87
アイデア発想	・ブレインストーミングセッションを開く	91
	・アイデア出しのテクニックを使う	93
	・アイデアに深みを与える	94
	・SCAMPER（スキャンパー）法	96
	・アイデアの構造化、クラスタ化、記録	98
	・アイデアコミュニケーションシート	105
プロトタイプ	・プロトタイプを作る	108
	・さまざまなプロトタイプを使う	111
	・ボックスとシェルフ	113
	・プロトタイピングのワークショップを開く	115
テスト	・手順をテストする	118
	・フィードバックマップを使う	123
	・A/Bテストを行う	124
	・実験マップ	128
振り返り	・レトロスペクティブボードを使う	44

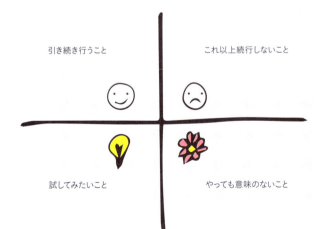

レトロスペクティブボード（振り返りを整理）

引き続き行うこと　　これ以上続行しないこと

試してみたいこと　　やっても意味のないこと

どうすれば…
デザインシンキングのマクロサイクルを進められるか？

マイクロサイクルでは、理解・観察・視点の定義・アイデア発想・プロトタイプ作成・プロトタイプのテストという各フェーズを進めます。これを1つのユニットとして見なければなりません。発散フェーズでは、常にアイデアが増え続けます。こうしたアイデアのうちいくつかはプロトタイプという具体的な形にして潜在的ユーザーでテストします。状況に応じて、適切なメソッドやツールが使用されます。最終的ソリューションへの道のりは、出発時にはまだ確かなものではありません。

マクロサイクルでの問題は、課題を理解し、ソリューションのビジョンを固めることです。これを行うためにマイクロサイクルでは反復が何度も行われます。マクロサイクルの最初の数ステップは発散的な特徴があります（図のステップ1〜5）。シンプルな課題の場合、またはチームが市場と課題について総合的な知識を有している場合、グロウン・ゾーンへの移行（ステップ6）はあっという間かもしれません。グロウン・ゾーンへの移行は5つの発散型ステップのどこからでも起きることがあります。アイデアを洗練させる順序は状況とプロジェクトに合わせて修正することができ、またそうする必要があります。ただ、下記に示す順序の例は多くのプロジェクトで採用され、成功しています。ソリューションまたはアイデアのビジョンは、ビジョンプロトタイプという形になり、さまざまなユーザーに対してテストされます。ビジョンが概ね肯定的なフィードバックを得ているようであれば、次の反復で具体化します（ステップ7）。

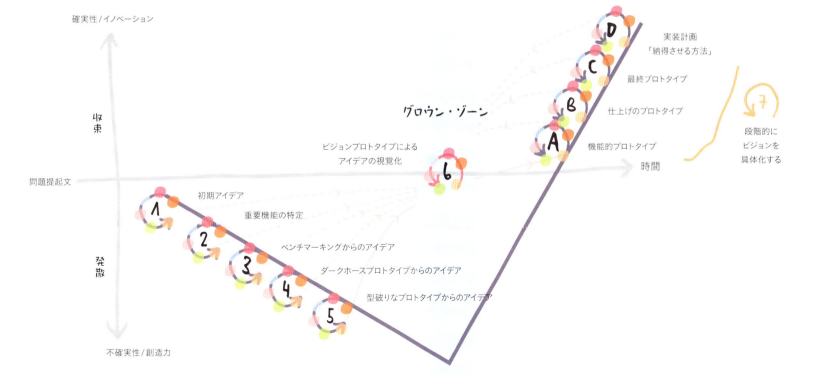

45

次の大きな市場機会を狙う場合、以下のようなステップをたどることが多いものです。

(1) 初期のアイデアをブレインストーミングで出す

潜在的アイデアとソリューションに関する初回のブレインストーミングセッションは、グループであらゆる種類のアイデアを出し切る場です。よくあるのが、問題提起文やソリューション案の範囲についてメンバーの理解がばらばらという状態です。初回のブレインストーミングセッションでは、タスクにとりあえず着手することでグループの他のメンバーがどのように考えているのかを知ることができます。

方法：グループに20分間のブレインストーミングセッションを行ってもらいます。ここで求めるものは質ではなく量です。すべてのアイデアを付箋紙に書きます。付箋紙に書いたりスケッチしたりする時は、アイデアを声に出して読み上げましょう。その後で付箋紙をボードに貼り付けます。

グループに以下の重要な質問をします。
- 自然に浮かんできたアイデアはどれですか？
- 他の人と同じアプローチを使ったものはどれですか？
- 別の方法でできることは何ですか？
- 問題提起文を全員が同じように理解していますか？

(2) ユーザーにとって不可欠な重要機能を開発する

このステップは非常に重要です。ファシリテーターの課題は、グループがこうした「重要事項」を正確に把握して重要ユーザーのコンテキストで順位付けできるように動機づけることです。

方法：グループに1〜2時間（問題提起文による）で10〜20点の重要機能の下書き、構築、テストをしてもらいます。

グループに以下の重要な質問をします。
- どの機能が必須ですか？
- どのエクスペリエンス（経験、体験）がユーザーには絶対に必要ですか？
- 機能とエクスペリエンスの関係はどのようなものですか？

(3) 他の業界や経験からベンチマークを見つける

このステップは、チームが当初のソリューションコンセプトから脱却できない時に非常に有効なツールです。

ベンチマーキングは、参加者が先入観を取り払って他の分野からのアイデアを採用できるようにします。ファシリテーターは創造力の枠を広げるために、グループでブレインストーミングセッションを開いて特定の業界/セクターまたは特定のエクスペリエンスを考慮に入れるよう促します。これは2つのステップで進めることができます。たとえば、(a)課題に関連するアイデアのブレインストーミング、(b)業界またはエクスペリエンスのブレインストーミング、というように。その後、各ステップから3つのベストアイデアを決めます。これらの組み合わせを基に、ファシリテーターは参加者にさらに2〜3点のアイデアを展開させ、物理的に作成して、ユーザーに対してテストするよう促します。

方法：グループには30分でブレインストーミングセッション、30分でベンチマーク発見、30分でアイデアのクラスタ化と組み合わせをしてもらいます。タスクによって、グループには2〜3点のプロトタイプを作成できるよう十分な時間を与えます。

グループに以下の重要な質問をします。
- 課題に適用できるコンセプトとエクスペリエンスはどれですか？
- 課題に別の視点から光を投げかけるのはどのエクスペリエンスですか？
- 課題と他のエクスペリエンスとの関係は何ですか？

ブレインストーミング

重要機能

ベンチマーキング

(4) 創造力を高め、アイデアの中からダークホースを見つける

このステップによって多くのチームがさらに創造力を高められます。特にダークホースについては前のステップでは制限となっていたような境界が取り払われるからです。ファシリテーターはグループに大成功を目指して過激なアイデアを生み出すよう促します。ここはチームが創造力を高めて最大のリスクを受け止める時です。ダークホースを作成する方法の1つとして、与えられた状況の基本的要素を取り除いてみます。たとえば、「IT問題のないITサービスデスクをどうやって作りますか？」「フロントガラスのない車のフロントワイパーはどんな形になりますか？」「亡くなる人がいないと墓地はどんな風になりますか？」というように。主なポイントは、コンフォートゾーンから離れて何が起きても「とにかくやる」という決意です。

方法：グループに、50分間でダークホースを作成し、タスクに応じて該当するプロトタイプを作成するための時間を与えます。

グループに以下の重要な質問をします。
- これまで検討されていない大胆な案はどれですか？
- どのエクスペリエンスが想像の枠を超えていますか？
- 価値創造を拡大するような商品やサービスがありますか？

ダークホース　　　　もし〜なら？

(5) 型破りなプロトタイプを作って創造力を自由に羽ばたかせる

たいていのチームは、それほど飛躍的なアイデアが出ないことも多いので、もう一歩先へ進める必要があります。型破りなプロトタイプの作成は、創造力の殻を破るきっかけになります。チームにとっては、成果を最大限にできる上、時間と集中力というコストを最小化する取り組みとなります。目標は、とにかくメリットを生むことに重点を置いたソリューションの開発です。潜在コストとその他の予算制約は完全に除外して考えます。

方法：グループに1時間で突拍子もないプロトタイプを作成してもらいます。

グループに以下の重要な質問をします。
- 突飛なアイデアの中でどれが一番かっこいいですか。
- 最終的にどのアイデアを採用することになりそうですか。
- 想定外だったり、急きょ追加で思いついたもので良さそうなアイデアはどれですか。

(6) ビジョンプロトタイプでアイデアのビジョンを決定する

グロウン・ゾーンは発散フェーズから収束フェーズへの転換点です。フェーズはいつでも変わる可能性があります。経験豊富なファシリテーターやイノベーション成功者は、このポイントを認識してチームを正しい方向の収束フェーズへと導きます。

ビジョンのプロトタイプでは、以下の各項目を初めて組み合わせます。

- これまでの知識（ここでは注意が必要）
- 最も優れた初期アイデア
- 最も重要な機能
- 他の業界の新しいアイデアやエクスペリエンス
- 初期ユーザーエクスペリエンス
- 興味深い洞察（ダークホースから得たものなど）
- 最もシンプルなソリューション案

方法：グループに2時間ほど（課題の複雑さの程度による）を与えてビジョンプロトタイプを作成してもらいます。その後、少なくとも3名の潜在的ユーザーに対してテストします。フィードバックは詳細に記録します。最善のシナリオでは、このユーザーがその後のデザインシンキングプロジェクトの具体化に関わります。その分野でのいわゆるリードユーザーが分かっているなら、その人たちは自分のニーズを満たしたいという欲求が高いので、テストするのに最適です。

グループに以下の重要な質問をします。
- 潜在的ユーザーが絶対にこのソリューションを使いたいと思うほどにビジョンは十分な注目を集めていますか？
- ビジョンはユーザーの夢を叶えるために十分な余地を残していますか？
- ビジョンの価値提供は説得力がありますか？
- エクスペリエンスを完璧なものにするために、ユーザーは他にどんなことを望むと思いますか？

1 + 1 = 3

(7) ビジョンを段階的に具体化する

次の収束フェーズでは、ビジョンの具体化に焦点を当てます。このフェーズのテーマは、選ばれたアイデアの具体的な仕上げで、改善と拡張を繰り返します。ここでは機能的プロトタイプの必須部分として最も重要な主要機能を最初に構築してテストすることをお勧めします。このプロトタイプを出発点として、多くの要素が付け加えられ、最終的にプロトタイプが出来上がります。収束フェーズではさまざまなアイデアをテストして、最適なものが最終ソリューションに組み込まれます。たとえば、それぞれの機能やその組み合わせを開発してテストすることができます。プロトタイプがある程度固まってきたら、これを「プロトタイプのビジョンキャンバス」で具体化することができます。この方法で、さまざまなビジョンを形成して比較することができます。

A. 機能的プロトタイプ

機能的プロトタイプでは、重要な要素に注力し、潜在的ユーザーに対して集中的にテストすることが重要です。重要なエクスペリエンスのために主要機能を作成しなければなりません。最初からすべての機能を統合する必要はありません。重要な点は、実際の条件でプロトタイプをテストするために、最小限の機能を確保することです。こうしたプロトタイプは「実用最小限の製品（MVP: minimal viable product)」とも呼ばれます。MVPが足掛かりとなり、複数の機能を組み合わせた完成プロトタイプが1歩ずつ姿を見せます。

B. 仕上げのプロトタイプ

仕上げのプロトタイプの作成はユーザーとのインタラクションには欠かせません。真実は現実からしか生まれないからです。仕上げのプロトタイプの作成には十分な時間を予定しておき、それぞれの機能を統合させる必要があります。

C. 最終プロトタイプ

最終プロトタイプは、プロトタイプそのものが洗練されているのはもちろん、そこに込められた思考も研ぎ澄まされています。シンプルな機能で説得力のあるプロトタイプは、市場に投入しても成功するものです。サプライヤーとパートナーからできる限りのサポートを受けられるようにしましょう。標準的なコンポーネントを使用することで成功の確率が高まり、開発コストを大幅に削減できます。

D. 実装計画：納得させる方法

商品やサービスの品質だけでなく、その実装も決め手になります。重要なことは、実装プロセスで立ちはだかり、決定に影響を及ぼそうとするのは誰かを知っておくことです。影響を与える人を関係者として巻き込み、すべての人にとってwin-winな状況を創り出すことを目指しましょう。実装プロセスで重要なことについてはセクション3.4で説明します。

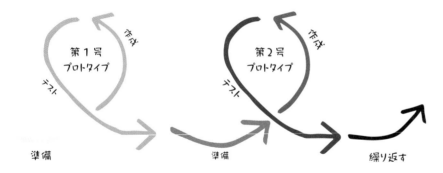

つまりは、選ばれたアイデアの細部を詰め、洗練させることを繰り返すという作業です。プロトタイプの成熟度は個々のステップのたびに増していきます。

ここまでのポイント
各フェーズを確実にたどるには……

- 問題提起文を適切なレベルで定義します。
- 大胆なイノベーションを起こしたいなら、コンフォートゾーンから（できるだけ何度も）離れましょう。
- マクロサイクルではグロウン・ゾーンに対する意識を高めましょう。これが生まれたアイデアの将来の成功を決定づけます。
- チームで、現在中心となっているマインドセットは発散型か収束型かを明確にします。
- 発散フェーズではブレインストーミングにさまざまなメソッド（ベンチマーク、型破りなプロトタイプ、ダークホース）を使って創造力を高めます。
- 発散フェーズではさまざまなテクニックを用いてできるだけ多くのアイデアを生み出します。
- マイクロサイクルでは常に「デザイン―作成―テスト」の順序に従います。
- 収束とそれぞれの反復を通して最終プロトタイプにたどり着きます。
- プロトタイプやアイデアに感情的に固執せず、見劣りするアイデアは捨てましょう。
- すべてのアイデアに当てはまることは、「気に入るか、変えるか、捨てるか」です。

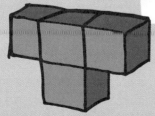

1.3 問題提起文を提示する

　当初、ピーターはデザインシンキングで課題の定義が優れていることがなぜ重要なのかが理解できませんでした。彼が最終的に求めているのは優れたソリューションであり、問題をこじらせたくはありません。ところが、デザインシンキングのワークショップでファシリテーターを務めるようになると、課題の定義がどれほど重要かということにすぐに気付きました。優れたソリューションに欠かせない3つの前提条件があることが分かりました。

1. デザインシンキングチームが課題を理解していること
2. 有益なソリューションの開発ができるようにデザインの課題が定義されていること
3. ソリューション案がデザインの対象となっている場や範囲に合っていること

　課題を、シンプル（定義が適切）、定義不良（定義が不適切）、複雑（定義が込み入っていて厄介）の3つのタイプに分けます。シンプルで明確に定義された課題の場合、正しいソリューションは1つだけですが、そこへたどり着くための経路はさまざまです。ところが、デザインシンキングや日常業務で直面する課題のほとんどは定義が不適切なものです。これを修正できる正しいソリューションは1つだけではなく、そこへ至るまでの道筋もたくさんあります。経験上、このような課題でも解きほぐして簡単に処理できるようにすることは可能であると分かっています。発想の枠組みを縮小したり、時には少し広げたりして適切なレベルにするだけで新しい市場機会が現れることも多いのです。

　繰り返し「なぜ？」と問い続けることで発想の枠組みは広がり、「どうすれば？」と問うことで狭まります。「はじめに」の章でデザインシンキングのトレーニングをさらに進めるにはどうすればいいかという問題について簡単に触れました。家族みんなが気に入るような使いやすい缶切りをデザインすることもデザインの課題のシンプルな一例です。
　問題提起文を拡張するには、「なぜ？」という疑問を投げかけます。すぐに気付くことですが、繰り返し「なぜ？」と問うことであっという間にコンフォートゾーンの限界にたどり着き、天地を覆すような解決の難しい問題へ向かってしまいます。これがいわゆる厄介な問題（wicked problem）です。缶切りの場合を例に挙げると、次のような問題に行き着いてしまいます。

- どうすれば世界の飢餓を止めることができるか
- どうすれば大量の食料廃棄を防げるか

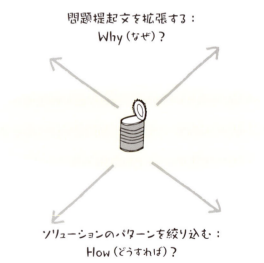

　ソリューションの選択肢を狭めるには、「どうすれば？」という質問が役に立ちます。缶切りの場合なら次のような質問です。

- どうすれば回転する仕掛けで缶を開けられるか
- どうすれば追加機器なしで缶を開けられるか

課題

適切な定義
明確な課題→さまざまな経路→
1つのソリューション

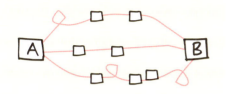

不適切な定義
不明確な課題→さまざまな経路→
さまざまなソリューション

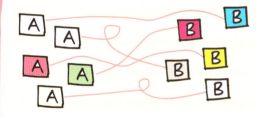

厄介な問題
不明な課題→さまざまな経路→
問題定義が明確になるような
部分的ソリューション

　厄介な問題については実際の課題が明確ではない場合も多いため、仮の問題提起文が使用されます。これによって導かれるソリューションの理解はさらに課題の理解を変えていきます。つまり、課題定義の時点ですでに反復が行われ、課題と、さらにソリューションの理解を解釈するのに役立ちます。ただし、この過程で主に見つかるのは、短期的あるいは仮のソリューションにすぎません。直線的で分析的な問題解決手順は、厄介な問題においてはすぐに限界に達します。なぜなら問題は課題を探すことであり、やみくもに振り回される状態になるからです。

　幸い、デザインシンキングはこうした状況のためのツールも長年かけて生み出してきました。それが「どうすれば〜できるか？」という質問や、「なぜ」という質問に関するテクニックです。こうしてデザインシンキングでは厄介な問題も把握可能なものにしてくれます。それでも無理なら、たいてい資金や時間といったリソースの限界が原因です。だからこそ、適切な問題提起の定義に十分な時間と労力を割くことを推奨しているのです。

デザインシンキングを適用できるのはどちらのタイプの課題か？

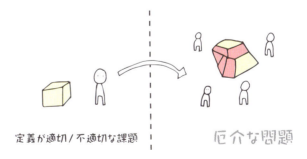

定義が適切/不適切な課題　　　厄介な問題

　デザインシンキングはあらゆるタイプの問題提起文に適しています。適用範囲は商品とサービスからプロセスや個々の機能、さらにカスタマー・エクスペリエンス全体にまで及びます。ただし、それぞれの人が到達したい目標は異なります。商品デザイナーは顧客ニーズを満たしたいと思い、エンジニアは仕様の決定のほうに関心があります。

エキスパートのヒント
デザインの課題を見つける

デザインシンキングのコースで、リリーは適切なデザインの課題がなかなか見つからないことがよくあります。デザインの課題が企業パートナーから生じたものなら、発想の枠組みは限定されます。

参加者が自分で課題を特定しなければならない場合は、事態はもっと複雑です。課題の特定とデザインの課題の定義には、以下の問いがとても役立つことが証明されています。

日常生活で訪れる場所や使うモノのカスタマー・エクスペリエンス・チェーンを改善するには、どうすればよいでしょうか？

例：

- 靴販売業者のオンラインショッピングのエクスペリエンスを改善するには？
- AからB地点へ行くためのカーフェリー用のオンライン予約ポータルを改善するには？
- シンガポールの公共交通機関のチケットアプリで顧客満足度を高めるには？

デザインの課題を見つけるもう1つの方法は、視点を変えることです。次のような質問がデザインの課題の把握に役立ちます。

- もし〜だったら？
- どんなことが可能になる？
- 何が行動を変えるか？
- ビジネスエコシステムが相互接続している場合は何を提供できるか？
- プロモーションの影響はどんなものか？
- その後何が起きるか？
- 他の人にとっては問題でしかないところにチャンスは隠れていないか？

もう1つの可能性は、既存の商品やサービスを詳しく見てみることです（たとえば、音楽のサブスクリプションを契約する時のカスタマー・エクスペリエンス）。質問をして観察することで、デザインの課題のヒントを得ることができます。

- ユーザーの音楽行動はどのようなものか？
- 新曲の発売について顧客はどのように情報を得るのか？
- 顧客はどのように、どこに商品やサービスをインストールするのか？
- 顧客はどのように商品を使うのか？
- 顧客は商品が期待通りの動作をしない時にどのように行動するのか？
- カスタマー・エクスペリエンス・チェーン全体で顧客はどの程度満足しているのか？

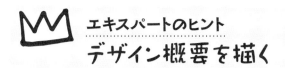

エキスパートのヒント
デザイン概要を描く

デザインの課題の説明は成功を左右する重要なものです。すでに指摘した通り、優れたソリューションはデザインシンキングチームが問題を理解している時にしか生まれません。

課題の説明は最低要件ととらえる必要があります。より詳しく掘り下げれば、さらに問題解決に近づくことができます。ここでの難点は新しいソリューションの突飛さは抑制されるという点です。優れたデザイン概要の作成（プロジェクトの概略）は、それ自体がすでにちょっとしたデザインシンキングプロジェクトです。時にはユーザーに対して、時にはデザインシンキングチームに対してデザイン概要をまとめます。課題に関して（できれば異分野の人から）さまざまな意見を取り入れて、問題の実態を表す提起文について反復を通じて合意することをお勧めします。

<u>デザイン概要はさまざまな要素を含み、コアな質問に関する情報を提供することができます。</u>

デザインの対象となる場と範囲の定義：
- どの活動を、誰に対してサポートするのか？
- ユーザーについて何を知りたいのか？

問題解決のためにすでに存在するアプローチの説明：
- 既存のものとは何か、その要素が今回のソリューションにどのように役立つか？
- 既存のソリューションには何が欠けているか？

デザイン原則の定義：
- チームにとって重要なヒントとは何か（より一層創造力が求められているのはどこか、潜在的ユーザーが特定の機能を実際に試すべきなのはいつか）？
- 限界はあるのか、どの中核機能が必須なのか？
- 誰を、デザインプロセスのどの時点で関与させたいのか？

ソリューションに関連するシナリオの定義：
- 望ましい将来とビジョンはどのようなものか？
- どのシナリオが妥当で実現性があるか？

次のステップとマイルストーンの定義：
- ソリューションはいつまでに決定すべきか？
- 貴重なフィードバックを得られる運営委員会の会合はあるか？

実装の障害になりそうな課題に関する情報：
- 初期段階では誰が関与する必要があるのか？
- 突飛なソリューション案についてどう対応する傾向があるか、またリスクを取ろうという意志はどの程度のものか？

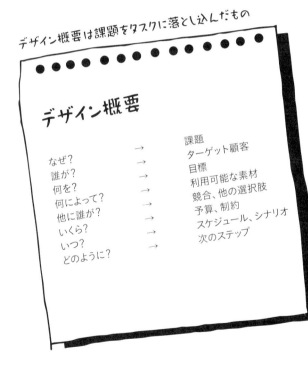

どうすれば…
課題が把握しきれなくても開始できるのか？

原則として、理想的な出発点はコンフォートゾーンから離れた地点です。問題提起文に基づいて適切な出発点を見つけることはそう簡単ではありません。出発点が狭まり過ぎていたり広がり過ぎていたりするとチームが迷うことも多いものです。そのような場合は、とにかく始めましょう。課題が最初から狭まり過ぎている場合、チームは最初の反復で問題を拡張することができます。課題が広がり過ぎている場合、チームが狭めることができます。

例 ステップ1：誰に関わることか、中心タスクは何か？
リリーはファシリテーターとしてイノベーションワークショップを開催。

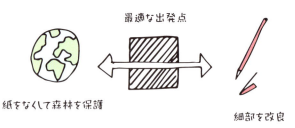

この手順には3つのステップがあります。

ステップ1

問題提起文のコンテキストでは、ユーザーは誰か？
実際のユーザーは誰か、
そのニーズは何かを定義する。
作成されたペルソナについて十分に検討する。

ステップ2

5W1H質問を適用する。
なぜ（WHY）、何を（WHAT）、
どのように（HOW）を話し合う。

ステップ3

これを基に質問をまとめる。

54

ステップ2：達成したいことは何か？

リリーはワークショップからの情報を記録したい。

何を？

ユーザーは何を達成したいのか？
編集？　作成？　評価？
分析？
保存？　共有？

なぜ？

結果をチームの
世界各地にいる他のメンバーと
共有したい。

どのように？

コピー？
音声認識？
文字認識？
画像認識？
写真？

ステップ3：これを基に質問をまとめる

リリーは質問を記録する。
どうすれば付箋紙を画像に落として共有できるか？

前述のように、「なぜ」と「どのように」の質問は発想の枠組みを広げたり狭めたりすることができます。ブレインストーミングセッションでは、特に転換や組み合わせや最小化などのさまざまなメソッドが使用されている場合に、自然に調整されることもよくあります。

メソッド	どうすれば課題を解決できるか？	
最小化	縮小する？	既存のソリューションを縮小する？
最大化	拡大する？	既存のソリューションを拡大する？
転換	頭の中で別のエリアへ移動させる？	別のエリアに存在するソリューションをこの問題に振り替える？
組み合わせ	他の問題と組み合わせるか？	複数の既存のソリューションを組み合わせる？
修正/適用	修正する？	既存のソリューションを修正する？
再編成/逆行	中身の順序を変更または逆行？	既存のソリューションの順序を変更または逆行？
代替	一部の課題を代替する？	既存のソリューションの一部を代替する？

BICボールペンの例をとって、アイデアを除外または縮小するメソッドを見てみましょう。BICボールペンでは不必要なものはすべて省かれました。最終的に残ったのは、リフィル、ホルダー、クリップにもなるキャップという3つの不可欠な基本パーツだけです。オリジナル商品は50年以上変わらない姿で愛されています。

イノベーションの余地はあるのでしょうか？

答えは、「あります！」。これまでにも、BICボールペンのキャップの先端に穴が空いているのはなぜだろうと考えたことがある人もいるかもしれません。この穴は最初からあったわけではありません。これは小さなお子さんがキャップを誤飲して気管にひっかかった時に窒息するのを防ぐためです。この小さい穴があれば十分な空気が通るからです。これが24年以上もBICボールペンのキャップに穴が空いている理由です。

ここまでのポイント
課題を適切に定義するには……

- 質問を「なぜ?」と「どうすれば?」という形で提示して課題を把握し、理解します。
- 課題が、厄介、不適切な定義、適切な定義のどのタイプなのかを明確にします。それに合わせてアプローチを調整します。
- 厄介な問題の場合は、最初に部分的な問題に対する部分的なソリューションを見つけます。反復しながら先へ進みます。
- 課題全体を一度に理解できない時は、部分的側面の理解を深め、反復的にソリューションのコンポーネントを追加していきます。
- 構造化されたデザイン概要を描き、チームとクライアントが同じように出発点を理解するようにします。
- デザインの課題を見つける手段として別の可能性を模索します(カスタマー・エクスペリエンス・チェーン全体の調査または視点の変更など)。
- 理想的な出発点がまだ見つかっていなくても、最初の反復を始めます。この方法で課題の理解が改善されることもよくあります。

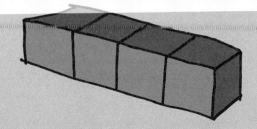

1.4 ユーザーのニーズを発見する

プリヤは新しいイノベーションプロジェクトに携わっています。噂によれば、プリヤが働いている有名IT企業がシニアの健康というテーマに取り組むと言われています。このテーマはプリヤがほとんど知識のない分野であり、個人的にもまだ身近ではない話題でもあります。実際、プリヤは他にも多数のプロジェクトを抱えているので、シニアのニーズを考慮に入れる時間的余裕がほとんどありません。彼女の職場は20代半ばの人たちで埋め尽くされ、50歳を超えている人さえほとんどいません。チューリッヒにいる友人知人もみな30代で、両親もまだ現役でフルタイム勤務をしており、退職者の仲間入りはしていません。祖父母なら話を聞けたでしょうが、残念ながらすでに亡くなっています。

時間がない時はどうすればニーズ探しができるでしょうか。もっと具体的に言えば、今日は出勤しませんと上司にどう説明しますか？

プリヤは潜在的ユーザー（つまり、人々）と接触することがデザインシンキングを実践するには欠かせないことを知っています。

プリヤにとってニーズ探しを省略するという選択肢はありえません。それはデザインシンキングのプロセスの1フェーズを丸ごと飛ばしてしまうことになるからです。理解と観察フェーズ、さらに視点の定義のフェーズは厳密に区別することはできないため、ニーズ探しを無視することは少なくとも3つのステップを省略することになります。

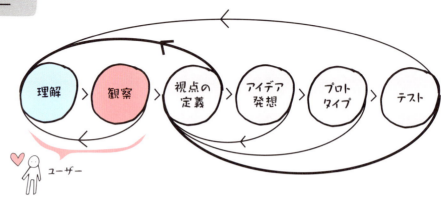

こうしたステップのすべてに共通する重要な特性があります。ユーザーと直接接すること、つまりイノベーションによる商品またはサービスを今後定期的に利用する人のグループとの接触です。

いかに検討を続けているからと言って、イノベーション開発のターゲットとなるすべての人たちのライフスタイルを理解していると思うのは幻想にすぎません。過去4年間にリリーがニーズ探しのエキスパートとして関わったすべてのプロジェクトを考えてみても、彼女は高齢者、視覚障害者、レズビアン、幼稚園児、不法移民でなければならなかったことになります。さらには、緩和ケア病棟に関するプロジェクトも実施しました。人生の最期の時を迎えた人たちの毎日の生活と病棟の手順のイノベーションに取り組んだのであり、死の床に就いたわけではありません。

自分自身を振り返り、イノベーション開発の対象者を自分が必ずしも代表してはいないと知ることが大切です。もし、ごく例外的に自分が該当者である場合でも、自分のニーズを他の人に反映させる時には十分な注意が必要です。

自分を見つめる

ピーターも、自分の席で何もしていない時に、商品の品質改善のための自分のアイデアを自問自答しています。誰かが日常生活で自分の商品を使っているところを最後に見たのはいつだった？ 顧客が新たに発明された機能を必要だと感じているまさにその瞬間に顧客の隣に立っていたことはあるのか？ ピーターが顧客に尋ねたからではなく（「あなたは〜したいですか」）、顧客が自分でこの機能を探していたから、ということは？

このような瞬間によってユーザーの生活についての洞察が得られ、深く長期にわたるニーズがどこに隠れているのかを示してくれるのです。

人々の日常生活を知らないということは、常に仮説を立て、それを基に決断をしていることを意味します。スイスには約800万人が住んでいます。現在チューリッヒに住むプリヤが、ある小さな村の住民がどのように暮らしているかを正確に知っていると主張した場合、彼女の知識は子供のころにインドで当時ほぼ同じ規模の村に住んでいた時の経験だけに基づいています。その経験は村の生活の特定の側面を知る手掛かりにはなりますが、今日のスイスの村の住民の大多数のニーズに対応する完璧なソリューションを開発することはできません。

イノベーションはユーザーのニーズを自分のこととしてとらえ、ユーザーを徹底的に理解することによってのみ効果を発揮するのは当然のことです。ユーザーがいる場所に自分も立った時、特にユーザーの生活で改善しようとしている部分を目撃した時にそれは実現できます。

本書がここで、それぞれの環境にいる人々を観察するツールをもっと紹介すると思ったなら大間違いです。そうしたツールは役には立ちますが、結局大切なのは1点に尽きます。つまり、どの仮説が頭の中で作り上げたものかを探し出し、それを意識することです。

会社での日常業務では、イノベーションマネージャーが実際のニーズに基づいていないアイデアを基に仕事を進めるのはよくあることです。誰かの日常生活でうまくいっていない何かを解決し、具体的な付加価値を生むことはできないかと尋ねたら、ぽかんとした顔をされることが多いものです。

そのような場合は、イノベーションマネージャーは何を見て何を聞けばいいのか分かっていないので、彼らを派遣しても無駄です。そのため多くの会社ではニーズ探しが行われず、時間と金の無駄だと思われてしまうのも無理はありません。

従来型のマネジメントとイノベーションのコンサルタントの多くは、コンサルタント自身や自ら指導したマーケットリサーチ会社が行っていない、いわゆる顧客インタビューを重視しています。コンサルタントはこのインタビューから自分の見聞きしたことに一致し、自分の人生で培った現実にうまく当てはまるものだけを選び出します。そのため、ニーズ探しはプロジェクトの成功を妨げるとみなされてしまうことも少なくありません。

ニーズ探しで純粋な好奇心を持つことに成功すれば、学んだことすべてが新たな、さらに人間中心のソリューションへと導いてくれることが分かります。

ニーズ探しでは、今はまだうまくいかないこと、おそらく決してうまくいくことはないこと、あるいは非常に注意して見守る必要があることを認識して、最終的にイノベーションがニーズに合っていることを確認できます。

最後に
「顧客の身になって考えた」のはいつか

ユーザーが立っているまさにその場所で、
日々の単調な仕事を最後に習得したのはいつか？
丸一日ではなく、ほんの1時間だけでも！

顧客が抱えている困難は何か、をどうやって知ることができるか？
顧客が満足する理由は何か？
顧客が当社の商品を体験した時に、何が顧客を感激させるのか？

どうすれば…
ニーズ探しで思い込みから解放されるのか？

　思い込みや仮説に縛られずにすむための便利なトリックはいくつかあります。特に初めてニーズ探しをする時には、30分もかからない下記のエクササイズを強くお勧めします。このエクササイズでトリッキーな質問をする人がいればさらに効果的です。

　このメソッドの目的は、ニーズの仮定や仮説をどのように可視化することができ、重要な仮定の優先順位をどのように決めることができるかを示すことです。これによって出発点が生まれ、目的が明確で成功しやすいユーザーとのインタラクションを実現できます。

　出発点は、最初のシンプルなプロトタイプをすでに作成している、ということです。そのため、アイデア発想フェーズはここでいったん終わります。すでにユーザーのニーズに対する潜在的ソリューションを見つけているからです。「シニアの健康」プロジェクトでは、プリヤはソリューションへのアプローチとして運動というテーマを定めました。

1. アイデアを1文にまとめる

例：座ってばかりのシニアに散歩を促す

次にアイデアをビジュアル化します。

シニアウィザード

2. アイデアのニーズの仮説をまとめる

　ご存知のように、ニーズとは実際のモチベーションになるもので、今は現実ではない何かを可能にしたいという欲求（例：健康でいたい）、あるいは望まないものを捨てたいという欲求（例：減量）から生まれます。デザインシンキングでは、こうしたニーズを動詞で表します。ニーズはユーザーが「何を」達成したいのかを表しています。ここは意識的に、ソリューション中心の「どのように」を重視する思考を脇に置いておきましょう。

ニーズの仮説を決めるには、最初に以下の質問を尋ねます。

- このアイデアを通してユーザーは何を達成したいのか？
- ユーザーがアイデアを採用するモチベーションは何か？
- ユーザーがアイデアを採用することを妨げているのは何か？

次のような回答が考えられます。

1. 座ってばかりの人は、慢性疾患を予防するため（ニーズ）に運動したい（ニーズ）。
2. 引退した人は定期的に運動する（ニーズ）ために必要な毎日の決まり事（トリガー）を持たない。
3. シニアは孫と一緒に旅行へ行けるように健康でいたい（ニーズ）と思っている。
4. シニアは若い人とジムで運動すると落ち着かない気持ちになる（精神状態/妨げる要因）

これらの仮説を1枚の付箋紙に1つずつ書きます。この付箋紙をステップ5のマップに貼り付けます。

3. 重要な仮説を決める

何より重要なのは、ニーズの仮説を数分間かけて振り返ることです。

この振り返りフェーズで何に気付きましたか？思いついたイノベーションによって基本的なニーズを満たそうとしていたかもしれません。そのニーズというのは、見事なまでの思い込みに基づいていることが多いのです。こうしたニーズを見直し、必要に応じて変えなければなりません。

このエクササイズでは、潜在的ユーザーが実際に日常生活でこのようなイノベーションに対するニーズを抱えているのかどうかを見聞きせずに、アイデアの根本的な部分について頭を絞ることになります。

友人の中からこのソリューションは優れていると思う仲間を何人か見つけているかもしれません。友人の両親や祖父母が日常生活でこうした問題を実際に抱えているとなればわくわくするでしょう。このステップでは、ユーザーにかなり接近します。と同時に、今はまだ仮説を扱っていることも意識しなければなりません。こうしたニーズが実際の日常生活に本当に存在するのかどうかはまだ見聞きしていないのです。

こうしたニーズは見直しするしかありませんが、今回は仕事の同僚とではありません。こちらに好意的だったり、こちらの熱意に水を差したくないと思ったりするためにアイデアに好意的に反応してくれる身近な人ではない人々を観察してインタビューをしなければならないのです。

4. 偶然の機会に備える

たった今、ターゲットグループのユーザーにばったり出会ったら、何を尋ねますか？ いつそんなチャンスが訪れてもいいように、相手から毎日の生活について聞き出すためどんな質問をすべきかを真剣に検討すべきです。たとえばプリヤは、日常生活を送っている引退した人と、平日にいつどこで会えるのかを考える必要があります（たとえば、ショッピング中、旅行中、電車で、バス停で）。幸いなことに、プリヤはわざわざ休暇をとる必要はありません。ニーズ探しを自分の日常生活に組み込めばいいのです。

ニーズ探しとは何なのか？

アイデアを新しい角度から見るには、コンフォートゾーンを離れて人々に話しかけなければなりません。進んで新しいことを学習し、好奇心を持ち続けることで、知識を少しずつ豊かにすることが必要です。

5. 最初に重要な仮説を見直す

最も知識が少ないのはどの仮説か、アイデアにとって最も重要なのはどれかを自問する必要があります。こうした仮説を最初に見直すほうがよいのです。

こうした仮説が日常生活に当てはまらない場合は、頭の中の架空の城の上にソリューションのアイデアを構築していたことになります。それも悪いことではありません。早いうちに気付けば、多くの資金と時間と労力を節約できるので、空いたリソースを次の大きな市場機会に活用できます。

重要な仮説の見直しには四分割したマップを使います。「偶然」と「必然」、「知識あり」と「知識なし」を対比した図はこれまでにもたいへん役立っています。

頭の中の架空の城？

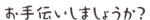

お手伝いしましょうか？

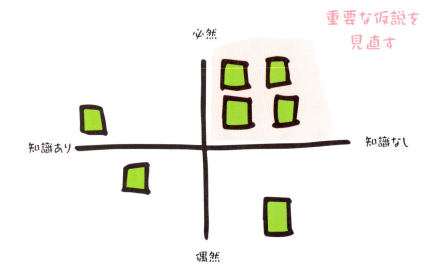
重要な仮説を見直す

どうすれば…ニーズ探しのインタビューがうまくいくか

どんなインタビューも論理的な流れがあるはずです。インタビューの流れを事前に計画して、それをじっくり検討することをお勧めします。

適切な準備をしていれば、落ち着いて臨むことができ、インタビューを受ける人からの信頼も得やすくなります。

典型的なニーズ探しの会話は次のようなものです。

1. 導入

最初に自己紹介をし、依頼の理由とインタビューの流れを説明します。その中で、このインタビューには「正解」も「間違い」もないことを強調し、インタビューを記録する許可を得てください（ビデオ、写真、または音声録音）。大切なことは、回答者が心を開ける雰囲気を作ることです。回答者は、感謝されていると感じ、自分の知識と経験が価値あるものだと受け止められていると理解していなければなりません。

2. 実際の開始

インタビュー相手にも冒頭で自己紹介してもらい、今回の課題にどう関係しているのかを説明しておきます。インタビューは、実際のテーマに関する一般的な自由回答方式の質問から始めます。回答によって、テーマを拡大して明確化するための質問をして掘り下げます。重要なことは、質問をされた人が安心していること、こちらを信頼してくれることです。

3. 関連付ける

回答者がよく覚えている最近の事例を見つけましょう。この方法で、回答者をトピックと問題に近づけます。この事例については問題をすべて洗い出せず、重要な体験を聞き出せないかもしれないし、別の日まで待たなければならないかもしれません。引き続き信頼を築き、インタビューを受ける人が自分の回答が重要で適切であり、役に立っていると思えるようにします。思ったほど掘り下げられない時も、辛抱強くさらに体験やストーリーを尋ねましょう。

4. 掘り下げる

他の重要なトピックを掘り下げ、矛盾点を探します。可能であれば細部まで突き詰めましょう。これは物理的な事実にも感情的な事実にも当てはまります。隠されていた事柄が明るみに出た時に目標を達成したことになります。インタビューを受ける人がこちらを信頼すれば、心を開いて、通常のインタビューでは隠されたままになるような刺激的なストーリーやニーズを語ることができます。

5. 振り返り

一呼吸おいて、インタビューの締めくくりをしましょう。重要な知見について感謝を伝え、こちらの視点からメインとなるポイントをまとめます。インタビューを受けた人が重要な事柄をつけ足したり、矛盾点を指摘したり、重要な項目を強調したりすることもよくあります。この時点で、必要に応じて「なぜ」と尋ねてさらに掘り下げることも可能です。このフェーズでは、より一般的なレベルへと切り替えて、議論の対象となっている問題の説明や論理について議論してもよいでしょう。

6. まとめ

まだ録音装置を止めないでください。最も興味を惹かれることが最後の最後に飛び出すことも多いので、締めくくりには十分な時間を確保しましょう。インタビューを受けてくれた方へ、話してくださったこと、時間を割いてくださったこと、こちらが得るものが多かったことについて再度お礼を伝えます。そちらから質問はないかと尋ねましょう。インタビューの後で、内容とアプローチの両面から最も重要な知見をまとめながら振り返ります。

エキスパートのヒント
ニーズ探しで自由回答形式の質問をする

ほとんどの人は自由回答方式の質問はしづらいと感じます。よくあることなので、身に覚えのある人も多いでしょう。

プリヤはチューリッヒの年金管理機構の前でトラム5号線を待っています。その状態がすでに9分も続いています。高齢の女性がプリヤの隣で同じように5号線を待ちながら、ちょっと退屈した様子でいます。その瞬間にプリヤは、ニーズ探しが結局は何の付加価値ももたらさないという言い訳を1000個でも挙げられるし、どうせ明日また別の高齢者に会えると自分に言い聞かせています。このフェーズではほとんどの人がプリヤと同じ気持ちになります。誰だって知らない人に声をかけるのは気が進まないものですし、ちょっと恥ずかしくもなります。でも、プリヤは単に自分の洞察を深めたいだけにすぎません。

プリヤは勇気を出して会話を始めようとしますが、どのように話し始め、どのように質問をすればよいのでしょうか？

もちろん、プリヤの主な目的は、高齢女性が自分自身と日常生活における運動習慣について話してくれるように質問をすることであるはずです。これまでの経験から言うと、質問マップを事前に作成しておくと役に立ちます。ここで、戦略コンサルティングの人たちのようにアンケートを使えばよいのでは、と思う方もいるでしょう。アンケートは直線的な構造で、一番上に書かれている最初の質問からスタートし、下へ向かって進みます。ところが会話では考えや答えが直線的に進むことはなく、あちらこちらへ飛んでいくものです。マップは散在しているトピックを視覚化してインタビューの方向性を示してくれます。

プリヤのテーママップでは、高齢女性がスポーツをする動機は何か、という質問があります。他にも、「どのタイプの運動が女性にやる気を与えるか？」「何によって幸せを感じるか？」といった質問があります。

ここでプリヤにとって重要なことは、女性が自分の人生について語り始めた時に注意深く聞くことです。会話の間に、プリヤは重要な情報を書き留めるべきです。同時に、メモを取ることは女性に対する一定の評価を示すことにもなります。間接的にほめていることになり、相手は喜ぶはずです。

プリヤは女性の言葉をそのまま書き留めます。たとえば、「気持ちがしゃきっとするので朝に運動するのが好き」といったように。もしキーワードだけ書き留めると、プリヤは後で文章を作ったり文脈を創作したりしなければなりません。次にプリヤは、他の回答者による言葉と比較して、類似点と相違点を見つけます。さらに、その言葉を自分の作ったペルソナにそのまま採用して、本物の人間らしさを付け加えることができます。

それぞれのインタビューや会話の後で、次のような重要な質問を自分に投げかけます。

- その人が最大の問題を明かしたのはどの部分か？
- 問題の裏にあるニーズは何か？
- どんなイノベーションならこの人が日常生活を楽に過ごせるようになるのか？

これは状況想起型アイデア発想ともいい、ニーズ探しの間に直接現れたアイデアや思考の要点を示します。プリヤは、他のことをしている時に浮かんだ補助的な質問（シニアがよく運動をする国に住んでいるかどうか、など）も書き留めます。この方法により、プリヤは質問マップを充実させて、質問の領域を広げることができます。

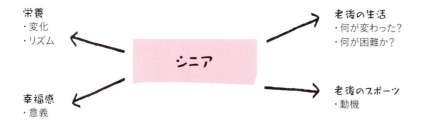

ニーズ探しのインタビューでは、できるだけ自由回答形式の質問をすべきです。
インタビューの準備に役立つ一般的な質問リストをご紹介します。

行動をたどる

「その話になると笑顔になるのはなぜですか？」
「それはどのように起きたのですか？／誰にそう言われたのですか？」
「その仕組みはどうして分かるのですか？」
「うまくいった／うまくいかなかったことは何ですか？」

明確化する

「～というのは正確にはどういう意味ですか？」
「ご自分の言葉ではどう説明されますか？」

積極的に探る

「これは難しいと言われましたが、具体的に何が難しい（難しかった）のですか？」
「難しい仕事ですね。具体的に、なぜ難しいのですか？」

時系列を尋ねる
（日／週／人生のある時期）

「～についての最初の記憶は何ですか？」
「その前／後に何が起きましたか？」
「以前はそれをどのようにされていたのですか？」
「～を最初／最後にされたのはいつですか？」

例を挙げてもらう

「最近ダウンロードしたアプリは何ですか？」
「それを誰と話し合いましたか？」

例外を探る

「それがうまくいかなかった時は、どうしましたか？」
「それ以前に～について問題はありましたか？」

つながりと関係を理解する

「～とどのようにコミュニケーションをとっていますか？」
「それを誰から聞きましたか？」
「それを手伝ってくれたのは誰ですか？」
「それを聞いてどう思いましたか？」

部外者に情報を伝える

「それを留学生に説明するとしたら、どのように話しますか？」
「祖父母はこれをどのように説明しますか？」
「小さな子供にはどのように伝えますか？」

プロセスを比較する

「あなたの家とお友達の家では、どのような違いがありますか？」
「これを自宅ではなく外出先でする時とは、どのような違いがありますか？」

将来を想像する

「それを2030年にするとしたら、どう思いますか？」
（もし今がすでにその状態だったら？）

65

👑 エキスパートのヒント
リードユーザーをイノベーターとして巻き込む

リードユーザー（トレンドを牽引するユーザーまたは顧客）を観察して質問することは、将来の顧客ニーズを特定するのに役立ちます。さらに、リードユーザーは顧客ニーズを理解するもう1つの情報源としても頼りになり、リードユーザーの経験は共感を築くのに役立ちます。

「リードユーザー」という用語はエリック・フォン・ヒッペルが生み出したものです。定義によれば、リードユーザーとはマスマーケットよりも早くニーズや要求を示し、そのニーズの充足や問題のソリューションによって大きなメリットと競争力を望むユーザーを指します。リードユーザーは自ら多くの主要なイノベーションを開発してきました。たとえば、マウンテンバイク、WWW（World Wide Web）のハイパーリンク構造、GEOXシューズなどです。リードユーザーは自分が抱える特定の問題を解決したいという強い意欲を持っており、それがイノベーションへと駆り立てるのです。このイノベーションは、暫定的なソリューションやプロトタイプの形で実現することも少なくありません。

ここで、リードユーザーを巻き込むための、順を追って進めやすい3ステップのアプローチを提案します。

ステップ1：ニーズとトレンドを特定する

- 早期トレンド、調査の指示、マーケット専門家やテクノロジー専門家のための2次情報源（将来の研究者、トレンド報告、トレンドの情報収集など）を精査する
- 重要な早期トレンドと重要なニーズを早期フェーズで仮決定する

ステップ2：リードユーザーとリードエキスパートを探す

- ターゲット市場のリードユーザーとリードエキスパートを探す
- 自分の質問とトピックを抽象化して転換することで類似市場を特定する

ステップ3：ソリューションコンセプトを開発する

- 最後のフェーズとして、これまで特定された未熟なソリューションアイデアを、リードユーザー、リードエキスパート、内部マーケティング、技術者とともに大人数のワークショップで強力なイノベーションコンセプトに発展させる
- 共創のフレームワークでは、リードユーザーに開発およびプロトタイププロセスに深く関与してもらう

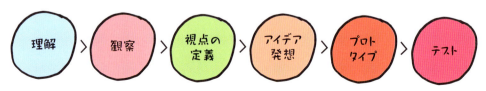

リリーは『キャズム』（ジェフリー・ムーア著）を読んだことがあります。リードユーザーを選び、ソリューションをリードユーザーのニーズに応用する時に、リードユーザー、早期採用者、早期多数派のそれぞれのニーズにはギャップがあるだろうとリリーは気付いています。これこそ、彼女のワークショップでは常に「普通の」顧客のニーズを認識しようとする理由です。最終ソリューションについては、早期多数派のニーズを忘れないことが重要です。

ピーターはリードユーザーのニーズを重視し過ぎるプロジェクトに参加していましたが、その結果生まれた商品は「白い象（無用の長物、厄介ものの意）」というあだ名が付けられました。このようなプロジェクトはリスクが高く実施の可能性が低く、中止することが難しいものです。多くのリードユーザーがとても面白いと評価したソリューションにわずかな顧客しかつかなかった、という残念な例も見られます。

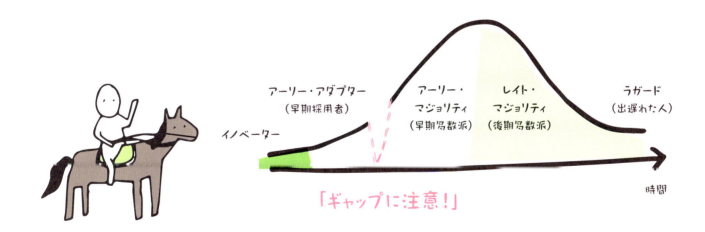

👑 エキスパートのヒント
さらに掘り下げる方法

ユーザーの舞台裏をのぞき見られるようになるには、ユーザーに対して深く共感できるようにならなければなりません。単なる観察を超えたさまざまなメソッドやツールがこれを手助けしてくれます。この時点では、適切な態度で取り組んだ時にだけ、ユーザーの本当のニーズが分かるということが大切なので再度強調しておきます。次のようにまとめました。

深く掘り下げる

舞台裏を知ることが目標です。本当のニーズを探してさらに掘り下げましょう。

インタビューを受ける人の個人的な話や経験談にはじっくり耳を傾けましょう。

自分自身の経験は脇へ置いておく。自分の問題や希望は一度忘れましょう。

ユーザーの回避策、救済策、緊急措置を探します。

ニーズとソリューションは区別します。すでにソリューションを思いついている場合は、問題とソリューションに対するニーズを見つけましょう。

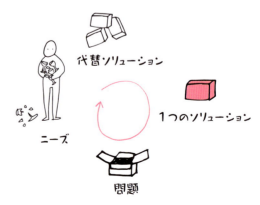

インタビューを受ける人の言うことと実際の行動の間に矛盾があることを認識します。大げさな言い方をしている場合もあるということです。

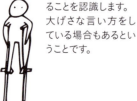

「上げ底」にご注意！

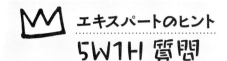

エキスパートのヒント
5W1H質問

前述のように、5W1H質問は発散フェーズにおいて基本的な概要と詳細な洞察を得る上で役立つものです。5W1H質問によって的確な情報を得て、問題や状況をより的確に把握できるようになります。

What(何が)	Who(誰が)	Why(なぜ)	Where(どこで)	When(いつ)	How(どのように)
何が問題か？	誰が関与するのか？	なぜその問題が重要か？	その問題はどこで起きるのか？	その問題はいつ始まったのか？	どうすればこの問題が機会になるか？
何を知りたいか？	状況の影響を受けるのは誰か？	なぜそれが起きるのか？	以前すでに解決したのはどこか？	いつまでに成果を得たいのか？	どうすれば解決できるのか？
精査される仮説は何か？	誰が決定するのか？	なぜまだ解決されないのか？	同様の状況はどこに存在したのか？	プロジェクトはいつ開始できるか？	問題解決のためにすでに試されたのは何か？

特にデザインシンキングの最初の数フェーズでは、5W1H質問がきわめて重要です。

特定の状況について具体的な観察ができるようになり、さらに感情や動機も知ることができます。また、5W1H質問はすでに収集した情報を分析して精査する上でも役立ちます。

1. 5W1H質問一式を作成します。
2. 考えうる付随的な質問のリストを作成します。
3. 5W1H質問すべてに答えてみます。
4. 問題のコンテキストにおいて意味をなさない5W1H質問があれば、それを省略します。
5. 5W1H質問がユーザーへのインタビューで使われたものと同じだった場合、質問を工夫し、繰り返して掘り下げます。
6. 各質問について複数の回答を見つけます。矛盾する回答からは特に何かを引き出せるかもしれないので、ユーザーにさらに詳しく説明してもらうべきです。
7. 回答を評価するのは最後だけにして、回答文はソリューションに対する関連度によってフィルタリングします。

どうすれば…
自分の行動と仮説を振り返ることができるか

ここでのタスクは、自分で見聞きしたことに自分自身の行動を加えて振り返ることです。この移行はプロセスを継続的に改善するために役立ちます。

振り返りは次の3つのステップで進めます。

第1のステップ：ユーザーとニーズを検討します。プロジェクトに関連して何を学習しましたか？

次のプロジェクト関連の質問を確認します。
- 日常生活で人々はどのように考え行動するか？
- 想像していたこととどの点が違っていたか？
- 何が意外だったか（「ピンときた！」瞬間）？
- 解決する価値のあるニーズはあるか？

第2のステップ：自分たちのソリューションは適切なものか？

第2のステップは、自分たちのソリューションが適切だと感じるかどうかを確認します。日常生活で機能するにはアイデアを何も変更する必要がないというのは本当ですか？ 何を変更するとイノベーションを日常生活で活用してもらえるようになりますか？

たとえばプリヤは、質問をし、さまざまなことを振り返ることで、自分のソリューション観が広がったことにすぐに気付きました。

今では、プリヤの意見は自分の仮説に基づくものではなく、実際に見聞きしたことや収集した知識に基づいています。シニアになること、健康な生活を送りたいと望むことが実際はどのように感じるのかということについて具体的なイメージを持っています。

トピックに対する見方を広げた後で、ようやくアイデア発想に戻ることができます。潜在的ユーザーとのインタラクションに基づいて元のソリューションを反復します。反復とは、既存のアイデアにあるものを改善すること、あるいは全く新しいプロトタイプを作成することを意味します。

第3のステップ：アプローチと質問は適切だったか？

最終ステップでは、自分の取ったアプローチが適切だったかどうかを確認します。質問の投げ方は良い印象を与えたか？ 記録は後で何らかの役に立つか？ と自問します。これにより、良かった点、改善すべき点、まだ試してみる必要がある点が分かります。

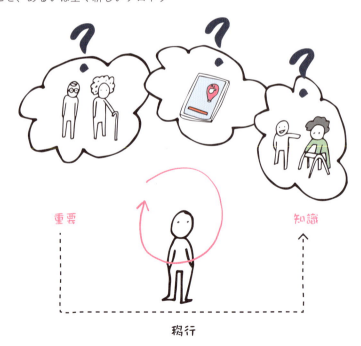

ここまでのポイント
ユーザーのニーズを認識するには……

- 実在するペルソナを見つけてインタビューします。
- 商品やサービスのアイデアに対する当初の仮説をすべて忘れ、ユーザーの行動に集中します。
- 潜在的ユーザーと会話しながら観察し、注意深く話を聞きます。
- 観察したことを正確に記録し、仮説を修正します。
- ユーザーの身になって考えます。日常生活の1日を一緒にたどってみます。
- エクストリームユーザー（商品やサービスを一般的な方法では使わず、想定外の使い方をする極端な特性を持ったユーザー）も特定します。たとえば、とても高齢でも激しいスポーツをする人もいます。
- 他のユーザーとの体験を繰り返し見直して、その本当のニーズについて常に好奇心を持ち続けます。
- ニーズ探しのインタビューはこつこつと計画して準備します。自由回答形式のインタビューのための質問マップを作成します。
- 多くの質問を行い、回答の矛盾点に注意を払います。5W1H質問を使います。
- 結末に注意を払います。ここでも重要な洞察を得られることもあります。
- リードユーザーを活用して、将来のニーズを早い段階で認識します。ここでは適切なリードユーザーを選ぶことが重要です。
- 舞台裏を探ります。深く掘り下げ、さまざまなメソッドを組み合わせます（たとえば、参加型観察とエクストリームユーザーまたはエキスパートのディスカッション）。

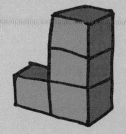
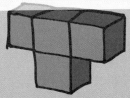

1.5 ユーザーに深く共感する

「シニアの健康」というテーマに関してニーズ探しをしているプリヤは、ターゲットグループに対する共感を高めることがいかに重要かに気付きました。「共感」とは他者の考え、感情、動機、人柄を認め、理解する能力と意思のことです。本質的に、デザインシンキングは共感、前向きな気持ち、創造力に基づいて未来を作っていく方法です。市場にあるシニア向けのサービスや商品を見ると、シニアへの共感も前向きな基本姿勢もないものが多いことが分かります。退職後の人たちは、「65歳以上」や「熟年世代」としてひとくくりにされ「シルバー市場」のターゲットグループとして扱われたくないと思っています。また、シニア向けの旅行をインターネットで予約することも「シニア向けエクササイズ」に招待されることも望んでいないし、病気に関心があるわけでもないのです。健康に過ごして、元気に動き回りたいと思っています。ほとんどの方は実年齢より15歳は若い気分でいます。同じ失敗を繰り返したくないなら、そして最後には市場に大転換をもたらす素晴らしい成果を上げたいなら、ユーザーへの共感は基本中の基本です。

どうすれば潜在的ユーザーへの共感を高められるか（「シニア」を例に）？

プリヤにはすでにアイデアがあります。シニア向けスマートフォンのプロトタイプを開発しました。「イメドハインツ」と名付けられたこのプロトタイプがややスマートさに欠けるのは、キーが大きく、血圧測定器とのアナログインタフェースがあるためです。まるで1980年代のポケット電卓のようです。

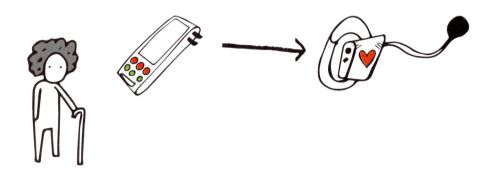

プリヤはプロトタイプをシニアの環境でテストしたいので、高齢者施設「シェイディ・パインツリー」を訪問します。ダイニングルームで出会ったのは、アンナという70歳の頭の回転が速い女性です。脳卒中により車椅子生活になったため、ここに移ったと言います。プリヤがアンナにイメドハインツ・スマートフォンのプロトタイプを見せると、アンナはゾッとするという表情で反応します。少しは興味を持ってもらうために、プリヤはかなり大げさに、血圧計からのデータをどれだけ速くハインツへ転送できるのかを見せます。アンナは全く関心を示しません。

　これにはプリヤもかなりがっかりします。背もたれに身体を預けるようにして座ると、ダイニングルームにいる他のシニアたちに目がいきます。部屋の奥にいるリチャードはタブレットでチェスをしています。エリザベスはiPhoneのWhatsAppを使ってニューヨークにいる孫とメッセージのやりとりをしています。アンナはプリヤの手を取り、自分もiPhoneの大ファンで、新しいゴールドのiPhoneは自分のジュエリーと合うので楽しみにしていると言います。

　プリヤはこの日の午後に多くを学びました。共感的ニーズ探しの基本的前提条件は、顧客（シニア）のすぐそばにまで近づくこと、積極的に会話すること、他者の目で世界を体験しようとすることです。既知の基準や世界の見方から一歩引くには勇気と強さが求められます。でもそれがなければ、ニーズ探しとそれに必要な潜在的ユーザーとの共感は決して生まれないでしょう。

どうすれば…
顧客のように体験し、理解し、感じることができるか

1 顧客の言葉遣いを理解する

誤解の元は日常の問題にあることが多いものです。家庭環境、ライフスタイル、価値観、コンテキストなどさまざまな側面によって、人はそれぞれ異なった考え方や行動をします。初めからこうしたニュアンスを分かっておくことで、イノベーションの成功の土台となるユーザーの生活について洞察を得ることができます。

どうすれば顧客の言葉遣いをよりよく理解できるか？

積極的に耳を傾け、さまざまな解釈の仕方がある言葉について尋ねます。たとえば、「リソース」について話をする時は何を意味しているでしょうか。この言葉は、時間、資材、あるいは人を指すこともあります。対話の相手が何を意味しているのかは、その人に尋ねてみなければ分かりません。

観察している人が芝居がかった表現をしているなら、ここでさらに深く掘り下げましょう。対話の相手が「とてもわくわくする」状況について話しながら、同時にあきれたような表情をした時は、何を意味しているのでしょうか。「あきれたような顔をされていましたが、どういう意味があったのですか」と尋ねてみるべきです。経験上、顧客の言語と性格をよく理解していると、その人のニーズもよく理解できることが分かっています。

2 顧客の世界を体験する

ユーザーの日々の状況をいつまでも推測し続けるよりも、自分で体験するほうがずっと有益です。そうすれば、重要な事実が新たなイノベーションの出発点となります。ただし、体験できるのはほんの一部であることには注意しましょう。

どうすれば顧客の世界を体験できるか？

重要なニーズを認識するには、ユーザーの視点を取り入れます。これには共感が必要です。イノベーションは自分のためではなくユーザーのためのものなので、自分自身の思考パターンや主義が邪魔になることもあります。現実に近い環境と共感があれば、商品やサービスを毎日使用する人たちの目を通して世界を体験できます。

3 オープンマインドでいこう

誰だって未熟な質問をして相手にあきれた顔をされたくはありません。でも、ユーザーの世界に身を浸すためには、思い切って質問をしましょう。未熟な質問などないのですから。

どうすればオープンマインドを維持できる？

質問をする時はオープンマインドで、自分の経験や価値観はできるだけ脇に置いておくことが重要です。

最善のアプローチは、この世界では自分はエイリアンであり、どこかの銀河から来た初心者だと想像してみることです。ここに来るのは全く初めてで、人々がどのように生活しているのか知りません。自分の生活とはかけ離れているので、聞くものすべてが新しく説明のつかないことだらけです。フレンドリーな地球外生物として、先入観のない質問をユーザーに行うようにします。この方法でユーザーの世界と行動をまるで未知のものを発見するかのように知ることができます。結果的に、回答者の回答はバラエティ豊かなものになります。というのも、初心者のようにふるまえば、相手は怖がらないからです。むしろ経験から言えば、好奇心があれば潜在的ユーザーはさらに多くのことを話してくれます。

👑 エキスパートのヒント
マインドフルネスを高める

マインドフルネスは私たちの脳の基本機能ですが、マルチタスクをこなすことに駆られる日常生活ではあまりにもこの状態が抑制されがちです。目的を定めて注意力を集中させれば、認知力をさらに正確なものとし、より「今」を生きることができます。マインドフルネスは内側にも外側にも向けることができます。共感は、現在の瞬間に集中し、五感すべてを活用し、先入観に縛られずに状況を認識した時に最も高まります。マインドフルネスは、創造力を刺激して高めつつ、共感と感情的知性を養成するため、認知スキルを向上してくれるものであり、デザインシンキングのマインドセットに不可欠です。情熱と集中力を注いで体験したことは、しっかりと身に付くものです。

フルマインドかマインドフルか

共感することがなぜそれほど難しいのか？

社会全体が共感する力をどんどん失っているように見えます。おそらく、目標達成第一主義の社会では自分を最適化せよというプレッシャーに常にさらされているからでしょう。もし対話の相手が馴染みのない全く別の世界の人のように見えたら、あるいは自分の解釈や結論から相手を特定のカテゴリーに仕分けしてしまっていたら、相手に共感するには苦労することでしょう。共感を妨げるものは他にもあります。ストレスの多い毎日の生活、成功へのプレッシャー、忙しすぎる状況、疲れ切った心身、怒りや衝動や恐怖といった精神状態などです。

こうした感情の裏には、満たされないニーズ、無意識の思い込み、偏見、凝り固まった評価基準が見つかります。これらすべてが、他人の立場に自らを置こうとする気持ちを削ぎ、最終的に共感を妨げているのです。

共感を促すマインドフルネス

1. 思い切って視点を変えてみる：世界を反対側から観察してみます。
2. トピックに全神経を集中する：マインドフルに、今この瞬間に集中して、正確に。
3. 注意深く、積極的に話を聞く：外見、身振り、顔の表情を使って今この瞬間に集中していることを示します。
4. 自分自身の行動について振り返る：私はどのように他者と接しているか？
5. シグナルを読み取る：相手の表情、身振り、声は何を伝えていますか？
6. 共感するつもりがあるか自問する：私の意見に偏見はないか？
7. 自由形式の質問をする：どのような将来になると思いますか？
8. 感情とニーズを探る：今日はどんな気持ちですか？
9. 自分の感情とニーズを表現する：「私は〜を望んでいる」
10. 共感を持って行動する：私でも力になれますか？

共感にはどんなタイプがあるか？

　共感は大切です。人生のすべての物事と同じように、この人間としての基本的特性をさまざまな段階に分割することができます。「感情的知性」と「感情的共感」という言葉はこの文脈でよく使われます。この感情の知性は、商品デザインでも社員管理でも人間関係でも重要度を増しています。これは他者の感受性をくみ取って、それに合わせて反応できる能力のことです。認知的共感は、最初のステップで他の人が何を感じるかを認識するだけですが、感情的共感は他の人が感じていることを感じることができます。最強の形は他の人と一緒に精神的にも肉体的にも苦しみをともに感じることです。

トーキングスティックをどう活用する？

　北米の先住民族の文化を発祥とするトーキングスティックは、共感と注目のためのツールです。ミーティングでは1人にトーキングスティックが与えられます。この人は自分の視点を説明し、他の参加者が自分を理解したと感じるまでトーキングスティックを持ち続けます。他の参加者は話を聞いたり、質問をしたりします。それ以外の場合は沈黙を守ります。

トーキングスティックの利点とは？

　トーキングスティックが共感を高めるのは、室内にいる他の人たちが発言者の立場になって話を聞いてくれるので、それぞれの発言者は自分の話を理解してもらえたと感じることができるからです。日常の仕事では、これは次のような重要な利点を生みます。

- メンバーは話を聞く力が伸びる
- 理解してもらえたので、妥協しようという意志が高まる
- メンバーが視点を変える能力を身に付け、伸ばす
- 誰もが話をする機会を与えられ、言いたいことは最後まで言わせてもらえる
- 一度に1人だけが話をするので、いろいろな人の声が飛び交うことがない

　最初は、ミーティングでこのテクニックを使うと余計に時間がかかります。トーキングスティックの仕組みが確立されると、すぐに共感の高まりを実感できるはずです。

エキスパートのヒント
UXデザインで共感を醸成する

デジタル環境では、共感は状況と感情を結びつける重要な要素となっています。一般に、愛情、笑い、喜び、驚き、悲しみ、怒りといった感情の状態が使われます。Facebookが良い例です。よく知られた「いいね」のほか、5つの絵文字を使うことができます。ハートは物事や人に対する愛情を、笑顔は「面白い」という評価を、大きく目を見開いた顔は驚き

絵文字にもう1つの利点があります。ユーザーはコンテンツに対し文章でコメントすることが面倒だと感じており、膨大なコンテンツがネット上で評価されずに埋もれています。絵文字はスマートウォッチやモバイル端末で簡単に入力できるので、コメント率が飛躍的に高まりました。シンプルさがかつてなく重要になっているのです。

この過当競争の分野に参入することに意味があるのか迷っていました。アイデアが生まれたのは、他のマッチングサイトのユーザーからのクレームのおかげでした。こうしたユーザーのニーズに基づいて、デザインと実装する機能を検討していったのです。

Tinderのコンセプト全体がモバイルユーザーのエクスペリエンスに重点を置いています。従来の出会い系プラットフォームのほとんどの機能をあえて廃止し、操作オプションも最小限にまで削りました。

共感ボタン

を表します。残り2つの絵文字は怒りと悲しみを、それぞれしかめっ面や悲しげにうつむく顔で表しています。こうした絵文字によって、コンテンツの総合データ分析を行うことができます。これまでに、「いいね」ボタンは世界中の膨大な数の商品やサービスのサイトに採用されています。単純ですが、ユーザーの行動と選好については深い洞察をもたらしています。感情を表す絵文字のおかげで、サービスと商品、そしてそのユーザーをさらに詳細なレベルで分析可能になりました。UXデザインの分野では、

シンプルさがユーザーを惹きつけるのはなぜか？

2012年まで、マッチングサイトの画面はグリッドデザインでプロフィール写真をずらっと並べているだけでした。ミレニアル世代（ジェネレーションY）を対象としていましたが、これではこの世代の個人が望む柔軟性、効率、自主性を満たしてはいなかったのです。そこへ、Tinder（ティンダー）が左右にスワイプするという操作を取り入れ、ユーザー体験ががらりと変わりました。開発者は当初、

TinderはUXデザインにおける共感の3つのコア特性の一例です。

1. 人とのつながり

写真を1ページ1枚に限定し、操作をシンプルにしたことで、よりユーザーにフィットしたUXとなっています。プロセスは効率的で、サービスはどこからでもアクセスできます。興味を惹く相手がいれば、クリック1つで相手の詳細情報を確認することもできます。

2. モチベーション

マッチングは検索している双方が興味を示した時にだけ成立するので、ユーザーにとって喜びは大きいです。この瞬間はモチベーションに大きく影響し、長期の顧客ロイヤルティ（常連客）の確保にもつながります（フック効果。セクション1.1参照）。

3. 信頼

チャット機能はアプリに対するユーザーの信頼度を高めます。バーチャルデートによって、相手がネット上の詐欺師だったことが分かることもあれば、一緒にコーヒーでも飲みませんかと実際のデートの約束にこぎつける可能性もあります。

優秀なUXデザイナーは、ユーザーグループが特定の技術とどのように接触し、なぜ利用するのかを知る必要があります。ただし、ユーザーの感情に適切に対応するには、共感のほうが重要です。商品のデザインを始める前に、デザイナーはSNSや実社会でユーザーと接触して、ユーザーの行動とニーズの本当の姿を把握しなければなりません。

どうすれば商品に対する愛情と情熱によってユーザーを獲得できるか？

Lingscars.comの社是はおそらくシンプルさとの対極にあります。リン・ヴァレンタインは自動車と、手ごろな料金のリースと、特に顧客のために生きているような人です。彼女が起業したのは2000年。夫よりも自分のほうが事業経営にはるかに向いていると気付いたからです。彼女の成功の秘訣は、感情によってつながる関係を表に出すことにあります。これは自動車の販売で成功したいなら根本的な重要要素です。ほとんどの大手リース会社はこのカスタマー・エクスペリエンスは提供できません。これを達成するために、リンはあらゆるデザインのルールを破りました。ウェブサイトは原色であふれかえり、さまざまなフォントと独特のグラフィックが使われています。このアプローチは毎月何万人という新しいユーザーをウェブサイトへと惹きつけているのです。Lingscars.comはManagement Today誌で「かつて見たことないほどごちゃごちゃしたウェブサイト」と評されました。史上最も悪趣味なウェブサイトの賞をいくつも獲得し、閲覧数の多さでも認められました。リンは自ら出演するCMでも、ブログやSNSへの投稿でも、顧客と距離が近いのです。

リンはバーチャルマーケティングと満足した顧客の口コミで事業を成功させています。彼女は顧客に直接対応します。巨大ロケットを積んだLing's Carsの広告付きの中国産の軍用トラックは、高速道路を走るドライバーの目を毎日楽しませています。顧客と1対1でシンプルかつコスト効果の高いマーケティングを展開し、顧客と1対1で対応し、魅力的な条件を提供します。ここに顧客は惹かれるのです。

デザインのとらえ方に関する文化の違いや、それぞれの文化でデザインシンキングがどのように利用されるのかは常に考慮する必要があります。

ここまでのポイント
ユーザーへの共感を高めるには……

- 潜在的ユーザーの実際のニーズと背景を理解して共感を高めます。
- 先入観なく潜在的ユーザーとその実際の環境を観察します。
- 初めて新しい銀河系に入ってきた地球外生命体になったつもりで行動します。
- 自分自身の希望を認識し、他者のニーズにも心を開くことで共感を高めます。
- 注意深く話を聞くことは共感の重要な構成要素です。ボディランゲージ（非言語コミュニケーション）に注目し、言葉で発せられているものと矛盾がないか探ります。
- 絵文字を使ってデジタルの世界から現実へコンテンツに関する感情を届けます。
- ユーザー、ユーザーの行動、コンテンツや商品やサービスに対するユーザーの感情的関係について、絵文字のバリエーションから結論を導きます。
- 築き上げた共感を通じて（デジタル製品でも）ユーザーエクスペリエンスを改善します。
- （UXなど）開発フェーズの全関係者がすでにユーザーの希望に積極的に関わっていることを確認します。
- 提供されるサービスや商品に対するユーザーのとらえ方に大きく影響する可能性があるため、UXの文化的背景に注意します。

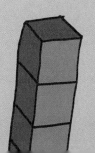
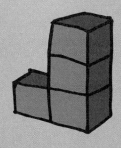

1.6 視点を定める

　導入部のセクション1.2ですでに説明したように、最も難しいのは視点（PoV: Point of View）を決めることです。ここでは、このステップを容易にするためのツールとメソッドを紹介します。

　ピーター、リリー、マークは、1つのグループに対するソリューションではなく、多種多様なユーザーまたは顧客に関連するソリューションを見つけるという課題に頻繁に直面しています。このような場合、360°の視野を持つことが欠かせません。

　アイデア発想フェーズへ進む上で、潜在的ユーザーに対する共感は欠かせないだけでなく、限界を教えてくれるものでもあります。共感は適切なコミュニティを選ぶだけでなく、このフェーズで適切な質問を投げかける方法としても重要です。質問によってインタビューを受ける人は異なる状況に身を置いて別の視点から検討するようになります。
　これはどのような順序になるでしょうか？　まず問題の形成から始まり、次にふさわしい視点の定義があり、これがやがては設定した枠組みの中で回答を得るための質問へとつながります。
　今までは1つのグループまたはユーザーグループに対する商品の開発に集中し、共感がいかに大切かを強調してきました。ここからはもう1ステップ先へ進んで幅広いユーザーのために問題を解決します。具体的な手順は81ページで説明します。

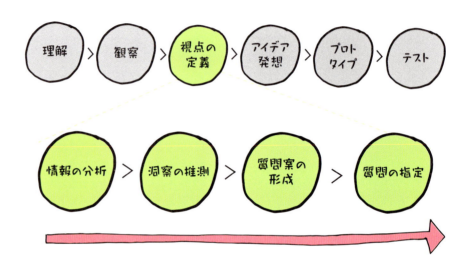

経験上、適切なPoVをつかむには下記のアプローチが適しています。

A) 情報の分析

- すべての情報の収集、解釈、分析
- 主な知見をまとめて洞察として集約する

B) 洞察の推測

- 最も重要な洞察10点をまとめる
- そこからデザイン原則または問題クラスタを推測する

C) 質問案の形成

- 考えうる主要テーマまたは質問をマークする（洞察や原則のシール投票など）
- 3つのテーマ分野を選び、質問を作る

D) 質問の指定

- 1つの質問を提示、議論、選択する
- 質問を推敲して改善する

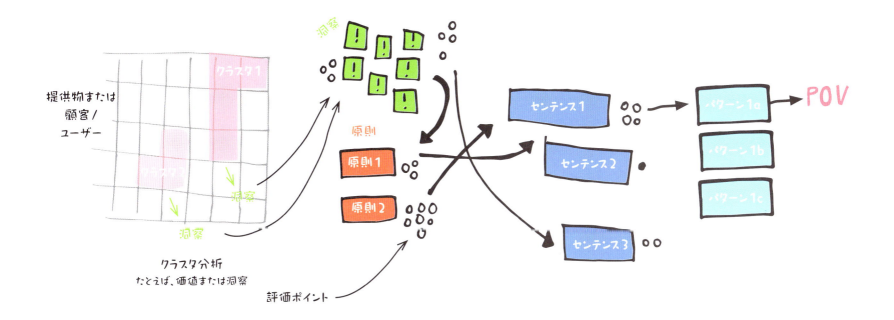

> どうすれば幅広いユーザーの問題を解決してニーズに対応できるか？

360°の視野で疑問を探った後は、ペルソナの一人であるリリーのニーズを見てみましょう。リリーはジョニーと結婚したいと思っています。2人は一緒に結婚パーティーの計画を立てていますが、まだ結婚パーティーをどのようなものにしたいのか分かっていません。ですから、問題提起文は「リリーとジョニーはまだ結婚パーティーをどのようなものにしたいのか分かっていない」となります。

ここから次の質問が生じます。
「リリーとジョニーの結婚パーティーはどのようなものにすべきですか？」
これに基づいて、ステークホルダーと視点が定義されます。
「たとえば、結婚式を計画する際にはサプライヤーと予算が重要です」

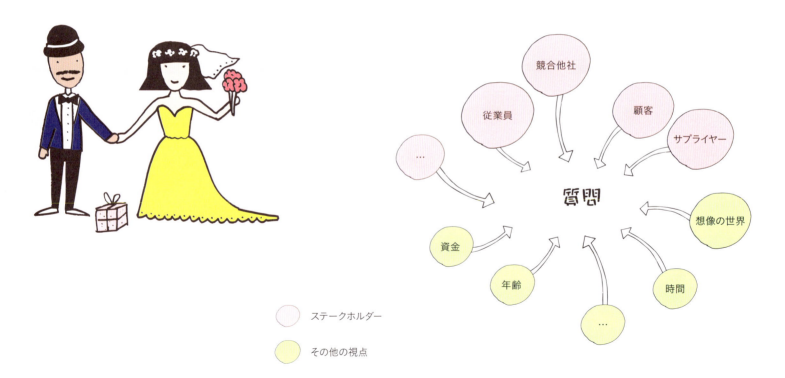

具体的なアイデアを探す前に、アイデア発想フェーズに向けてしっかり準備する必要があります。これまでに学んだように、ここでは発散フェーズに取り組んでいるので、視野を広げて新しいアイデアを探すだけです。そのためには、質問から始めてできるだけ多くの視点（360°の視野）から問題を検討します。

表の例で示したように、視点は「資金」から「年齢」まで幅広くあります。ステークホルダーとその他の視点という大まかな区別をします。もちろん、視点の候補は無限にあるので、ここで示した選択肢はほんの一例です。ステークホルダーマップが存在する場合（258ページのセクション3.4を参照）、これも出発点として使用できます。

さて、結婚パーティーという問題提起文に戻りましょう。関連する視点を特定し、どのステークホルダーと、その他の視点のどれがリリーとジョニーの質問に関連があるかを考えます。表に示すように、さまざまな人物の視点とその意向を定義するのも役立ちます。これで他の参加者と視点を共有することが容易になります。

ステークホルダー	
顧客	・固定客 ・一時客 ・非顧客
パートナー	・サプライヤー ・融資元 ・スポンサー
従業員	・ベテラン社員 ・専門知識のある従業員 ・主要従業員 ・新入社員
政府機関	・市町村 ・社会保障 ・地方職業安定所
住民	・住居 ・その他会社または商店
競合他社	・直接競合 ・間接競合

その他の視点	
時間	・過去 ・現在 ・将来
資金	・資金なし ・豊富な資金あり
想像の世界	・別の惑星 ・おとぎ話 ・映画
年齢	・子供 ・10代 ・成人と高齢者
文化	・他の文化 ・花嫁の文化 ・花婿の文化
地政学	・外国/他の社会システム
時間の制約	・時間の制約なし ・時間の制約が大いにある

結婚パーティーの視点	視点の説明
新郎新婦	リリーとジョニーは質問の中心にいる
新郎新婦の両親	親子の仲がとても良い
結婚の証人	新郎新婦の親友
子供	多くの子連れ家族を招待
高齢者	多くの高齢者を招待
資金：豊富な資金あり	夢を形にできる
資金：資金なし	お金はかからないが手間がかかるささやかなものは思い出に残る
他の惑星：金星、愛の惑星	キッチュでユートピア的なファンタジー
別の文化：ロシア皇帝一族	異文化からのインスピレーション
別の時代：中世	地に足がついた堅実さ
反対の視点	最悪のシナリオを考える

リリーとジョニーの視点を定義した後は、すべての視点について質問を1つずつ作成します。質問は、2人がこれからアドバイスを求めるかもしれない友人たちにその視点に立ってもらい、その視点から質問に答えてもらうためのものです。

アイデア発想フェーズの質問は、非常に幅広いものになりがちです。この場合、リリーとジョニーはワークショップを開催しませんが、友人とのディナーの間、もしくはSNSやメールなどで回答を集めるでしょう。「仕事の環境」では顔を合わせたワークショップを推奨しているのは、バーチャルなワークショップでは創造力が十分に発揮できないことがあるためですが、フィードバックを集めるのはバーチャルのほうが短時間でできます。

回答者が、2人が聞きたがるような意見だけを伝えるのを防ぐために、アイデア発想の一部は匿名で筆記やオンラインツールを使ってすべきです。優れたアイデアを集めるために匿名性は絶対に必要とは言えません。なんといっても、喜ばしいことについて話し合うのは楽しいものです。ただし、相手が快く思わないかもしれないことを知りたい時には、匿名は必須です。「最悪の結婚パーティーとはどんなものですか？」という質問に対して、リリーとジョニーの友人の中には、同じ顔ぶれで一晩中同じテーブルに座っていなければならないのは嫌だ、と答えた人もいました。一日中スーツを着ているなんてゾッとする、という友人もいます。家族連れの多くは近くで一泊したいが高いホテル代は払えないと言います。

結婚パーティーの視点	質問
新郎新婦	新郎新婦は結婚パーティーに何を望むか？
新郎新婦の両親	新郎新婦の両親は結婚パーティーに何を望むか？
結婚の証人	結婚の証人は結婚パーティーに何を望むか？
子供	子供は結婚パーティーに何を望むか？
高齢者	高齢者は結婚パーティーに何を望むか？
金星	金星での結婚パーティーはどのようなものになるか？
ロシア皇帝一族	ロシアのツァーリー族の結婚パーティーはどのようなものになるか？
中世	中世の結婚パーティーはどのようなものだったか？
反対の視点	最悪の結婚パーティーとはどんなものか？

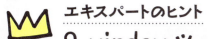

エキスパートのヒント
9-windowツールとデイジーマップを使う

洞察を体系として組み立てる方法は、ベン図、マインドマップ、システムマップ、クラスタ分析、カスタマージャーニー（顧客が商品やサービスを認知してから購入、さらに購入後の行動までをたどる「行動」「思考」「感情」などのプロセス）など無数にあります。

9-windowツールは潜在的な用途と顧客ニーズを分析するためのシンプルなメソッドです。作業をしながら、商品やサービスを「システム」と「時間」という次元で詳しく検討することができます。

「システム」とは商品またはサービスの構造で、環境全体も含みます。商品/サービス（下位システム）にズームインすることも、上位システムを検討（ズームアウト）することもできます。

「時間」の次元では、さまざまな時間での検討をして、過去に起きたことやこれから起こりそうなことに焦点を当てます。このアプローチは、障害を乗り越え、商品やデジタルサービスを異なる視点から見るのに役立ちます。

9-windowツールを使って、マークは「カルテ」というテーマに関するビジネスアイデアを構造化できます（例1）。

銀行の融資の形が変わり銀行業界が一変すると予想するジョニーは、上位システムと下位システムに、それぞれ異なるレベルのブロックチェーンを活用することができます（例2）。

よく行われるのは、多くの要素を点数制などで優先順に並べることです。最高得点の要素が追求され、1つまたは複数の要素がPoVに選ばれます。

デイジーマップは最重要要素を表すのに使用できます。利点は、最も重要な複数の項目が強調されるため、一番上に書かれていることが最も重要とは限らないという点です。見ての通り、5〜8枚の花びらはどれも同等です。

例2：ブロックチェーン金融システム

	過去	現在	将来
上位システム	¥ £ $ 通貨	法定通貨との交換	自律的分散型金融システム
システム	ブロックチェーン1.0	ブロックチェーン2.0	ブロックチェーン3.0
下位システム	支払い	新規仮想通貨公開	デジタル資産

どうすれば… PoVを形成できる？

リリーとジョニーの結婚式の例から分かるように、PoVは主にすべての洞察を収集、構造化、重み付けして重要なポイントを見つけるためのものです。また、矛盾点を発見して次の反復の優先順位を決定するのにも役立ちます。これはシンセシスと呼ばれます。

シンセシスとは、今まで発見されていないものを含め、ユーザーの重要なニーズとパターンを発見することです。シンセシスの結果は簡潔な1文のPoVとなり、次のアイデア発想フェーズに向けた質問を決定づけます。

すべてのPoV文は次の反復で採用される出発点となります。

PoVフェーズでは何に焦点を置くか？

- ユーザーのニーズのパターンを認識する
- 他の人たちが問題とみなすところに機会を見つける
- すべてのレベルの顧客のニーズを理解する
- 仮定と仮説について明確化する
- 自分をシステムの中に置いて具体的にする
- 情報を統合して解釈する
- 知見を理解し、最も重要な洞察を強調する
- 出発点を形成し、次のアイデア発想に向けてPoVに焦点を置く

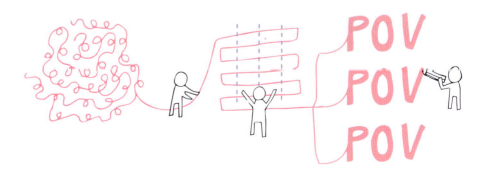

PoVはキャッチーなセンテンスにすることをお勧めします。さまざまな形式を使いましょう。自分にとって、チームにとって、状況にとって最適なパターンはどれかを試してテストします。

アプローチ	PoV文／穴埋め式テキスト
どうすれば	「どうすれば…」という形で質問を立てる どうすれば[ユーザー、顧客]が[特定の目標]を達成する手助けができるか？ あるいは、[ユーザー、顧客]が[特定の目標]を達成する方法はいくつあるか？ 例： どうすれば患者が自分のカルテを安全に保管し、いつでも医師と共有するための手助けができるか？
スタンフォードPoV	[ユーザー]は[ニーズ]を必要としている。なぜなら[驚きの洞察]。 あるいは：[誰か]が[何]を[ニーズ充足]のために求めている。なぜなら[モチベーション]。 例： 患者は自分の医療データについてデータの主権を持たなければならない。なぜなら、濫用を防止する必要があるからである。
アジャイルメソッド ユーザーストーリー	[役割/ペルソナ](「誰が」)として、[利点](「なぜ」)を達成するために、[行動、目標、希望](「何を」)をしたい。

ここまでのポイント
適切な焦点を見つけるには……

- 360°の視野で視点を見つけます。
- 状況を異なる視点から見つめ、次の反復の焦点を定義します。
- 9-windowツールを使って、商品の使用前後に起こること、システムで起こることを探ります。
- ニーズをリストではなくデイジーマップの形式で提示します。
- 視点を変えます。例：「時間」（前/後）、「資金」（あり/なし）など
- さまざまなパターンで穴埋め式テキストを作ります。パターンはプロジェクト、成熟度、好みの傾向によって変えることができます。
- プロジェクトはとてもシンプルな5W1H質問（「どうすれば…？」または「〜のための方法がいくつあるか？」）から始めます。
- 常にさまざまなPoV質問を作成し、その中から最適なものを選びます。

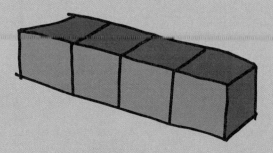

1.7 アイデアを生み出す

理解 ＞ 観察 ＞ 視点の定義 ＞ **アイデア発想** ＞ プロトタイプ ＞ テスト

アイデアがなければ、新商品は生まれません。適切なタイミングで優れたアイデアを見つけることはあまりにも重要なので、参加者も、彼らからアイデアを引き出すことが仕事のワークショップのファシリテーターも、プレッシャーにさらされます。

研究によると、画期的なアイデアはブレインストーミングセッションから生まれるとは限らないことが分かっています。時には、シャワーを浴びている時や紙ナプキンにいたずら書きをしている時にクリエイティブなひらめきが飛び出すこともあります。だからこそ、クリエイティブな会社はこうした直感的なインスピレーションが生まれるように、社員にどんどん自由を与えるようになっています。

たとえば、出勤日のうち、したいことを何でもしていい日を設け、唯一の条件として何をしたのかを報告書で提出する、といったことです。

ただし、多くの場合はマイルストーンがすでに定められており、商品開発者やエンジニアとしては上司に、いいアイデアが浮かぶ可能性が高いのでこれから数時間はシャワーを浴びてもいいですか、とは言いだせません。ですから、構造的なアイデア発想のメソッドとツールが必要なのです。

特にピーターは締め切りのため大きなプレッシャーがのしかかっています。クリエイティブな結果を絞り出し、その後はチームがクリエイティブな成果をなんとかして出して、一瞬でみんなが良いムードになるようにしなければなりません。

リリーは経験上、瞬時に雰囲気を変えるには、いくつかの要件が揃っている必要があることを知っています。「良いムードはナンバーワンの前提条件」というスローガンは、リリーには陳腐すぎて子供じみているように見えます。とはいえリリーも、カジュアルで打ち解けた雰囲気が広がっている時にしか一緒にアイデアを生み出せないことも納得しています。そこで初めて出席者はアイデアを幅広く探すことに手を付けられるのです。異なる環境や新しい環境への切り替えだけでもムードを変えられます。ミーティングが毎週毎週同じ会議室で行われ、退屈な統計データなど見せられていては、良い雰囲気にはつながりません。ワークショップを別の部屋へ、屋外へ、あるいは最寄りのバーへと移しませんか？

エキスパートのヒント
ブレインストーミングの上手な進め方

　ブレインストーミングを始める前に、少なくとも1回は笑うことが必要です。参加者が笑顔になるようなアイスブレイクもお勧めです。経験上、お互いに笑顔を向け合うような時が最もうまくいきます。

　上下関係のある中で考えていると、自由で縛られないアイデア発想の邪魔になります。新入社員なら空想的なアイデアを出して上司に変な人だと思われたくないはずです。

　こうした理由から、アシスタントも会計士も、会社のCEOもマーケティング責任者も、誰もが同じように大きな貢献ができることを確認しておきましょう。参加者がお互いを知らないなら、それに越したことはありません。ブレインストーミングの前に、肩書きなどを名乗る一般的な自己紹介はしないでおきましょう。そのほうが実は良い結果につながることが証明されています。先入観にとらわれない会話には大きな価値があります。

　社内に厳格なヒエラルキーがあると感じる場合は、逆のアプローチを試すこともできます。たとえば、研修生だけでチームを作り、彼らへの注目度を高めてクリエイティブな能力があることを示す機会を与えます。次のワークショップでは、グループはまず間違いなく自ら率先してメンバーをミックスするようになります。

　ブレインストーミングの長所は、肩書きや所属部署にかかわらず誰もが良いアイデアを発表する機会が与えられることです。

ブレインストーミングで守るべきルールは何か？

　ブレインストーミングのルールはたくさんあります。ここでの上位3つは次の通りです。

クリエイティブな自信

　頭に浮かんだアイデアは、それがどんなに馬鹿げているように見えても、すべて発表します。次の人がその「馬鹿げた」意見を基にして別のアイデアが生まれるかもしれません。これがうまくいくには、前述のようにリラックスした雰囲気が必要です。

質より量

　とても重要なことです。このフェーズのポイントはできるだけ多くのアイデアを出すことです。評価は後でします。最初の良いアイデアで満足しそうになる誘惑に負けないで。ブレインストーミングセッションで5分後にもっといいアイデアが出てくるかもしれません。

アイデアの批判禁止

　どんな状況でもこのフェーズではアイデアを批判することは許されません。アイデアの評価は別のステップで後ほど行います。

画期的な視点に気付くためには？

ブレインストーミングセッションの開始時には、ごくありきたりなアイデアが出るものです。斬新さという点では価値が低いと言えます。

ピーターは、どのワークショップに参加してもソリューションはこうでなければならないという凝り固まったアイデアを出すメンバーが数人いるという体験をしました。ブレインストーミングセッション中に、こうしたメンバーをこの固定概念から引き離すのは難しく、彼らから新しいアイデアはほとんど出てきません。そのため、ピーターは必ず冒頭で「脳みそを捨てよう」と題したセッションを行います。出席者全員が自分のアイデアを捨て、新しいものにオープンでいられるようにします。

実際のアイデア探しは第2のステップでようやく始まります。ピーターは参加者に、「ワイルドな」アイデアが浮かぶようにいつもの思考パターンを打ち破るよう促します。ピーターが使う具体的な2つのトリックを紹介しましょう。ワークショップではこのように実践しています。

1) 複数のグループがいるワークショップの進行をする時は、アイデア探しを内部コンテストのようにします。ハーフタイムの後にブレインストーミングセッションを止めて、グループごとに集めたアイデアの数を発表してもらいます。

これはそれぞれのチームが競い合う刺激になるので、他のグループよりクリエイティブな能力で劣る場合は、より「ワイルド」な方向へと進まざるを得なくなります。このアプローチにより、どのグループが苦戦しているのかを見分けることができます。あるグループがアイデアの数で出遅れた場合、何が妨げになっているのかをよく見て探ります。たいていは、このグループが指示に反してアイデアを議論して評価し始めていたことが分かります。

2) グループには、出てきたソリューションから優秀作2点と駄作2点を発表してもらいます。この瞬間はどのグループにとっても貴重な体験です。第一に、この作業はちょっとした笑いが起きるので、ポジティブな雰囲気作りに大いに役立ちます。第二に、そしてこちらのほうがはるかに重要ですが、アイデアのいくつかは本当に最初に思ったほど駄作なのかという議論が起きます。どんなに駄作のアイデアにも可能性はあるのです。アイデアを良い方向へもっていくことができれば、また違った角度からアプローチできる上、斬新なものが生まれることになります。

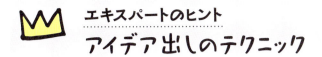

エキスパートのヒント
アイデア出しのテクニック

問題を反転させる

問題反転テクニックはリリーのお気に入りのメソッドで、学生が指示されたアイデア出しに全くやる気を見せない場合に使います。リリーは質問を反転させて、「チームの創造力を阻止するにはどうしますか？」というように尋ねます。問題反転テクニックは創造力を刺激して、参加者にトピックを楽しむ機会を与えます。第2のステップでは、否定的な文をすべて肯定的な文に反転させます。

ただし、ここで強調しておかなければならないのは、このメソッドは新商品のアイデア探しには不適切だという点です。「どのようなものでないと困るか」という反転した質問からは、アイデアではなく要件のリストが生まれてしまうことが多いのです。とはいえ、問題反転テクニックは、たとえばサービスプロセスの改正や改善などでは素晴らしい成果を上げています。

要件とアイデアの違い

リリーは、特に技術分野の学生は「実際のアイデア」を見つけることがとても苦手だということを知りました。そういう学生は要件とアイデアがなかなか区別できません。新商品のヘッドセットに関するブレインストーミングセッションで参加者は、「人間工学」「軽量」「使いやすい」などと付箋紙に書きました。経営管理分野の参加者は、「低価格」や「最先端デザイン」といった言葉を書きました。この時点でリリーは割って入り、これらのキーワードはアイデアではなく商品の要件だと説明しました。もちろん、アイデアを出す対象となる問題についても明確にする必要があります。この場合は、将来は携帯電話を使わずにどうやってコミュニケーションするのか、という問題です。「人間工学」や「最先端」という用語はソリューションを導き出すものではありません。アイデアとは、将来は世界中とコミュニケーションできるように電子機器が皮膚の下に埋め込まれる、というようなことです。もう少し抽象度の低いアイデアなら、Googleグラスのように通信機器をアクセサリーや衣服と一体型にする、ということです。

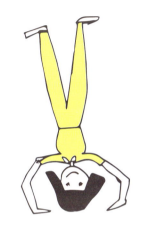

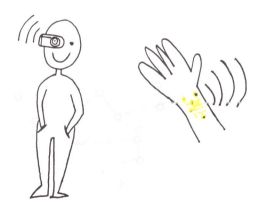

どうすれば…
アイデア探しで深みを出すことができるか？

アイデアの深さ

アイデアの深さのレベルと「要件」という用語を説明するため、溝の前に立っていて向こう側へ渡りたいと思っている自分を想像してもらうというモデルを使います。

1. 問題は何か (レベル1)

溝によって、こちら側があちら側から切り離されています。

そのため、どうにかして反対側へ渡らなければならないということが問題です。ブレインストーミングを「どうすれば反対側に渡れますか？」という質問から始めます。「安全に」「無事に」「濡れずに」などはアイデアではなくソリューションの要件です。この状況では助けになりません。

2. ブレインストーミングの質問 (レベル2)

ブレインストーミングの質問の形成はとても重要で、生まれてくるアイデアの数や、ソリューションスペースがどれくらい広がるかがほぼ決まります。質問に応じて、ソリューションスペースを制限して方向を決めるか、あるいは拡大します。これは、「向こう側へ渡るために、溝に何を架けるか」という質問文と「溝のような物理的障害はどのように克服できるか」という質問文を対比することで表すことができます。

3. ソリューション案 (レベル3)

「空を飛ぶ」「橋を建設する」「自分をビームで飛ばす」「溝を大量の物で埋めて歩いて渡れるようにする」などが挙げられます。

4. アイデアのパターン (レベル4)

それぞれのアイデアに対して、パターンはいくらでも出てきます。第2のブレインストーミングセッションで「空を飛ぶ方法はいくつあるか」と質問すれば、「飛行機で」「空飛ぶ自転車で」「鳥の翼」「レッドブルの広告のように」「棒高跳びで」といった回答が出てくるでしょう。

あるグループがアイデアではなく要件しか思いつかないようなら、そこから簡単なモデルを作ってもらうとよいでしょう。そうすれば、要件をアイデアへと転換せざるをえなくなります。

アイデアを深めるには：

- 広げたいソリューションスペースと一致するようにブレインストーミングの質問を形成します。
- ワークショップの間にもブレインストーミングの質問を変えることも可能です。
- レベル3のソリューションは、アイデアを細かい構成要素に分解するモーフォロジカル・ボックスにまとめることができます。ソリューションの個々の部分について、別のパターンが生まれます。
- グループがレベル3になかなか進めずにいる場合は、アイデアを物理的プロトタイプに転換するよう指示すると大きなヒントになることがよくあります。参加者はより具体的にならざるを得ないからです。「ユーザーフレンドリー」な方法で物理的なモデルを実装することがレベル3に進むことにつながります。

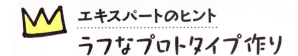

エキスパートのヒント
ラフなプロトタイプ作り

「プロトタイピング」とはアイデアを物理的モデルとして作る、もう1つのアイデア出しのテクニックです。与えられた材料の多様性が、さらにアイデアが生まれるかどうかを決めます。こまごましたガラクタが多ければ多いほどいいのです。風船が見つかれば柔軟性があって伸び縮みするアイデアが浮かび、接続コードは持ち運びができるものを参加者に思い出させます。

おもちゃの犬の例：

たまたま、リリーはゴムのおもちゃの犬をプロトタイピングボックスに放り込んでいました。ブレインストーミングセッションの参加者がアイデアを物理的モデルに転換する作業をしている時に、その1人がおもちゃを見つけ、とても面白がりました。彼は「犬はこんなこともそんなこともできる」とアイデアをひねり始め、チームのメンバーも加わってさらにアイデアが生まれました。チームは犬でたっぷり遊んだおかげで、習慣的な思考パターンを破って今までほとんど考えたことがなかったようなものをじっくり考えることができたのです。この犬がとことん貢献してくれたおかげで、上出来の成果が生まれました。その時から、この犬はリリーがワークショップに持参するプロトタイピングボックスに欠かせない存在になったのです。

エキスパートのヒント
SCAMPER法

　SCAMPER（スキャンパー）法は有名なオズボーン・チェックリストをさらに発展させたものです。ブレインストーミングの生みの親であるアレックス・オズボーンがシドニー・パーンズと組んでクリエイティブな問題解決プロセスの初のアプローチの1つを生み出しました。アイデア発想では、SCAMPER法は（ブレインストーミングとともに）質問リストを使い、問題解決を図るための思考の種をまきます。経験上、大切なのは最初に例をよく見て、それから細部の質問へと進むことです。SCAMPERとは各質問の頭文字を並べたものです。

SCAMPER = Substitute（代用）、Combine（結合）、Adapt（応用）、Modify（変更）、Put to other uses（他用途）、Eliminate（省略）、Rearrange（再編成）

　SCAMPERは創造力を刺激してもっとアイデアを見つけたい時に便利です。基本的にSCAMPERは商品、プロセス、システム、ソリューション、サービス、ビジネスモデル、エコシステムとほぼ何にでも使えます。個々の質問や要素が適当ではない、あるいは分かりにくい場合でも、使用に支障をきたすことはありません。単にその質問を省略するだけです。

Substitute（代用）
何を代用できるか？
その代わりに何が使えるか？
代わりに誰が関わるか？
代わりにどのプロセスを使えるか？
代わりに他のどの素材が使えるか？

Combine（結合）
何を結合できるか？
何を混合できるか？
特定のパーツをどのようにつなげられるか？
どの目的を結合できるか？

Adapt（応用）
それによって他にどのアイデアが思いつくか？
類似品で、既存の問題に適用できるものはあるか？
過去に似たような状況はあったのか？

Modify（変更）
どんな変更を採用できるか？
意味は変わるか？
色や形は変わるか？
何を増やせるか？
何を減らせるか？
何を最新式にできるか？
拡大できるか？
縮小できるか？

Put to other uses（他用途）
現在の状態で他のどの目的に使用できるか？
変更した場合はどの目的に使用できるか？

Eliminate（省略）
何を省略できるか？
なくても機能するものはないか？

Rearrange（再編成）
他にどのパターンが機能するか？
どんな変更を導入できるか？
何を交換できるか？
何を再編成できるか？

車の例

Substitute（代用）
自動運転車
人間の知能の代わりに人工知能

Combine（結合）
自動車＋スクーター
スクーターのハンドルと自動車の車内スペース

Adapt（応用）
自動車＋鳥の翼

Modify（変更）
後部に車椅子用スロープ

Rearrange（再編成）
折り畳み自動車

Eliminate（省略）
バックギアの代わりに180°回転

Put to other uses（他用途）
自動車の外装が太陽光パネル

ここまでのポイント
優れたアイデアを生み出すには……

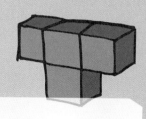

- 良い雰囲気を生む環境を整え、チームメンバーの創造力をかきたてる自信を育てます。
- いっぱい笑いましょう。ただし人を笑わないこと。
- 創造力セッションは少なくとも2部制にします。最初に「脳みそを捨てる」を行ってから創造力を刺激しましょう。
- 参加者にたくさんのアイデアを出すよう促します。たとえば、チーム間の競争や、問題反転テクニックなどをインスピレーションの源として用います。
- 要件と機能は区別します。「人間工学」や「最先端」といった特性は問題のソリューションではありません。
- アイデア発想とアイデアの評価は区別します。
- モデレーター（アイデア出しテクニックのガイド）とファシリテーター（プロセスの案内役）を指名します。
- ブレインストーミングのルールに従います（アイデア批判禁止、質より量など）。
- さまざまなアイデアを公平かつ客観的に伝えます。
- SCAMPERなどのメソッドを利用して、思考の種をまいて創造力を高めます。

1.8 アイデアを選択する

　さまざまなタイプのブレインストーミングを用いると、多くのアイデアが集まります。さらに、チームにはできるだけ多くのアイデアを生み出すように意識的に促してきました。ピーターとリリーはその現象をよく知っています。チームが当初のためらいを克服し、前向きなマインドセットが定まると、アイデアが立て続けに出てくるので、スクリーンや窓、壁がアイデアでいっぱいになってスペースが足りなくなることも少なくありません。

　ここからは選択という悩ましさが始まります。アイデアの選択は大きな関門です。第一に、付箋紙に書かれた絵、言葉、短いテキストの解釈が一人ひとり違います。第二に、基本的思考が同じ方向のアイデアもあれば、当初意図していたものと全く違う問題を解決するアイデアもあります。

　最初は一種のクラスタ化を行うことを勧めています。これはさまざまな方法で行えます。ファシリテーターがやり方を設定するか、チームが自ら最適だと思う分類を行います。

　次ページに示す例は、アイデアを包括的な言葉でグループ化する、割り当てる、またはシンプルに表現するといったものです。その過程が重要であり、話し合うこと自体を通して、最終的には全員がアイデアを同じように理解できるようになります。理解がどれだけ確かなものか、詳細をどれだけ詰めているかによって、アイデアを直接選択できることもあれば、さらに分析・具体化・構造化を行うこともあります。アイデアとクラスタの評価にはあらゆるパターンがありえます。参加者にアイデアへの投票をしてもらうには、丸いシールを貼るのが簡単な方法です。投票はすぐに、かつ民主主義的に行えます。

コンセプトマップなどを使った構造化は、アイデアをさらに明確にし、チームが次のステップを計画して集中して取り組めるようにします。アイデアを選んだら、次のステップはターゲットグループにふさわしい方法で提示することです。ここでも、コンセプトアイデアのコミュニケーションシートの作成などさまざまな方法があります。

アイデアの範囲が非常に広く、質問の範囲が大きく広がっている場合、最初にアイデアを包括的なトピックにグループ分けした後で再度クラスタ化することもできます。

A) 質問に一致する

B) 興味をそそる

C) 対象外

その他のグループ分けもできます。

D) 今日・明日・未来

今日　　明日　　未来

E) B2C – B2B – B2B2C

F) 漸進的か抜本的か

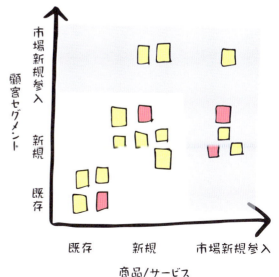

クラスタ化は早い段階でアイデアを振り落とすためにも利用できます。
たとえば、普及のスピードと実現可能性を基準に、または重要性と緊急性の
程度によってマトリクスを基準に選択します。

G)「普及のスピードと実現可能性」マトリクスを用いた段階的選択

第1段階では普及のスピードと採用のスピードに注目します。特に、ピーターの会社のように社内政治が無視できない場合、将来性のある商品の初公開において、意思決定者と自身への影響を考慮することは有益です。最も優れたアイデアは急速な普及と迅速な採用という特徴があります。第2段階では、実現可能性と予算的実現可能性を調査します。これが実現の代替案や機能範囲の特定などにつながります。

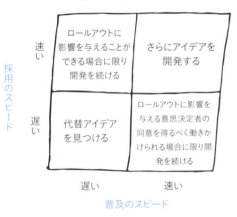

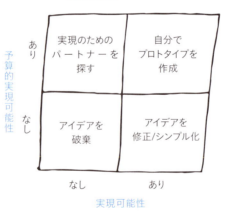

H) 重要性と緊急性に基づく選択

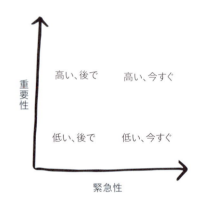

このマトリクスは、使用する手段を探している場合に特に適しています。

緊急度をX軸に、重要度をY軸に示しています。どの手段をどの枠に割り当てる必要があるかをチームと話し合います。すべての手段を割り当てた後で、関連任務などを含むto-doを入力し、マイルストーンを決定できます。

エキスパートのヒント
大きなビジョンを掲げたアイデアを選ぶ

　大きな組織ではアイデアを取捨選択するために基準を設けようとするという現象は誰でも知っています。こうした基準によって、多数のチームが的を絞ってイノベーションを開発できるようになります。多くの場合、この基準が一種のガードレールの役目を果たしたり、一定の財務目標を指定したりします。一般にこうした基準は邪魔なものですが、現実に存在する以上、考慮しなければなりません。こうした基準が、明確な戦略やビジョンに基づいていない場合、いくつか主要な質問をすると効果があります。

- ビジョンはどのようなものになるか？
- 経営陣の個人的好みは？
- 当社の社風、価値観、倫理観とは？
- 戦略の議論ですでに定義されている成長分野はどれか？
- アイデアが示さなければならない最低限の財務的貢献度は？
- 顧客のニーズと市場のトレンドは？

　基準を定義する時は、現実を認識することが重要です。潜在的市場機会は大きいものかもしれませんが、意思決定者（経営陣など）がそれに賛成しない場合、アイデアは失敗します。少なくとも、予算が割り当てられた時にこうした状況に直面します。前述のように、普及のスピードと実現可能性という基準の2つのマトリクスを使って選択することが役に立つことがあります。

　会社が社是とする価値観も同様に重要です。デジタル・チャネルからの顧客データを他のビジネスモデルや利益を上げるために利用することが会社の倫理観に反する場合、そのようなアイデアはまず成功しません。早い段階でこうした基準やその他の基準を定義することは、少なくともリソースの浪費を抑制し効果を高めるという利点があります。

それでも、こうした制限を克服するために全力を尽くさなければなりません。経験上、「潜水艦」プロジェクトは有益なことが証明されています。数人の専属社員でひっそりと始まったプロジェクトは、初回の結果がプロトタイプの形でうまくいった場合にのみ「水面に上がって」きて意思決定者の賛同を獲得します。

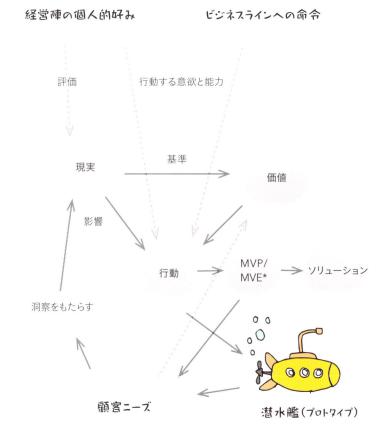

* MVP = Minimum Viable Product（実用最小限の製品）
  MVE = Minimum Viable Ecosystem（実用最小限のエコシステム）
  (p. 112を参照)

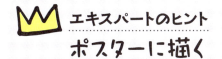

エキスパートのヒント
ポスターに描く

どのタイプの構造もポスターとして描くことができます。たとえば、シンプルなメリットとデメリットのリストなどです。目標はチームの集合的知性を可視化すること、あるいはムードを把握することにあります。たとえば、テーマについてメリットとデメリットをポスターに書き出し、参加者に評価してもらいます。リリーはこれを使って、デザインシンキングのイベントの最後にコースに関する簡単なフィードバックを参加者から集めます。この方法なら、だらだらと議論が続くことはありません。

スケジュールについては、ポスターをタイムラインの形で描くことができます。例として『デザインシンキング・プレイブック』の計画と反復による作成過程を取り上げましょう。ここでも、私たちには「選択肢を削る勇気」がありました。プロジェクトの最後のパーティーのような雰囲気は、編集者やエキスパートにとって非常にやる気が出るものでした。こうした要素を他に活かしてターゲットを絞った方法で可視化するにはどうすればよいかについては、セクション2.3で詳しく説明します。

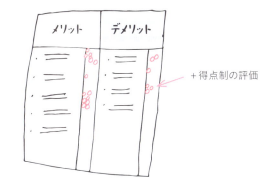

エキスパートのヒント
コンセプトマップ、マインドマップ、システムマップ、ギガマップを使う

コンセプトマップは基本的に、コンセプトを視覚化して相互関係を示すものにすぎません。いわば知識のグラフィック表現であり、思考を順序立てるための優れた手段と言えます。コンセプトマップは、より広く知られたマインドマップよりも自由に表現ができます。

マインドマップでは、主要コンセプトを中心に書き、内側から外側に向かって発展していくので、キーワードの書かれた枝が主要コンセプトから広がった木のような形になります。そのため、マインドマップはむしろブレインストーミングの手段と言えます。発見されたポイントを整理するには役立ちますが、ポイントの相互関係を示すものではありません。

コンセプトマップは複数の主要コンセプトから始められます。道路網のように、枝分かれしたコンセプトが交差することもよくあります。そのため、コンセプトマップの作成はマインドマップの作成より時間がかかります。経験上、少なくとも3回は初めからやり直したり軌道修正したりしないと、満足いく結果にたどり着けません。

システムマップはその名の通り、システムを視覚化したものです。さまざまな登場人物やステークホルダー、さらに観察された要素が描かれます。相互関係や影響も表すことができます。作業するうちに、何度も応用し直したり、細部を詰めたりすることになります。通常はラフスケッチから詳細へ（上から下へ）と書き進めます。別パターンを考えることも重要な要素です。システムマップでは、材料、エネルギー、資金、情報のフローを描くことができ、課題の理解と視覚化に役立ちます。システムシンキングもセクション3.1で詳細に解説します。セクション3.3ではビジネスエコシステムの作り方を取り上げます。

他に、ギガマップなどの手法もあります。ギガマップは分かりやすくいうと、「大きなごちゃごちゃしたものの大きなごちゃごちゃしたマップ」です。これはコンセプトマップの基本アイデアに従いつつ、システムマップから余計なものを取り除いた形とも言えます。ギガマップを活用すれば、特定のタスクのコンセプト全体を表すことができます。最終版では、ギガマップは説明が長くなる内容を伝える際に役立ちますが、どうしても複雑になってしまうので作成した人にしか理解できないものになりがちです。

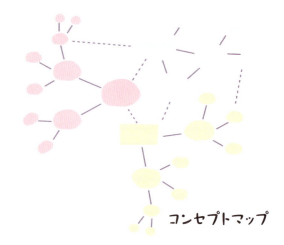

コンセプトマップ

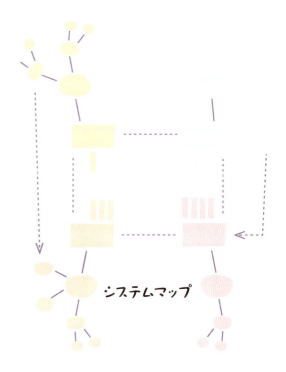

システムマップ

👑 エキスパートのヒント
コミュニケーションシートでアイデアを記録して伝える

大規模なプロジェクトや組織では世界中からメンバーが集まってチームとして作業をすることもよくあります。そのため、シンプルで分かりやすいアイデアの記録と伝達は非常に重要です。コミュニケーションシートは明確さという点で優れた手段です。このようなテンプレートがあればアイデアを簡単に共有できます。さらに、アイデアが具体的になり、誤解の可能性も少なくなります。

コミュニケーションシートを作ることにより、次のことが達成できます。

- 課題と状況の視覚化
- 課題とアイデアの理解の改善
- 顧客とユーザーに及ぼす可能性のある影響の理解
- 自分たちの思考の整理
- ソリューションへのアプローチの認識
- 知識の記録、まとめ、描写

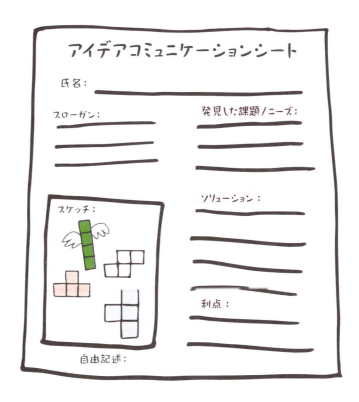

どうすれば…
構造化したアイデアを選択できるか？

アイデア発想プロセスを構成するには、このシンプルな手順をお勧めします。最初に、アイデア発想の後でアイデアをクラスタにまとめて構造化します。次に、最も重要なアイデアまたはクラスタを選んで改良します。最後に記録します。

アイデアはペルソナのニーズによって選ぶことも、または実際の用途に応じて選ぶこともできます。

1 アイデア発想

2 アイデアの構造化

3 アイデアの選択
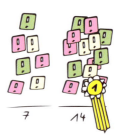

4 アイデアの改良と記録

発散

収束

ここまでのポイント
アイデアを構造化して選択するには……

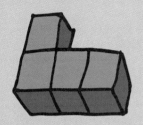

- アイデアをグループに分けて系統立てて選択します。選択は重要なステップです。
- 課題や状況の理解と伝達のため、構造化と視覚化のあらゆる可能性を駆使します。
- 選んだアイデアを積極的に議論して、課題とソリューションの両方に対するチームの理解を高めます。
- マインドマップ、コンセプトマップ、システムマップ、ギガマップを作成して、チームが迅速に知識のまとめと提示をできるようにします。
- 思考を整理し、ソリューションへのアプローチを分かりやすくします。
- コンセプトアイデアをコミュニケーションシートに記録して、比較や共有のために役立てます。

1.9 プロトタイプを作る

プロトタイプはデザインシンキングの重要な要素です。機能やソリューションを実際にテストできるようになり、提供するサービスや商品を継続的に改善する方法をユーザーから学習しようという意欲を高めます。これを成功させるためには、アイデアを変更したり捨てることもできるように、関係者全員がオープンマインドでいる必要があります。ここで欠かせないのは、大胆な変化を起こそうという意志です。プロトタイプによってアイデアは形になり、潜在的ユーザーが体験して評価できるようになります。最初は、これから提案する商品やサービスの基本的特性がターゲット層に理解できる状態になっていれば十分です。プロトタイプによって、潜在的顧客やユーザーから迅速かつ低コストで的確なフィードバックを得ることができます。

どうすればプロトタイプをうまく作れるか？

物理的プロトタイプは、アルミホイル、紙、レゴブロックなどで作れます。サービスの場合は、ロールプレイの形で表せます。デジタルのプロトタイプも、動画、クリックして進むプレゼンテーション、ランディングページなどの形でデザインできます。

最初の原則：

気に入る！　変える！　捨てる！

もちろんさまざまなタイプの組み合わせも可能です。たとえば、スマートフォンを段ボール箱と組み合わせてディスプレイにし、ARメガネのプロトタイプとして使うこともできます。

最初のプロトタイプはどう作るか？

一般に、アイデアは多数の異なる仮説に基づいています。ここでの課題は、こうした仮説を疑い、テストによって現実の世界で確認するか、観察と実験に基づく反例によって誤りであることを証明して捨

初号プロトタイプは、手に入るごくシンプルな材料ですぐにできるという特徴があります。プロトタイプをシンプルで早く安く作るほど、それを捨てる

てるかです。やっているうちに、プロトタイプはさらに発展し、何度も繰り返しテストをして実用に値する商品案やサービス案が現れます。理想としては、トレンドや市場調査から十分な洞察を得て、潜在的顧客またはユーザーのニーズと課題を確実に理解した上で開始しましょう。

ことへの心の痛みも軽くなります。初号プロトタイプは段ボール、紙、プラスチックのコップ、ひも、テープなどの材料から作り、その後で評価します。

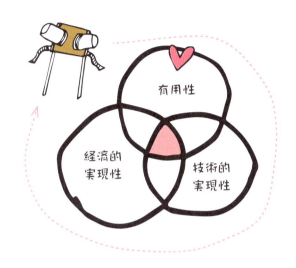

プロトタイピングでは、第二の原則が当てはまります。

プロトタイプに固執しないこと！

時とともにプロトタイプの成熟度は高まり、洗練されていきます。そのため、プロトタイピングとテストには十分な時間を取る必要があります。プロトタイプが洗練されるほど、テストの精度と意義も高まります。プロトタイプの成熟度は、投資できる時間と資金に左右されます。ただし、ここでは設定した目標を達成できる程度にまでプロトタイプを進化させれば十分です。

プロトタイプのテスト結果は、有用性（ユーザーが望むもの）、経済的実現性、技術的実現性という3点において、プロジェクトチームが適切でバランスのとれた決定をするための基礎となります。3つの基準すべてが重なり合った時に限り、市場機会を創出するための正しい道筋を進んでいるのです。出発点は常に人間とそのニーズでなければなりません。

プロトタイプの焦点は常に学習に置かれます。セクション1.2で説明したように、いつでもプロトタイピングが可能です。個々の機能、新製品、あるいは顧客とのインタラクションの結果による付加価値はプロトタイプでテストすることができます。

そこでプロトタイピングの第三の原則が登場です。

プロトタイピングとは反復、反復、また反復を繰り返す、果てしない物語である。

リリーとジョニーは今も、デザインシンキングのコンサルティングサービスを提供する会社を興すことを夢見ています。リリーが価値提案とコンサルティング業の優先順位案についていくつかの初期アイデアを出した後で、こうしたアイデアをモバイル端末からも使える仮のウェブサイトでテストしようと思いました。本書でも後ほど（セクション3.2参照）、優れた価値提案はどのように定義されるか、そしてなぜリリーは今のところウェブサイトの使い勝手を重視しているのかについて詳しく説明します。

　プロトタイプに戻りましょう。リリーはウェブサイトの全ページの概要を紙に書き出します。プロトタイプ作成では間違いなどありません（出だしから完璧なものを作りたいなら話は別ですが、それは不可能です）が、潜在的ユーザーとのその後のテストで多くのことを学習できます。さまざまなパターンも考えました。あれの代替案は？　これの代替案は？　1つのパターンに執着せず、全く別のものを初めから作ろうとします。最初のアイデアが必ずしもベストとは限らないからです。

　プロトタイプの作成時には、3つの主な質問が浮かびます。

- ユーザーにとって基本機能とは何か？
- 今まで全く考慮していないものとは何か？
- なぜこれまで誰も手掛けていないのか？

　いよいよリリーがウェブサイトのモバイル版を潜在的ユーザーに対してテストして反復します。これはユーザーがウェブサイトを気に入り、操作と使い勝手やコンテンツの範囲にも満足するまで続けます。リリーはプロトタイプに磨きをかけて最終デザインにたどり着き、これを最後にプログラミングします。一般に、「提案のプロトタイプの操作方法がシンプルであるほど良い結果が出る」という原則が当てはまります。

リリーはウェブサイトのモバイル版を大きく拡大してテストしました。プロトタイプは紙で作りました。

開発するものが商品、サービス、組織、システム、スペースや環境、スタートアップ、クリエイトアップ、ウェブサイトのどれであっても、開発中はさまざまなタイプのプロトタイプを利用できます。右の概要は一般的な各種プロトタイプを示しているので、プロジェクトチームにはさまざまなものを試してもらいたいものです。低・中・高の解決度（プロトタイプの詳細度）によって、開発過程のどの時点には何が適しているのかが分かります。

タイプ	説明	解決度 低	解決度 中	解決度 高	適しているもの/例
スケッチ	紙またはデジタル、スケッチまたは走り書き、大判用紙またはA3かA4の紙、付箋紙でも。	✓			ほぼ何にでも
模型	システムの全体的な印象を示す。機能する必要なし。		✓		デジタルまたは物理的商品
ワイヤフレーム	システムの初期コンセプトデザイン。機能面と要素の配置を示す。	✓			ウェブサイト
チャート	相互関係を示す。アイデアが互いにどうつながっているのか、エクスペリエンスが時間とともにどう変化するのかをチェックできる。	✓	✓		スペース、プロセス、構造
紙	紙や厚紙でモノや商品の構築またはアップグレード。	✓			商品（デジタルまたは物理的）家具、アクセサリー
ストーリーテリングとストーリーライティング	順序とストーリーのコミュニケーションまたはプレゼンテーション。	✓	✓	✓	エクスペリエンス
ストーリーボード	一連の画像またはスケッチでカスタマージャーニーを最初から最後まで示す。ビデオやストーリーテリングのたたき台として使うことも、または4コマ漫画のように面白く紹介することも可能。	✓	✓		エクスペリエンス
ビデオ	複雑なシナリオの記録とプレゼンテーション。	✓	✓		エクスペリエンス
オープンハードウェアプラットフォーム	アナログとデジタルのインタフェースをモーターやセンサーと組み合わせる。		✓	✓	電子機械システム
写真	状況のシミュレーション説明のためのフォトモンタージュ。写真編集ソフトウェアを使用。		✓		商品（デジタルまたは物理的）エクスペリエンス
物理モデル	2次元アイデアを3次元で示す。3Dプリントやレゴブロックなどその他の素材でできる。	✓			商品、スペースと環境

解決度
低＝初期フェーズ
中＝ソリューションへの初回アプローチ
高＝最終ソリューション近く

111

タイプ	説明	解決度 低	解決度 中	解決度 高	適しているもの／例
サービスブループリント	カスタマージャーニーの最初から最後までのエクスペリエンス全体を示すサービスの構造説明。	✓	✓	✓	商品、デジタルまたは物理的サービス
ビジネスモデル	ビジネス上の文脈や相互関係の系統的説明。ビジネスモデルキャンバスやリーンキャンバスを使用。	✓	✓	✓	ビジネスモデル
ロールプレイング	商品またはサービスに対する顧客の感情的体験。プロジェクトチームのメンバーが演じる。	✓	✓		エクスペリエンス
ボディストーミング	特定の状況の再現。プロジェクトチームのメンバーが実演する。	✓			エクスペリエンス
ピノキオ	機能しない初歩的なプロトタイプ。	✓			パームパイロット（携帯情報端末）
実用最小限の製品（MVP）	システムまたはバージョンの実行可能版。最も必要な機能のみ搭載。	✓	✓	✓	デジタル商品、ソフトウェア
フェイクドア	まだ存在しない商品への意図的な虚構のアクセス。	✓	✓		Zynga、Dollar Shave Club
疑似所有	疑似的所有（スペース、商品、提案等）。実際は多額の投資をする前に、どこかから調達、レンタル、リースして所有の疑似体験をする。	✓	✓	✓	Zappos、Tesla
再ラベル	ブランドとパッケージングを変えた別の商品	✓			商品、サービス
オズの魔法使い（別名メカニカルターク）	ユーザーは存在しないアプリケーションのインタフェースを操作する。システムの反応は人が動かしてシミュレーションしている。	✓	✓		IBMの音声認識実験
実用最小限のエコシステム（MVE）	エコシステム内の主要機能に基づいた初期パートナー間の作業連携。	✓		✓	ブロックチェーンアプリケーション、プラットフォームソリューション（WeChatなど）

解決度
低＝初期フェーズ
中＝ソリューションへの初回アプローチ
高＝最終ソリューション近く

どうすれば…
「ボックスとシェルフ」を使ってアイデアとポートフォリオを検討できるか

　プロトタイピングのフェーズでは、サービス、商品、ソリューションを具体的なものにして体験できることが重要です。これを実現するには2つのメソッドが役立ちます。「ボックス原則」は箱詰めという例えを使って最重要情報を示しています。「シェルフ」は商品ポートフォリオ全体について議論し、「ボックス」を整理します。

ボックス原則：

　「ボックス」の基本的な発想は、商品のマーケティングなどに使用できる物理的な箱を作ることです。シリアルの箱を想像してみましょう。

　箱の各面にはシリアルとブランドの長所や特性をまとめた情報が記載されています。商品名、ロゴ、キャッチフレーズが表面にあり、このブランドの主な長所を強調するポイントも書かれています。裏面には原料や商品の属性、会社情報などの詳細情報が書かれています。

　ボックスの中核的な質問は以下の通りです。
- 表面：商品名、画像、キャッチフレーズ、2～3点の商品の特徴は<u>何か</u>？
- 裏面：特性、用途、内容に関する詳細情報のうち<u>どれが</u>重要か？

　残りの面には5W1H質問の答えが文章や画像で示されています。
- ターゲット顧客やユーザーは<u>誰か</u>？
- <u>どの</u>目標を達成するのか？　どの問題が解決されるのか？
- <u>いつ</u>商品が発売され、どのように入手できるのか？
- <u>どこで</u>、どんな状況で商品を使用するのか？
- <u>なぜ</u>ユーザーは商品を使用すべきなのか？

　ボックス原則はこのような商品の箱以外にも使い方があります。ボックスの付加価値は、状況をさまざまな視点から見ることができるということです。商品の箱と同様に、問題ボックス、ソリューションボックス、プロジェクトボックス（たとえばプロセスのステップごとに）などを作ることができます。

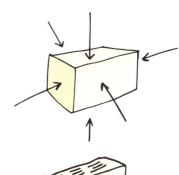

シェルフ原則：

ポートフォリオ全体を説明する時に、議論のための構造が欠けていることがよくあります。1つの可能性として、すべての商品、サービス、ソリューションを3つの棚（シェルフ）に分類して、商品棚、サービス棚、ソリューション棚を考えましょう。

経験上、棚に分類するのは非常に有益だと言えます。棚の上には、顧客が最も求めそうなカテゴリーを書きます。その後で商品、サービス、ソリューションをそれぞれ配置します。

この方法の利点は、提供されるポートフォリオ内のすき間はもちろん、シナジーもすぐに見つかるという点です。新しいアイデアは前述のようにボックスとして説明して、棚で分類することができます。論点となるのは、魅力、斬新さ、戦略の貢献度、差別化などです。

完璧なキッチンに対する提案はどのように見えるのか？

IKEAのキッチン分野のポートフォリオは3つのシェルフポートフォリオでうまく説明することができます。

このテクニックの最も重要な利点は、チームが非常に直接的で視覚的な方法で商品に対する自らの理解を構築しなければならないという点です。

このエクササイズは、楽しみながら商品のビジョンの理解を深めて伝える洞察に満ちた方法でありながら、すべてのステークホルダーによるディスカッションと連携を促します。

1) ソリューションポートフォリオ	2) 商品ポートフォリオ	3) サービスポートフォリオ
家族／一人暮らし／家主 スペース不足＞ 都会的／現代的＞ 高級＞	家族／一人暮らし／家主 カップボード＞ テーブル素材＞ 電化製品＞	家族／一人暮らし／家主 計画＞ 配送＞ 組立＞
キッチンの提案 ・カントリースタイル ・一人暮らしと家族にはアーバンタイプ ・狭いスペース向けの設計	**商品シリーズ** ・カップボードとテーブル ・商品表面は石製、木製、ラミネート ・冷蔵庫、ホットプレート、換気扇で補完	**サービス** ・計画、配送、設置 ・認定設置業者に任せる、または自分で組み立てる

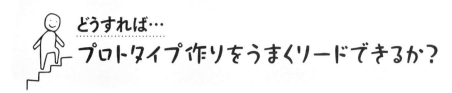

どうすれば…プロトタイプ作りをうまくリードできるか？

これまでたくさんの下準備を行ってきたので、すでに問題提起文をしっかりと理解し、仮説を検証し、ソリューション案を思いついていることでしょう。ここからはアイデアの世界から実社会に焦点を移さなければなりません。

プロトタイピング・ワークショップの手順案

手順1

最初は、テストしたい機能や初期ソリューションシナリオが多数あります。チームで、ユーザーにとって絶対に必要な機能は何かを考えます。ソリューションに搭載して実世界でテストする機能のことです。これまで説明したように、プロトタイプはさまざまな形式で存在し、それぞれの方法で処理できます。重要なのは具体的なものを実現することと、潜在的ユーザーとのインタラクションが行われることです。

手順2

チームで、どんなパターンのプロトタイプを作成するか考えます。

手順3

ここでチームは1つまたは複数のプロトタイプを作成します。この時点で、プロトタイプ作成に十分な材料を提供することが重要です。

手順4

複数のグループでプロトタイピングを行うことで、周囲からのフィードバックを得ることができます。フィードバックを得る良い方法は「緑」と「赤」のフィードバックを使うことです。フィードバックは、「そのプロトタイプで良いと思う点は～」（緑のフィードバック）または「そのプロトタイプが～なら良かった」（赤のフィードバック）という形式で出してもらいます。これで基本的に前向きなムードを保ち、改善点を出しやすくします。

手順5

初回フィードバックを基に、プロトタイプとプレゼン方法を改善します。ここで重要なのは基本的特性とソリューションに集中することです。

手順6

改良版プロトタイプを持って外へ出て実際のユーザーと対面する前に、テストの準備を慎重に行います（セクション1.10参照）。成功する方法の1つは、プロトタイプのテストに2人1組で出かけることです。1人が質問をして、もう1人が観察をします。テストから戻ったら、チームメンバー全員で記録して知見を共有します。

手順7

知見を基に、プロトタイプを改善するか、どれかのパターンを破棄します。どのプロトタイプもうまくいかない場合は、もっと情報と顧客ニーズを集めてプロトタイプに応用することです。プロトタイプの新しいパターンが潜在的ユーザーへのテストに使用されます。

プロトタイピング・ワークショップ

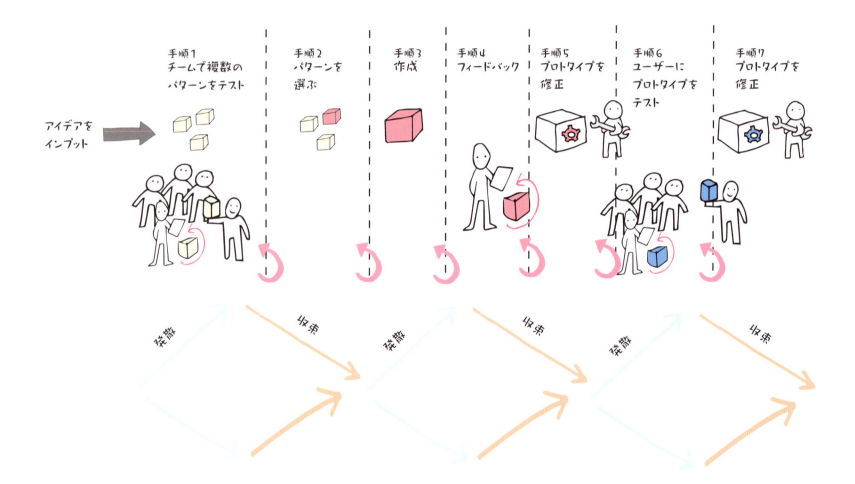

ここまでのポイント
最適なプロトタイプを作るには……

- プロトタイピングはペルソナのニーズと市場のトレンドから始めます。
- プロトタイプは常に、何をテストするのかという質問に基づいて作成します。
- 提案する商品やサービスには最初から価値が備わっているわけではないことを忘れずに。顧客がその提案に見出した価値だけが意味を持ちます。
- できるだけ多くの顧客が提案に価値を見出せるようにします。
- プロトタイプはできるだけ早く現実の世界でテストします。プロトタイプは仮説であり、精査が必要です。
- プロトタイプの作成のために用意された材料を使います。
- 時間の制約のもとでプロトタイプを作成します。時間に余裕があれば成果が上がるというものではありません。タイムボックスは結果を出すというプレッシャーを増します。
- プロトタイプの目的と成熟度が一致していることを確認します。
- プロジェクト全体の中で、プロトタイピングとテストには十分な時間を予定しておきます。
- 最終的にプロトタイプを実現させるプロジェクトチームメンバーを初期段階で参加させます。
- プロトタイピング中に「ボックスとシェルフ」を使ってポートフォリオをテストします。

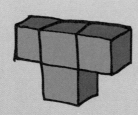

1.10 プロトタイプをテストする

　現実の世界の顧客、つまり潜在的ユーザーやユーザーの環境においてプロトタイプをテストすると、常に貴重なフィードバックを得ることができます。ピーターはユーザーおよび顧客のテストの重要性を知っているので、できるだけ早いうちに何度でもイノベーション＆コ・クリエーションラボから外へ出てプロトタイプを試そうとしています。現在テストしているプロトタイプは代謝疾患をモニタリングするアプリで、オンラインで医師チームのサポートを受けるというオプションが付いています。このテストのためにピーターが歩き回っているチューリッヒのバーンホフ通りは、日本なら銀座や丸の内にあたる高級ショッピング街とビジネス街です。高級で高額な管理サービスの顧客を見つけるのに、これ以上ふさわしい場所があるでしょうか。

プロトタイプのテスト

何の下心もなく、手に持ったプロトタイプのことだけをひたすらに考えながら、ピーターは美人で品のいい服装の30代半ばの女性に近づきました。その女性は高級ハンドバッグ専門店から出て、ショッピングバッグをたくさん持って駐車してあるベントレーへ向かって歩いているところでした。持病がある人に見えたわけではないのですが、何事も思い込みは良くありません。ピーターにとって、やるべきことは明確です。まずはお手伝いしましょうかと申し出て、感じのいい人という印象を与え、共感を築くのです。ピーターはその美しい女性のために喜んで大きなショッピングバッグを運びます。彼は女性に、次の大きなイノベーションに参加してみませんかと尋ね、2分後には高級ショップのはす向かいにあるバーで2人は「ユーザーテスト」のためにシャンパンを飲んでいます。

その若い女性はピーターがうぶな態度で邪気のない質問をするのが気に入ったようで、自分のことをたくさん話してくれますが、モンテカルロの夏の夜を一緒に過ごす年配の男性たちの病気についてはさらに詳しく話してくれます。シャンパンのボトルを1本半開けて楽しいムードになったところで、プリヤがたまたまバーの前を通りかかります。ピーターとプリヤの結婚生活のちょっとした危機は、おそらくこれがきっかけだったのでしょう。とはいえ、ピーターはプロトタイプの用途について多くを学びました。特に高波の海上のヨットでWi-Fiの電波が届かないところでは医師からオンラインサポートを得ることが不可能だということです。

なぜテストがそれほど重要なのか？

ユーザーとのテストでは、真のモチベーションを知るために、答えが分かっていると思う時でも「なぜ」と問いかけることが重要です。テストのインタビューで目指すのは知ることであり、プロトタイプの理由を説明することでもそれを売ることでもないからです。これが、少なくとも早い段階ではプロトタイプをどう使うのかを説明しない理由です。ここでは、潜在的顧客がプロトタイプを必要とするかもしれないストーリーや状況を尋ねます。可能であれば、質的結果を検証するために量的データを収集して分析します。このアプローチによってピーターはモンテカルロでの生活と高波の海について詳しく知ることができました。

テストはデザインシンキングのプロセスで欠かせないステップです。このフェーズで決定的な変更案が現れ、それによって最終的な結果の品質が大幅に向上することも少なくありません。特に、プロトタイプの開発に関わっていない人たちの新鮮な視線と自由な評価は最終的に大きな効果があります。この人たちはプロトタイプを顧客やユーザーの視点で見ることができるのです。

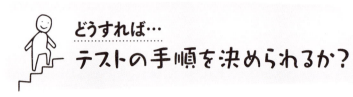

どうすれば… テストの手順を決められるか？

テストは4つのステップに分割できます。

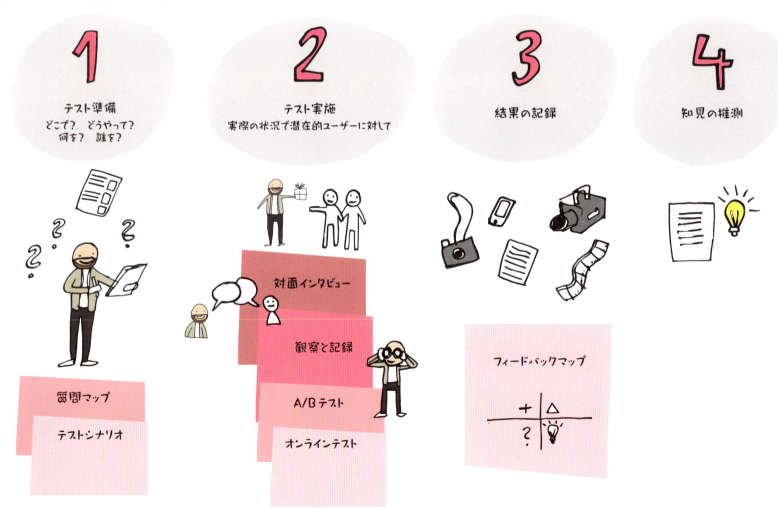

1. テスト準備

最も良い始め方は、知りたいことの明確な目標やテストしたい仮説を定義することです。

- 何を知りたいのか？
- 何をテストしたいのか？
- 誰に対して、どこでテストを実施したいのか？

最終的にテストによって、アイデアのうち現状のままにする部分、変更すべきこと、捨てるべきことが明らかになります。初期フェーズでは、課題を理解することも目標です。さまざまなユーザーに対して実際に一連のテストを実施する前に、1人に対する初期テストを実施してエラーを排除する必要があります。初回テストの後でさらにテストを実施する前に、改善を施すための十分な時間を確保します。

質問マップを定義する

シンプルで明確な自由回答形式の質問を用意して、最終的により深く探ることができるようにします。この質問は仮説ではなく、テスト対象者の実際の状況に結び付いていなければなりません。多くの質問をするよりも、洞察を得たいことの中核に焦点を当てます。勇気と集中が重要です。重要度の低いことは省略して、テストの負担を軽くします。ユーザーには体験を話してもらいます。モデレーターとして、ふさわしい時には追加質問をすることもできます。たとえば、「それをしている間に何を考えているのか教えてください」といったようにです。

テストシナリオを決める

テストの実際の順序とテスト対象者の状況について熟考し、記述します。必要なだけ文脈は詳しく書き、説明はできるだけ簡潔にします。ユーザーにプロトタイプを体験してもらい、プロトタイプの背景にある考え方や検討事項についてはあえて説明しません。特に、デザインシンキングのプロセスでまだ反復を続けるフェーズにある場合は、たとえば顧客がその商品に対していくらなら進んで支払うかを知ることは課題ではありません。その代わりに、アイデアがユーザーのコンテキストや生活にマッチしているかどうか、またマッチしているならどのようにフィットしているかを知ることを目指します。

2. テスト実施

経験から言えることは、事前にシナリオとして描いた複数のアイデアあるいは1つのアイデアのさまざまなパターンをテストした時に最善の結果が達成できます。というのは、幅広い種類のフィードバックが得られるからです。もし1つのソリューションしか準備していないと、アイデアについてどう思ったかということに関するユーザーの回答はあいまいなものになりがちです。それでは明確化という点で多くを得ることはできません。ユーザーがいくつもの異なるテストを受ければ、あるプロトタイプは他のものよりどの点が良く、どの点が劣るかというように、もっと正確に比較して評価し、自分のフィードバックをまとめることができます。プロトタイプを自然な環境でテストするのが一般的です。

前述のように、テストの観察と記録には関わる人を増やしたほうが良い理由は、「狩りには一人で行くな」という言葉にも表れています。参加する人は次のような役割をそれぞれ担当します。

モデレーター：

モデレーターは、ユーザーが現実からプロトタイプの状況へ頭の中で切り替えられるようにし、コンテキストを説明して、ユーザーがシナリオを理解しやすくなるようにします。さらに、質問をするのもモデレーターの役目です。

アクター：

アクターは、ユーザーが本来の形でプロトタイプを体験できるように、ロールプレイに参加します（通常ロールプレイはサービスのプロトタイプで行う）。

オブザーバー：

オブザーバーの重要な任務は、その状況でユーザーのすべての行動を集中して観察することです。チームにオブザーバーが1人しかいない場合、すべてを録画しておいて、後ほど全員でインタラクションを見て細部まで確認できるようにします。

オンラインツールもテストに使用できます。

例：
ベルトの形状のウェアラブルデバイス。スマホを見ながら道路を渡っている子供や大人に警告を発します。パターンとしては、(1)バイブレーション、(2)アラーム音、(3)「危ない！ 道路を渡るよ！」あるいは「気を付けて、左からバスが来ます」という音声があります。

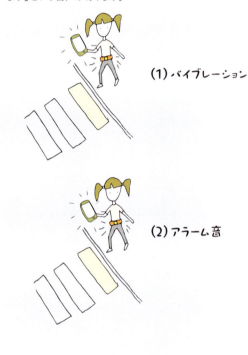

(1) バイブレーション

(2) アラーム音

(3) 音声

3. 結果の記録

経験上、結果を記録することは非常に重要です。記録しながら、こちらが与えたものをユーザーがどのように使うか（間違って使うか）を積極的に観察します。テスト対象者がしていることをすぐには訂正しません。写真や動画撮影は記録に最適です。ユーザーには必ず許可を取りましょう。デジタルツールは記録に便利なので、それを活用することを忘れないようにしましょう。掘り下げた回答を引き出すには、さらに質問をして探ります。これは非常に重要で、テストの最も価値ある部分となることも多いのです。たとえば、「どのような感じがするのか、もう少し説明してもらえますか」「なぜですか」「なぜこれが有効か（有効ではないか）を説明してください」などと質問します。理想としては、質問には質問で答えます。「このボタンは何のためにあると思いますか？」というように。マーケティング調査やお客様の声の聞き取り調査をしたくなる誘惑に負けないように！

フィードバックマップはとても役に立つものです。リアルタイムでもプレゼンテーションやプロトタイプからでも、フィードバックを記録しやすくなります。マップを使ってフィードバックを4つの主要分野に分け、系統立てて丁寧に把握します。

- 気に入った点は何ですか？
- どんな希望がありますか？
- どんな質問が出てきますか？
- どの初期アイデアとソリューションを見つけましたか？

4つの枠を埋めるのはとても簡単です。ユーザーフィードバックを1つずつ当てはまるカテゴリーに書き入れます。

代替案として、4つの枠に「私は〜が気に入った」「私は〜を望む」「もし〜なら」「利点は何か？」という分野を選ぶこともできます。

このメソッドは、対象が2名でも100名以上でも簡単に適用できます。単純な構造が建設的なフィードバックの形成に役立ちます。

フィードバックを提供することと、フィードバックを受けることは全く別物です。フィードバックを受けた時は、贈り物をもらったと思って感謝の気持ちを伝えましょう。フィードバックには耳を傾けますが、回答をする必要はありません。さらに、自己弁護せずにひたすら耳を傾けましょう。最後に、理解できなかったことやよく分からなかったことについてもう一度質問します。

4. 知見の推測

洞察によってプロトタイプを改善し、ペルソナに応用できます。ここでは反復を行うことが欠かせません。それによって学習し続けることができます。

テストの目的は、ニーズをさらに理解して共感を高めることです。推計と絶え間ない改善、そしてもちろん失敗と誤りによって学習効果を上げます。よく言われるように、「早く失敗しろ、たくさん失敗しろ（fail fast, fail often）」です。早い段階で何度も失敗することがデザインシンキングではまさに重要な要素であり、最終的には市場機会の獲得に大きく貢献します。テストの最後に、知見とテストの両方を詳細に記録して、チームと共有することが大切です。

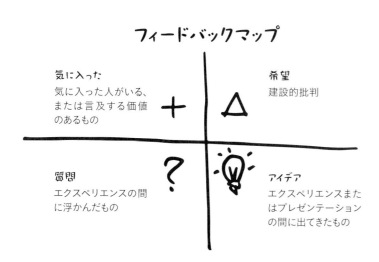

エキスパートのヒント
プロトタイプで A/B テストを実施する

　定量テストの1つの選択肢としてA/Bテストの実施があります。これは特に単純なプロトタイプに最適で、たとえば2種類の異なるバージョンのランディングページをテストしたり、価値提供やテストボタンなどの要素の2バージョンをテストすることが可能です。ウェブサイトの場合は、提供する商品やサービスのタイトルと説明、テキスト量、スタイル、キャンペーン、フォームの長さ、ボックスなどをA/Bテストで検証できます。

　意義のあるテスト結果を得るには、事前定義された適切な時間枠内で両バージョンを同時に、あるいは前後してテストすることが重要です。どちらのバージョンがテストで好成績が出たのか、どちらが現実の世界で使用されるかという最終測定と評価は明確に事前定義された基準に基づいて行わなければなりません。

　プロトタイプの初期段階では、テスト対象者に最初にパターンAを体験してもらいます。次に、Aについて気に入った点と変更してほしい点について聞き出します。その後、同じ手順をパターンBで繰り返します。状況によっては、パターンAについて1つのテストグループで観察と質問をし、パターンBは別のグループで行うということも可能です。

　A/Bテストでは、ランディングページを使って反応を観察することで顧客転換率を直接チェックできます。A/Bテストツールを使ってバージョンAとバージョンBのページビューをそれぞれ集計するだけです。一度に片方だけを変更して、なぜ一方のバージョンのほうが好まれるのかを調べます。このA/Bテストはどちらのウェブサイトがより多くの登録者を獲得できるかを明確に示します。統計的妥当性を確認するための計算機も用意しておきます。既存のウェブサイトについて新しいバージョンBをテストしたい場合は、バージョンBを新規訪問者だけが閲覧できるようにすることで常連の訪問者が混乱しないようにしてください。

　テストはAまたはBのどちらかが有利な結果を示すこともあれば、統計的に妥当な優位性が見られないこともあります。テストから推論される可能性として、2つのパターンの長所を組み合わせる方法というのもありえます。

オンラインテスト

プロトタイプをすぐにテストするために使用できるデジタルツールは？

とてもシンプルで効果的な方法で多くのユーザーのフィードバックを考慮するなら、ウェブツールを使用しましょう。最近、さまざまなSaaS（Software-as-a-Service）ソリューションが進化し、手ごろな料金で効率よくウェブ上でフィードバックを得られるようになりました。

このようなツールを活用して、ピーターはすぐに、自社の社員と選ばれた外部顧客による内部フィードバックコミュニティを立ち上げます。

ピーターはすでにこうしたツールを顧客トライアルに何度も使っており、経験上役に立つことを知っています。ツールによって、

- プロトタイプのパターン
- 手順
- 画像またはURLによるリンク

に関するフィードバックを得ることができ、A/Bテストを実施できます。プロトタイプの数も無制限です。このようなツールの大きな利点として、質問を追加できることと、調査対象のコミュニティの構成については自由度が非常に大きいことが挙げられます。セグメント化によって彼のニーズに最適なフィードバックを得られます。ツールをセットアップした日のうちに、ピーターは数件の初回フィードバックを受信しました。わずか2日間で、プロトタイプのパターンの有効な評価ができ、これを基に新しい商品の機能を開発できます。

テストのフィードバックをツールで支援するアプローチでは、整理されたフィードバックを迅速かつ簡単に得ることができます。正しいツールを選ぶには、次の基準を考慮する必要があります。

A. そのツールは各種プロトタイプのアップロードが可能か？

例：

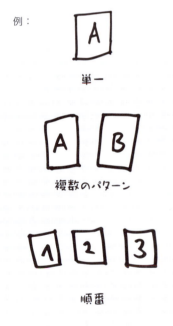

B. シナリオを描くことができるか？ これで回答するユーザーに状況を見せて理解してもらうことができます。

C. ツールによって事前に決めた自由回答形式の質問ができるか？ 質問の作成には大いに時間をかけるべきです。これがフィードバックとその品質を直接左右するからです。

質問の例：
1. プロトタイプを1つ星（ひどい）から5つ星（非常に優れている）で評価してください。
2. プロトタイプのどういう点が気に入りましたか？
3. あなたならプロトタイプのどの部分を変更しますか？
4. ・・・

D. もう1つの成功要因はフィードバックコミュニティの選択です。自分自身の組織（大学、会社など）に制限せずに、調査には自由に定義可能な回答者を追加で招待できる可能性があることが理想です。

例：

　既存のコミュニティ内のエキスパートに専門分野（チャネルマーケティング、ビッグデータ分析、会計など）を確認しておくと、エキスパートから専門知識に関するフィードバックを得るなど、実施した時に迅速なフィードバック取得がより簡単になります。

　優れた技術を持つコミュニティ参加者を専属として選ぶとフィードバックの品質は高まりますが、非エキスパートのフィードバックも常に考慮しなければなりません。専門分野だけに視野が限定されておらず、斬新な視点を持っているからです。

エキスパートのヒント
テスト向けにプロトタイプを視覚化するには?

プロトタイプはアイデアを視覚化したものです。スケッチ、写真、ストーリーボード、チャートなどが考えられます。どれでも早い段階でプロトタイプとして視覚化することができ、テスト対象者のコミュニティに提示してフィードバックを得ることができます。

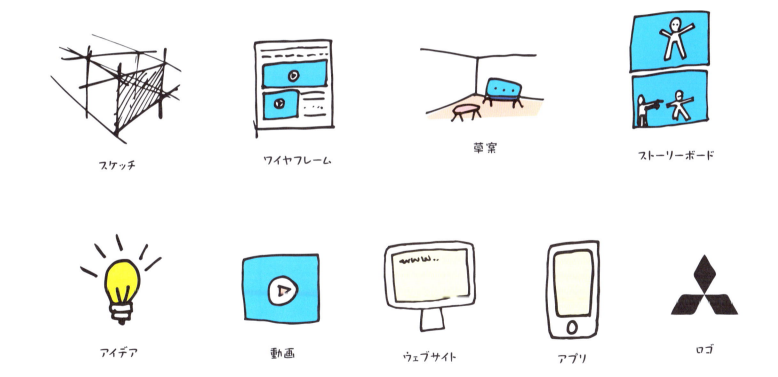

どうすれば…
実験を系統立てて実施・記録できるか？

イノベーションプロセスの初期フェーズでは複数の仮説を同時並行でテストして複数のレベルで学習することが多いものですが、各テストの前に学習したいことは何か、主な質問は何かをよく考えてください。さらに、どの仮説をテストしたいのか、ユーザーが体験できるようにするにはどのようにテストシナリオをデザインできるのかと自問します。

商品またはサービスの開発を進める上で、仮説を何度もテストして実験を継続的に行います。イノベーションプロセスの初期フェーズでは、プロトタイプは通常はとても単純なものです。複数のパターンを同時にテストすることもよくあります。プロジェクトの後半の段階でテストする際には、顧客に対して他のタイプの実験（オンラインテスト、A/Bテストなど）を実施できます。ここでは通常、1つのパターンまたは仮説に焦点を当てます。

すべてのテスト/実験を適切に定義しておくことが非常に重要です。記録は後で決定の過程を追ったり、投資家にMVPの成功を見せたりするのに役立ちます。シンプルな実験マップは実験を整理して学習の進捗を記録するために使用できます。

できるだけ早くコスト効果の高い方法で学習したいので、テスト（または実験）を半分の時間とリソースで実施できないかと考えてみます。同じ内容をより早く経済的に学習できるようなパターンはないかと自問します。

「実験マップ」の作り方：

第1のステップで、テストしたい仮説を説明します。

第2のステップで、実際の実験内容を説明します。実験とは、顧客/ユーザーにテストしたいプロトタイプ、インタビュー、調査などです。

第3のステップで、測定対象と収集するデータを定義します。これは、特定の量の好意的なフィードバックであることも、単なる具体的な値であることもあります。

第4のステップで、正しい（または誤った）方向に進んでいるかどうかを示す条件を決めます。

そして、実験を実施して学習内容を写真や動画などで記録します。

最後に、得た洞察、たどり着いた結論、これから実施する測定内容を記します。テスト/実験は正確に記録しなければなりません。

実験1	学習内容1
ステップ1：仮説 私たちは〜と想定する。 ステップ2：テスト これを実証するため〜。	以下を学習した
ステップ3：測定基準 そして〜を測定する。 ステップ4：条件 もし〜ならば正しい方向に進んでいる。	テストの記録（写真など）

ここまでのポイント
効果的にプロトタイプをテストするには……

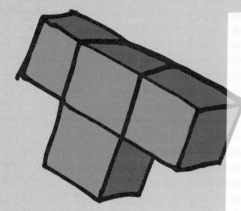

- テスト前にシナリオと明確な目標を定義します。
- テストの実施に関与させるのは中立的な人に限定します。具体的には、プロトタイプの作成に関わらなかった人たちです。
- テストではシンプルな自由回答形式の質問をします。誘導的な質問はしないこと。根底にあるモチベーションを探るため、必ず「なぜ」と質問します。
- テストが長くなり過ぎないように作成します。必要なことに集中しましょう。
- テストにステークホルダーのグループ（開発者など）を連れて行き、じかにユーザーのフィードバックを体験できるようにします。
- テスト対象者には考えを声に出してもらい、途中で遮らないようにします。一定の方向に誘導したり、プロトタイプが素晴らしいソリューションだと宣伝したりして影響を与えようとしないこと。
- プロトタイプの使い方について早い段階で過度に説明しすぎてしまうという落とし穴にはまらないようにしましょう。
- テストを記録し、テストの後には必ず知見を新しいプロトタイプに取り入れるための十分な時間を予定しておきます。
- シンプルなプロトタイプにはウェブツールを使います。
- 1回につき5名以内のテスト対象者に定性的なテストを多数実施します。

2.組織を変革する

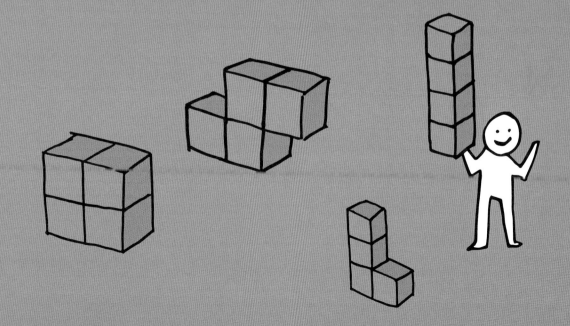

2.1 クリエイティブな環境を作る

　本書に登場するペルソナたちは常に、大学もしくは会社のどこでデザインシンキングを実践するのか、という問題に直面しています。ほとんどの大学や会社の施設はクリエイティブなスペースとして利用することを想定しておらず、インテリア設計も適切ではないため、こうした用途に向いた作りではありません。たいていは大きな家具が詰め込まれたつまらない空間で、クリエイティブなエネルギーが生まれるはずもありません。特にテーブルが置かれていると、1人で作業をしたりノートパソコンに向かって仕事をしたりしてしまいます。せめて社員や学生がテーブルを囲んで座っていれば、アイデアの交換くらいはできますが、全員で共有する共通の創造力は生まれません。

　ピーター、リリー、マークにとって幸いなことに、自然光と十分なスペース（できれば参加者1人当たり5㎡ほど）があれば、どんな部屋でもクリエイティブなスペースにすぐに生まれ変わらせることができます。創造力を発揮できるように、できるだけ自由度を大きくすることを目指します。まずは環境のデザイン変更から始め、クリエイティブなスペースの最初のプロトタイプを実現させましょう。

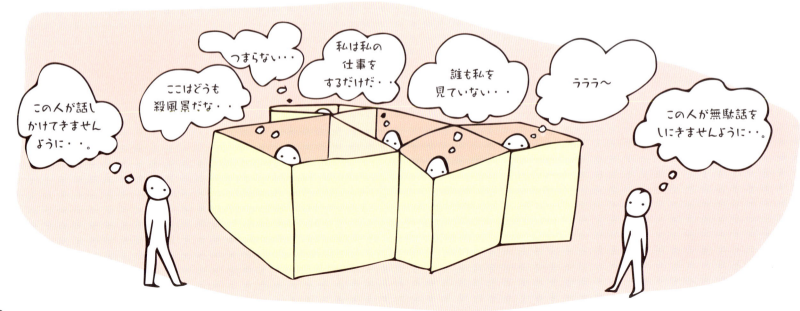

エキスパートのヒント
クリエイティブなスペースの第1号プロトタイプ

ジョニーは勤め先の銀行で、会議室はたくさんあるにもかかわらず、創造力を育むために必要な柔軟性がある部屋がほとんどないことに気付きます。すでに何度もそうしたスペースの必要性を提案してきました。上司と昼食を一緒に食べながら、ようやくクリエイティブなスペースの実験を思い切って始めるよう説得できました。与えられた部屋は理想通りとは言えません。その部屋に保管されていた古いコーディングマシンはいずれ廃棄しなければならないものでした。

部屋のインテリアは？ 必要な家具は？

まずは部屋を空っぽにします。この場合はモノが少なければ少ないほど良いからです。新しいものは何もないスペースからしか発展しません。この部屋でクリエイティブな活動に取り組む人数を考え、椅子を1～2脚追加します（できれば積み重ね可能なもの）。積み重ね可能な家具は、状況に応じてスペースを広げられます。固定式で自由に移動できないものより柔軟な配置ができるほうが便利でしょう。

クリエイティブなスペースをデザインする際は、ここでは4～12名のプロジェクトチームが数週間から数カ月間仕事をするのか、あるいは8～25名の参加者があるトピックについて1～2日間だけ利用するのか、という点を考慮しなければなりません。

フィードバックを提供する人たち向けには、追加のスツールや布製のキューブ型クッションを用意しておくとよいでしょう。布製のキューブ型クッションは積み上げることも、美しく並べることもできます。フィードバックセッションは数日ではなく数時間のことなので、シンプルな座席配置ができる家具はとても合理的です。

用意する材料は？

次に重要なことはプロトタイプ作成に使用する材料について考えることです。キャスター付きコンテナに、色とりどりのホワイトボードマーカーとさまざまな色とサイズの付箋紙、丸型シールなどをたくさん入れておきます。もう1つの選択肢としては、すべてを透明なボックスに入れるという方法もあります。このようなボックスは特に、プロトタイプの材料を持って出張や部屋の移動をすることが多い人にお勧めです。

これまでの実践経験から言えば、プロトタイピングの材料はワークショップの開始と同時くらいの早い段階で提供して（粘土、レゴブロック、ひも、色紙、フェルト布、モールなど）、室内のテーブルの上に広げておくとよいでしょう。フリップチャートを貼るためのマスキングテープも使い勝手の良い材料です。どれも100円ショップやホームセンターで手軽に購入できます。

スペースの広さに応じて、キャスター付きのフリップチャートを1台または数台用意します。なければ、フリップチャートの用紙を1枚ずつ壁に画びょうで留めるか、紙を壁にマスキングテープで貼って紙の壁を作ってしまいましょう。

フリップチャート紙の代わりに、大きなロール紙も使えます。1枚ずつ手で引きはがしたり一体型のカッターで切り離したりして、マスキングテープで壁に貼ります。用紙は多めに用意しておきましょう。基本的な材料が足りなくなることほどクリエイティブな流れを妨げてイライラを誘うものはありません。ホワイトボードのマーカーもインク切れしていないか確認しておくことも忘れずに。

通常どんな壁でも平らであれば、フリップチャート紙に文字を書いて貼るのに適しています。壁がでこぼこしている場合は、何枚か重ねて貼ることで読みやすい字が書けます。この場合は付箋紙に書き込んでからフリップチャートに貼るという方法もあります。

大判の紙が手に入らない場合は、フリップチャート紙を何枚かマスキングテープで裏面を貼り合わせて巨大なクリエイティブ紙を作ります。クリエイティブなエネルギーはそれを発散させるためのスペースが必要なので、たとえ紙の上だけでも何もないクリエイティブなスペースが重要です。フリップチャート紙はマス目が印刷されている面を使うのは言うまでもありません。

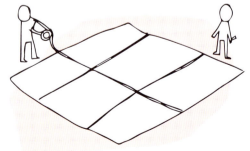

空間要素を柔軟に使うには？

　文字が書ける壁、窓ガラス、ガラスの壁は、ホワイトボードマーカーで直接文字や絵を描くのに最適です。

　何らかの理由で壁に十分なスペースを取れない場合は、自由に動かせるキャスター付きホワイトボードやピンボードを選びましょう。デザインシンキングのプロは作業の際にキャスター付きのフレキシブルなホワイトボードウォールを使います。

　クリエイティブなスペースに合うテーブルを探すなら、簡単に動かせる軽量の家具が間違いなく最も実用的です。さらにキャスター付きなら言うことなしです。

　テーブルについては、がっちりとした四角いものよりも、より曲線的で創造力を刺激するような形のものを選びましょう。テーブルは固定せず自由に移動できるようにします。前述のようにすべての壁をクリエイティブな作業に使用するので、部屋の中で作業したり動き回ったりするのに十分なスペースを確保するためです。

　テーブルの代わりに使っていない椅子やスツールに必要な材料を置くこともできます。このほうが場所を取らず、動けるスペースが増えます。クリエイティブなプロセスには、椅子はテーブルを囲むようにではなく部屋のあちこちに置いておきます。参加者はテーブルに落ち着いてしまった時より身体の動きも頭の回転も速くなるので、クリエイティブなプロセスと結果に大きく影響します。

　コート掛けが必要な場合は、すぐに別の位置に移動できて室内のものを邪魔しないスタンドを使いましょう。あるいは、部屋の外にコート掛けを置きましょう。参加者の荷物も壁沿いの床に置かずに、空いている椅子の上や下に置くようにすることも重要です。壁で作業する時や後で結果を発表し合う時に邪魔にならないようにするにはこれが一番です。

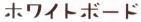
ホワイトボード

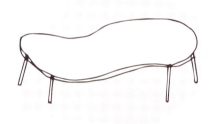

どうすれば…
クリエイティブなスペースをさらに改善できる？

クリエイティブなスペースを試しに作ってみた後は、気付いた点を基にさらに発展させて改良しなければなりません。

1) うまくいった点は？ 足りないものは？

より洗練されたクリエイティブなスペースでは、すでにホワイトボードが壁に掛けてあります。これは視覚化にうってつけです。重要な知見や書類を磁石で貼ることができます（ポスターや重い紙には超強力マグネット）。椅子はさまざまな色で、できれば積み重ねできるものを用意します。テーブルも邪魔にならないようにキャスター付きで、できれば折り畳み可能なものにします。作業する場所をあちこちに移動できればクリエイティブな流れをサポートできます。ワークショップの種類によっては、キャスター付きテーブルがあるとアイデアが浮かびやすくなります。スタンフォードd.schoolのデザインスペースで使用されているテーブルは直角定規のようにL字型をしています。ワークショップの参加者は4名で1グループとしてテーブルを使えば、スケッチしたりプロトタイピングをしたりするための十分なスペースが残ります。

もっと一般的ではない材料もプロトタイピングでは役に立ちます（発泡スチロール、色付きウール、木、風船、布、ボール紙、昔ながらのレゴブロックなど）。手芸店で売っているものでプロトタイプに採用できるものは何でも使えます。リリーのお気に入りのプロトタイピングの材料はアルミホイルです。どんな形にもできる上、ハサミを使わなくても小さくすることもできます。想像力に限界はありません。特にシンプルな材料ほど素晴らしいプロトタイプになる可能性を秘めています。

2) どう働きたいのか、そのために何が必要なのか？

もっと予算がたっぷりあれば、壁に色を塗ってインスピレーションをかきたてる環境を作れます。色はオレンジ、青、赤などがお勧めです。たとえばオレンジは創造力、柔軟性、機動性を表し、青はコミュニケーション、インスピレーション、明快さを表します。通常は殺風景な床も、色や模様が創造力を引き出す大きな力になります。下地材との適性に応じて、あらゆる種類のカーペット、ビニールタイル、アットホームな木の床、ペンキなどを使います。

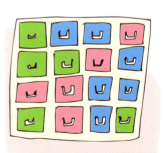

材料の宝箱

3) 自分の組織にぴったりなスペースとは？

創造力に限界を設定すべきではありませんが、業界、企業形態、定着している社風は考慮すべきです。スペースは珍しくて変わったもの（ゴムのボート、ハンモック、シャワーカーテンの仕切りなど）を使って楽しく飾り付けできます。こうしたものはインスピレーションを刺激することも、意識的に既成概念を打ち砕くような効果もあります。既存のものを分解または破壊して「打ち砕く」クリエイティブなスペースは、物事を進めてくれます。他のチーム、スポンサー、意思決定者に配慮して正しいセッティングを選ぶのは私たちの理性と感性次第です。控え目なものから始めて、周囲の反応をよく見てから、創造力を発揮して大胆に進めましょう。

課題に挑戦するには勇気なしにはできません。職場環境の変革を成功させるのは簡単ではありません。どんなイノベーションでも抵抗に遭うものです。時にはそうした抵抗がコンセプトの弱点を的確に突いていることがありますし、また時には単に疑り深い人たちが相手であることもあります。どんな抵抗も真剣に対応して考慮しなければなりません。

スペース作りは、チーム作りとセットで取り組むこともできます。結局のところ、参加者がそのスペースを居心地良い自分たちの場所だと感じられなければ意味がありません。実はこれこそ、スタイリッシュな部屋では社員が落ち着かない気持ちになることが多い原因なのです。実際にその部屋で過ごす人たちの希望やニーズがあまり、あるいは全く考慮されていないからです。

ちょっとした「いいもの」、たとえば小さく音楽を流すためのスピーカーなどは歓迎されるでしょう。音楽はクリエイティブな流れをサポートしてくれます（デザインセッションでBGMに静かな音楽を流すなど）。カートにコーヒーマシンとお茶用の電気ケトルを載せてもいいですし、ペットボトルの水、カップ、ナッツやドライフルーツなど脳に良いスナックなども部屋の中に用意しましょう。

小さなスクリーンとプロジェクターの代わりに、スペースに余裕があればもう少し大きなスクリーンを使って作業してもいいでしょう。これも必要のない時に片付けられるようにキャスター付きをお勧めします。

どうすれば…
ワークショップを通してクリエイティブなスペースを作れるか？

では実際に、ここからはどのように進めるべきでしょうか？ まずはアイデアまたは注文内容とクライアントについての共通理解を築きます。対象範囲、考えうるフレームワークの条件、制限事項を考慮するのは言うまでもありません。この方法で、初期の大まかなデザイン課題にたどり着きます。これはまだざっくりとしていて説明文にソリューションは含まれません。

1日半のワークショップの場合、次のように進みます。

1. インプットとして、他のクリエイティブなスペースのデザイン概要と写真を使います。
2. 朝のウォーミングアップの後、個人でのブレインストーミングと複数回のブレインストーミングセッションを行い、すぐにプロトタイプに落とし込みます。テストはカフェテリアや休憩室で社員に対して行います。最後に、プロトタイプ最終版を意思決定者にプレゼンします。
3. その結果、プロトタイプのモデルが2つか3つ選ばれ、これを引き続き改良するか、実現へ指示を出します。
4. アプローチにはデザインシンキングサイクルの多くの要素が含まれるため、参加者はサイクルに慣れることができます。

ジョニーのデザイン概要 – クリエイティブなスペース

ビジネスの変化のペースとそれに付随する課題は非常に複雑になっています。こうした展開に対応するために、多くの企業や組織がイノベーションに向けてより連携的アプローチでタスクを習得するようになっています。

特にクリエイティブな職業では、コミュニケーションと創造力が高まるかどうかは職場のデザインに左右されます。Google、Apple、P&G などの有名企業は、柔軟で個人間の連携を生む斬新で刺激的な職場環境を造るパイオニアです。

空間環境は、通常は特定のインテリアによって特徴が生まれます。フレキシブルな家具、余白の多い壁、調査の印象や新しいアイデアを視覚化するために必要なツールと材料、引きこもるのにぴったりのスペースなどがあれば、アイデアに最初の形が与えられます。

伝統的な銀行業としての当社も、デジタル化の取り組みの一環としてこうした展開に続きたいと思います。最初の試みとして、シンガポールオフィスのフィンテック部門で共創ワークショップのためのクリエイティブなスペースを作ることから始めます。特に、ブロックチェーンなどのテクノロジーと連動するビジネスモデル、新しいビジネスエコシステム、第1号プロトタイプがこうしたワークショップから誕生します。

デザインの課題：伝統あるフランス系金融機関が東南アジアに構える一支店としての価値とブランドを考慮しながら、さまざまなステークホルダー（内部/外部）と協力的なイノベーションプロセスを始めるための柔軟性を与えてくれるクリエイティブなスペースはどのようなものになるのでしょうか？

2日間のワークショップのアジェンダ案

プロトタイピングワークショップ、クリエイティブなスペースのモデル			
	・目的 ・共通理解 ・第1号プロトタイプの作成 ・ステークホルダーからフィードバックを得る		
インプット		**順序**	**アウトプット**
・注文 ・フレームワーク条件 ・デザイン課題 ・クリエイティブなスペースの写真 ・プロトタイプの材料		・ウォーミングアップ ・理解のすり合わせ ・ブレインストーミング「もし〜なら？」 ・インタビュー ・アイデア発想 ・プロトタイプ作成 ・テストとフィードバック ・さらにプロトタイプを発展 ・審査員の前でアピール ・次のステップ	・デザイン課題の改良 ・クリエイティブなスペースのプロトタイプ（モデル）2〜3作
リソース			
ケータリング、テーブル、椅子、ピンボード、フリップチャート、白い壁…	タイマー、プロトタイプの材料、付箋紙、ペン…		チーム、ファシリテーター、審査員…

エキスパートのヒント
スペースだけではなく職場環境もデザインする

　必要なのは、なじみがあり、自分の場所だと感じることができ、居心地良く感じる環境です。このような環境をデザインするには基本的に**場所、人、プロセス**、仕事の**意義**という4つの要素について考えます。**職場環境**は、会社が優秀な人材と高いパフォーマンスを確保するために最も重要な要素に挙げられるようになっています。今時、時代遅れのセンスのインテリアと最小限のスペースにぎゅうぎゅうに詰め込まれたオフィスで働きたい人などいるでしょうか？

　GoogleやIDEOなどの企業は考え抜かれた職場環境の好例です。カリフォルニア州クパチーノにオープンしたAppleの新本社は2011年にスティーブ・ジョブズが発案したもので、非常に想像力をかきたてられます。建物は自然環境を意識して計画され、森に囲まれています。ジョブズのビジョンは、世界最高の社屋を作ることでした。建物は未来をイメージした宇宙船のような形をしています。新本社は働く人にとって理想的なあらゆるものを考慮しています。

　プロセスも仕事の進め方も同じように結果に大きく影響します。焦点が置かれるのは、第一に実行しなければならない活動の種類、第二に人々の相互交流（インタラクション）およびその人たちがプロジェクトの進め方に及ぼす影響です。ここで注意したいのが、仕事のプロセス自体が環境とそこに関わる人たちとの絶え間ないインタラクションの中にあるという点です。

モチベーションとしての自分の仕事の意義は過小評価されがちです。会社側に明確な戦略が欠けていることも少なくありません。明確な戦略があれば、チームは自分たちの活動が何か大きな意義のあるものに向かっているかどうかを推測できるのですが。驚くべきことに、企業の大多数は「なぜ」の定義づけに苦心しています。特にあちこちで取り上げられているミレニアル世代にとって、仕事に意義があるかどうかは勤め先を選ぶ重要な基準です。意義ある活動がモチベーションを高めることに疑問の余地はありません。これはすべての人に当てはまります。このテーマについてはセクション2.6で詳しく取り上げます。

　多くの場合、会社の経営陣は目まぐるしく変わる新しいフレームワーク条件（デジタル化など）に対応できません。こうした不確実性により、目的が明確でない活動が増え、一方で具体的な目標を達成したり市場での地位を確立するための活動が欠如しているのです。

　セクション3.6では、このような不確実性にどう対応するかという問題を取り上げ、たとえばデジタル変革を成功させるために使用できるアプローチとメソッドを紹介します。

ここまでのポイント
クリエイティブな環境をデザインする

- 環境に何でも盛り込み過ぎないこと。モノが少ないほうが豊かな空間になります。創造力に必要なのは、大きな自由と広いスペースです。
- 可動式で積み重ね可能なモノを使います。クリエイティブなスペースを汎用的に使うための柔軟性を最大限に引き出すことができます。
- テーブルをたたみ、テーブル面を正面に向けて並べると、インプットや成果を貼り付ける場所として使うことができます。
- できるだけ多種多様なクリエイティブスペースをチームで使ってみて、連携や結果に良い影響を与えるものは何かを見つけましょう。
- 初回ワークショップは経営陣と社外のクリエイティブなスペースで開き、創造力を刺激する環境の影響について経営陣の関心を引き出しましょう。
- スペース、場所、環境は必要に応じて何度でも変更しましょう。退屈な記憶が詰まった場所は避けましょう。
- スペースだけではなく職場環境もデザインします。プロセスを改善するだけでなく、意義のある仕事に取り組めるようにします。

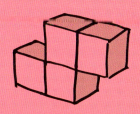

2.2 異分野連携チームを結成する

ピーターはプロジェクトでさまざまなチームと連携していますが、成功するにはチームメンバーに深い技術的知識と幅広い一般知識という両面があることが必要だと強調しています。リリーの学生の場合、行き詰まった状態から抜け出せてようやく一歩前へ進んだ時の気分は格別です。参加者が他の人にアドバイスを求めることがきっかけになることが多く、同じ問題でも別の視点から見ると行き詰まった状況から抜け出すヒントになることが往々にしてあります。

多くの問題提起文がある中で、自分自身のスキルが問題解決に貢献できる程度には限界があります。これはたいてい、特定の対象分野に関する知識と経験が不足していることが原因です。遅くともこの時点で、デザインチームは先へ進むためにエキスパートに相談する必要があります。多くの場合、実際のトピックが議論される前にエキスパートは自分なりの方法で始め、単に自分の専門分野に結び付けるのではなく重要な質問を投げかけます。その結果、これまで積み上げてきたことが突然、限定された視界からではなく総体的なアプローチを使って検討されることにより、新たな性質を帯びるようになります。

もうすでにご承知でしょうが、反復の原則はデザインシンキングではとても重要な要素です。1歩後退してもう1回繰り返すことにより、顧客のニーズを満たすような、これまでにない優れた商品へと近づきます。ただし、最も重要なことは速いペースで学習して反復することです。これはできるだけ早期に質問をされ、そして課題を投げかけられ、それまでに出来上がっていたものを別の視点から見ることができるようになった時にのみ効果があります。これを実現するための最も有望な方法は、潜在的ユーザーとやりとりをしたり、さまざまな専門分野の深い知識と幅広い基礎知識を持つメンバーから成るチーム内で意見交換をしたりすることです。

総体的な考え

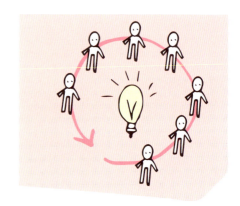

反復の原則

異分野連携チームの特徴とは

ごく簡単に言うと**異分野連携（interdisciplinary）**とは、複数の分野にまたがる、という意味です。異分野連携チームでは、アイデアは集合的に生まれます。最終的には全員が総合的ソリューションに対する責任感を持ちます。ソリューションに至るまでに、アイデアの方法論や概念について意見が交換されます。

多分野結集（multidisciplinary）チームと比較した場合の利点として、異分野連携チームは共同で作成した商品またはサービスについてメンバー全員が後ろ盾になるという点です。この成功要因は、たとえば多分野結集チームでは実現できないものです。多分野結集チームでは、各メンバーがエキスパートとしてそれぞれの専門分野を主張します。そのため、ソリューションは妥協案になりがちです。

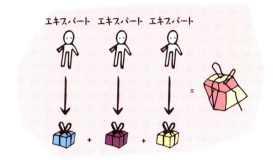

前述のように、ピーターはチームの専門知識と幅広い基礎知識を頼りにしたいと思っています。この考え方はいわゆる「T型人材（シングル・メジャー）」の原則に基づいています。T型人材とは深く幅広いスキルと知識を備えた人のことです。スキルを図にするとT字形になります。このコンセプトはドロシー・レナード＝バートンが提唱したものです。

このT字の縦の棒は各専門家が学業や職業を通じて身に付けたスキルを表し、デザインシンキングプロセスの各ステップや実施プロジェクトで必要とされます。たとえば、心理学者は「理解」フェーズで経験と方法論的知識を提供します。

横の棒は2つの特性を表します。1つは共感です。この人物は自分の視点越しに他の人の視点を取り入れることができます。もう1つは専門知識を連携し調和させる能力です。T型人材はオープンで、他の視点やトピックに関心があり、他の人や環境や分野に好奇心を抱いています。他の人の考え方や働き方を理解すればするほど、デザインシンキングプロセスでの共通の進捗が加速し、より大きな成功へとつながります。

エキスパートのヒント
T型人材の異分野連携チームを採用する

　リリーはまだデザインシンキングのコンサルティング企業を設立するというアイデアを描いています。将来一緒に働く仲間は、プロとしての課題に取り組み、全員が同じ社会的スキルを身に付けたチームとして働けるようなT型人材を採用する必要があります。おそらく、プロセスの各ステップについて専門的スキルを持つ人材（I型人材：スペシャリスト）を探すほうが、両方のタイプの知識を持つ人材を見つけるより簡単でしょう。

　横棒に示されるような、他者と連携できる能力を示す良い目印は、面接中に自分のことばかり話すのではなく、他の人から学んだことや、共通プロジェクトにとって連携がいかに価値あることかについても話せる人かどうかという点です。

　具体的には、候補者に自分自身の **T型プロフィール** を作ってもらいます。プロフィールをどのように埋めていくかという点から、その人の考え方や自己表現について多くの情報を読み取ることができます。と同時に、その人が連携の要件をどのように解釈し、この点について自分をどう見せるのかということも分かります。

　時間をかけてチームメンバー候補を実践で見てみたいという時は、**デザインシンキング・ブートキャンプ** のようなものを開催しましょう。これにはさまざまな目的があります。第一に、候補者がデザインシンキングと各ステップを手早く簡単に実体験できるので、このようなやり方で連携作業をしたいかどうかを自分で判断してもらうことです。第二に、チームを集めた側は、未来のチームメンバーの専門スキルと社会スキルをすぐに把握できるようにすることです。

　異分野連携チームには多くの利点があり、何より短い時間で品質の高い結果につながります。一方で、反復する過程で合意が形成されていないと、個人で働く場合に比べてかなり作業が複雑になります。この複雑さはいくつかのシンプルな規則を使えば軽減することができます。連携を成功させるには、この規則にチーム全体が開始時から合意している必要があります。なかにはデザインシンキングの原則をすでに順守している人もいますが、チームが意識的にこの点について改めて考慮することに価値があるのです。

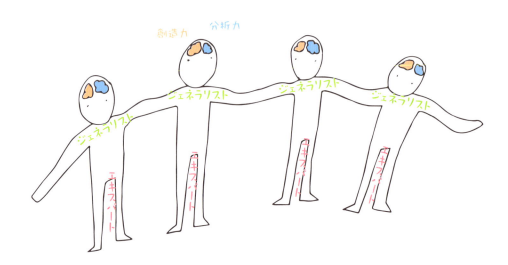

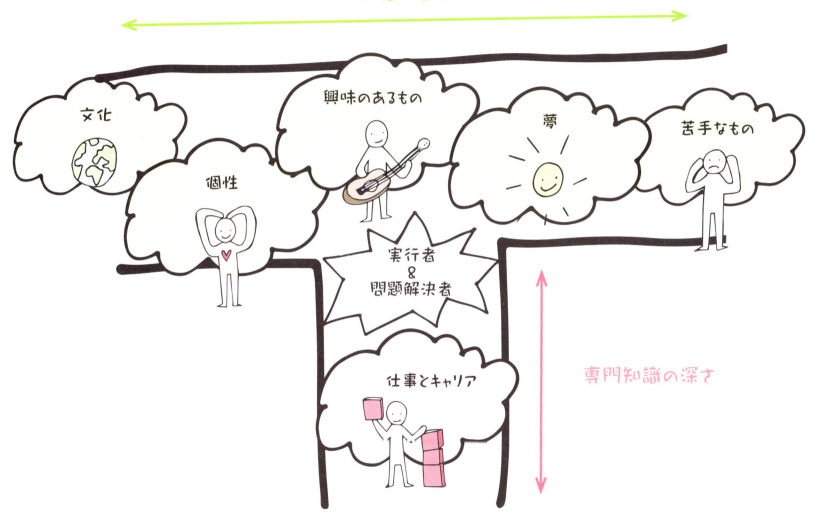

どうすれば… 異分野連携チームに必要な規則を定められるか？

　各チームメンバーの長所を実感できるのが早ければ早いほど、異分野連携チームが共通の目標を達成するために他の人のスキルの恩恵をより多く受けることができます。社内のさまざまな分野や部署だけでなくさまざまな階層から人を集めてチームを結成することが、実践では特に効果が高いことが証明されています。専門家としての知識や方法論の専門知識を交換できる上、チームは幅広い知識や必要な問題解決スキルにも触れることができます。副産物として、新しい異分野連携アプローチが社内全体に速く横断的に広がるため、すべての階層でこうした連携について理解してもらいやすくなります。

異分野連携チームが成功するための6つのシンプルな規則

1. チームとして達成しなければならない共通のビジョンを持つこと。理想的には、「どうすれば…」という質問に答えるものとなっています。

2. デザインシンキングのプロセスのそれぞれのステップは、チーム内の該当分野のエキスパート（T型プロフィールの縦棒）がリーダーとなること。リーダーは、明確な指示と確実なメソッドを提案して実践のサポートをします。

3. チームが共通の価値観を採用すること。この価値観は全員で形成し、常に全員に見えるようにします。たとえばブレインストーミングのルールを設ければ、チーム内の連携を促し、拡大することができます。

4. 信頼の土壌があり、全員がそれぞれのメンバーに対して（少なくともエキスパートの役割を担っている人に対して）経験を尊重し、受け入れること。

5. 期待されていることと、自分たちがどの程度それを達成できるのかを知っている人だけが成長できます。チームのフィードバックが分かりやすいほど、チーム全体と各メンバーが成長し互いに歩調を合わせるための方法が具体的に見えてきます。

6. 共有された共通のプロセスと品質基準を決定して、期待される結果について全員が手順と要件を常に把握し、それに向かって進んで行けること。

エキスパートのヒント
π型人材のプロフィール

自分の会社を設立することに関して、リリーはすでにその将来について考えています。チームにT型人材「だけ」を揃えるのでは満足できません。社員がどう成長していくのかも考えています。理想的な会社の規模は15〜25名の社員のチームで、同じスキルを複数のメンバーが持っています。これによって、複数のプロジェクトを同時に処理できるようになります。社員をミックスして互いに刺激し合えるような新しいチームを結成できる状態を常に保つには、前述のようなプロとしての基礎、人としての基礎が欠かせません。学習する組織となるためには、社員がT型人材からπ型人材（ダブルメジャーとも呼ばれる、2つの専門分野を兼ね備えた人材）へと成長し続けることが重要だとリリーは見抜いています。

これは自分の専門分野に加えて他の分野でも成長する適応型社員です。このような社員はT型人材のように同僚の分野にも関心を持って理解する能力があるだけでなく、日常の職場生活での課題に対応して自分を磨いていくこともできる人材です。このようにしてπ型人材は複数の役割を担うことができ、その役割は内容という点で互いにリンクしています。たとえば、ビジネスアナリストとUXデザイナー、またはソフトウェア開発者とサポート担当者、というように。社内にこうした人材がいるとチーム編成の柔軟性が高まります。特にリソースに限りがあり注文の状況がすぐに変動する小規模企業にはうってつけです。

変革が成功するために欠かせないことが2つあります。

1. チーム内で不足しているスキルと各社員の潜在的成長力を特定する
2. 不足しているスキルを補い、社員を伸ばすための研修スケジュールを組む

ステップ1では、会社の経営陣とチームリーダーが、不足しているスキルと潜在能力を特定し、社員とは個人的に関心を持っていることやそれに関連する成長パスについて話し合います。その後、リリーは社員やチームリーダーと一緒に研修スケジュールを組みます。この研修は会社と個人の両方の目標に応じた内容で、段階的に達成度を検証できるスケジュールにします。

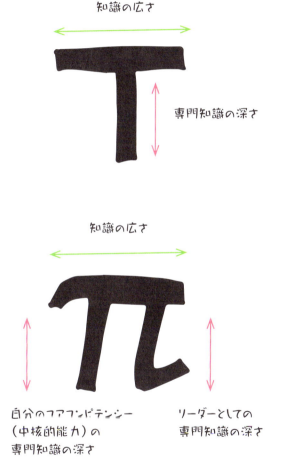

基本の専門的スキルと人間的スキルや成長スケジュールの他に、リリーにとって特に重要な構成要素があります。それは協調性と一体感であり、メンバーがお互いを頼り合えるチームです。リリーにとって重要なことは、社員が職場に来ることを楽しみにできること、自分が受け入れられているという安心感を持てること、失敗や挫折も穏やかなものであることです。各分野の技術的、専門的な知識を複数のメンバーが持っており、互いに学び合い、共感することができるメンバーが強固なチーム基盤を形成しているのが、いわゆる「U型チーム」です。安心感と安全性は生産性にも大きく貢献し、この型のチームは欠かせません。

　この名前は、Uという形が示しているように、創造的破壊が起きても均衡状態へと戻りやすく、以前よりもさらに安定した状態になることができます。ちょっと摩擦が起きたくらいで壊れてしまうようなシステムはその対極にあります。

　U型チームはお互いに助け合い、支え合い、仮にメンバーの誰かが調子が悪く本来のパフォーマンスが発揮できなくても変わることはありません。このようなチームは、仕事を失うなどの懸念もなく、失

敗を恐れません。

　リリーのモットーは、安心、安全、居心地の良さを感じ、支えられ感謝されている人は、それぞれに欠点や弱点はあっても、高いモチベーションを持って優れたパフォーマンスをもたらすことができる、というものです。

　デザインシンキングのマインドセットと関連メソッドを異分野連携チームに適用することが重要な成功要因です。ビジネスの視点から、U型チームを基盤に、T型人材をπ型人材へと成長させることを常に意識すべきです。

　すでに職場環境に関する項で説明しましたが、チームの重要な成功要因は、タスクと目標に意義があり役立つものであるとチームが納得していることです。「チームの中のチーム」という概念は、市場機会の成功例に焦点を当てているセクション3.4で解説します。ただし、今の時点で指摘しておきたいのは、チームを超えた個人間の関係やネットワークはチームの成功にとって決定的なものだということです。

非U型チーム

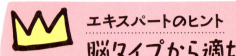

脳タイプから適切なメンバーを採用する

エキスパートのヒント

理想としては、チームにさまざまな傾向の思考ができる人材を揃えられれば、最終的に高パフォーマンスのチームが出来上がります。俗に左脳は分析的思考を、右脳は大局思考を司ると言われていますが、人間の脳は非常に入り組んでいるため、左右の脳で役割を二分できるほど単純なものではありません。ただ、ある程度の傾向は特定できます。たとえば数字の理解、空間的思考、顔の認識などは右脳側に、細部の認識やわずかな時間間隔の把握などは左脳側に寄っています。

脳を全体でとらえ、思考の傾向を特定するためのモデルがいくつかあります。その一例がホールブレイン®（全脳）モデル（HBDI®）です。このモデルは脳を左右および半球と辺縁系の4つの部位に分けます。思考スタイルのうち認知思考と知的思考は大脳半球に、系統的思考と感情的思考は辺縁系に割り当てられます。経験から言えば、チーム内にそれぞれ異なる思考傾向のメンバーをそろえることができれば、大きなメリットがあります。デザインプロセスのそれぞれのフェーズで個々のタスクを適任者に割り当てられるため、最終的により優れたソリューションに到達できます。さらに、アイデアやコンセプトを意思決定者に伝え、市場への投入を目指す新商品やサービスのストーリーを説明する時にも役立ちます。

あまり時間がなく、ワークショップの参加者について手っ取り早く知りたい時は、今も左脳と右脳のみのモデルを使っています。これは参加者を大まかに「分析的・系統的思考」派と「直観的・反復的思考」派に分類できます。これまでの経験から、さまざまな思考モデルと思考傾向を組み合わせることがデザインシンキングのプロジェクトの成功には欠かせません。

ホールブレインモデル（HBDI®）

「シンカー（思想家）」
- 分析的
- 技術的
- 問題解決者
- 財務的

「イノベーター（革新者）」
- 統合的
- 概念化
- クリエイティブ
- イノベーション

「オーガナイザー（組織者、まとめ役）」
- 組織
- 計画
- 運営
- 実施

「ヒューマニタリアン（博愛主義者）」
- 教育
- 文章
- コミュニケーション
- 対人関係

マークとチームメンバーはスタートアップの準備がすでに整っています。マークのようなイノベーター、ビジネスセンスに優れた女性のベアトリス、キーマンとなるヴァディム、そしてビジネス展開を積極的にコントロールするステファンとアレックスが揃っています。

　経験上、チームは全脳モデルの各象限の傾向が強い人が１人ずついる場合に最も効果が高いと言えます。

　マークは未来を描きたいと思っています。彼には未来の医療システムについて素晴らしいビジョンがあり、そこでは電子カルテに入力する情報を患者が自発的に決定する権限を持っています。マークはそのアイデアのうち、最初のステップとしてブロックチェーンに実装する機能とそれに該当するエコシステムのアクターに焦点を当てます。マークのHBDI®プロフィールは、黄色と青の象限が突出していることが特徴です。

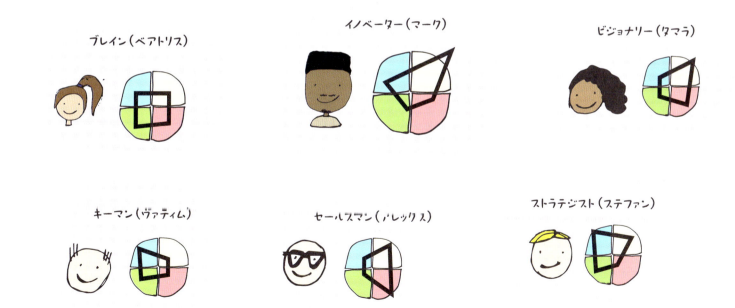

スタートアップ企業の設立から成長フェーズには、マークの素晴らしいビジョンとプログラミングスキルに加え、彼とチームのメンバーがすでに持っている他のスキルが必要です。例として、会社の成長フェーズ全体について、S字カーブの各地点にHBDI®プロフィールを置き、マークのチームメンバーのプロフィールを割り当ててみます。

次の拡張ステップで会社をスタートアップから中規模企業へと転換させるには、合理的判断を行い、測定基準を定義しなければなりません。このためには、管理能力（緑）と対人関係スキル（赤）が強いチームメンバーが必要です。どちらの特性も現在のマークのスタートアップチームでは弱い部分です。そのため、チームを拡張する時にマークはこの不足している専門知識と能力をチームに加える必要があります。

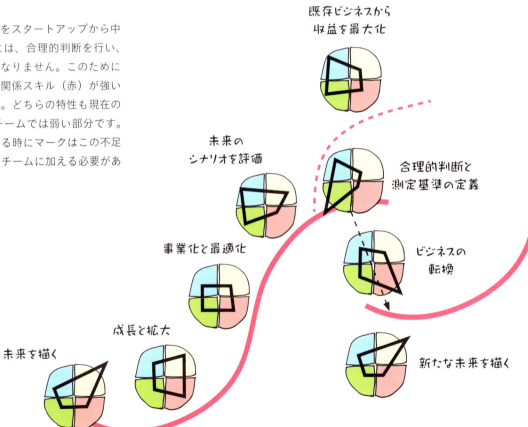

「チームの中のチーム」のコンセプトを使って、より大きな組織の該当スキルをすべてのデザイン課題に活用できます。この労力もマークの会社が成長し、課題を持っている人や関係者をエコシステムに巻き込むために、各部署が注力すべき業務に取り組むようになれば報われます。

マークはスタートアップを発展させるため、「Connect 2 Value」（価値につなげる）フレームワーク（リューリック＆リンク）の6つの原則に取り組みます。

「Connect 2 Value」フレームワークは3つのレベルを基礎とします。
- 知識を価値につなげる
- 能力を価値につなげる
- システムを価値につなげる

このフレームワークはデザインシンキングのマインドセットを人間中心アプローチ・共創・価値創出の中核的要素と組み合わせ、企業の明確なビジョンを定義するための戦略的展望とも組み合わせます。

また、社内の人材の能力を組み合わせ、ビジネスエコシステムとのつながりを通じて彼らの知識とスキルを最大限に発揮できるようにし、最高の人材が会社にとって最大の価値を創出できるように適材適所で配置します。関連する内部および外部ニーズは人間中心の文化と前向きなエネルギーによって満たされます。社内チームとビジネスエコシステム内の社外チームが一緒になって価値を創出します。

マークはどのように「Connect 2 Value」フレームワークを実践するか？

1. 適材を惹きつける

マークはスキルやT型プロフィールやHBDI® モデルを考慮するだけではなく、候補者を直接ワークショップに招いて、彼らがチームで前向きなエネルギーやムードを発してデザインシンキングのマインドセットを実践するかどうかも見極めます。

2. チームとネットワークの効果を実現する

チームの構成、そして目標達成に向けた社内連携およびビジネスエコシステムなどの外部パートナーとの連携が成功の鍵を握っています。マークは、ビジネスエコシステム内の各社にいる人々もチームメンバーとして見ています。

3. 成長と拡大を描く

マークは最初からビジネスエコシステムを併せて構築します。すべてのアクターにwin-winな状況を作るのです。事業拡張のためにテクノロジーとプラットフォームを活用し、データ主導型イノベーションとビジネスモデルの実現も目指します。

4. マジックを生み出す

マークにとってリーダーシップとは、チームにマジックをもたらし不可能を可能にするものです。リーダーシップにはビジネスビジョンの創出とコミュニケーションも含まれ、チームが使命を達成して起業家らしくふるまうことを促します。

5. 新しいマインドセットを創出する

マークは、前向きなエネルギーこそ抜群の業績とモチベーションへと導く特効薬だと認識しています。たとえば、オープンなフィードバックができる社風があれば、優秀な人材がスキルを最適な形で貢献できるようになります。アイデアとコンセプトはすぐに実施され、失敗も前向きな学習効果の一部になります。

6. 実現させる

優秀な人材、ビジネスエコシステム、正しいマインドセット、適切なプロセスに支えられて、マークは「すばやく機敏に」というコンセプトを実施します。その中で、マークは優秀な人材とリソースを最大の価値を創出する活動に割り当てます。実現のためには、意識的にエコシステム内のアクターからスキルとプラットフォームを取り入れています。

Connect 2 Value フレームワーク

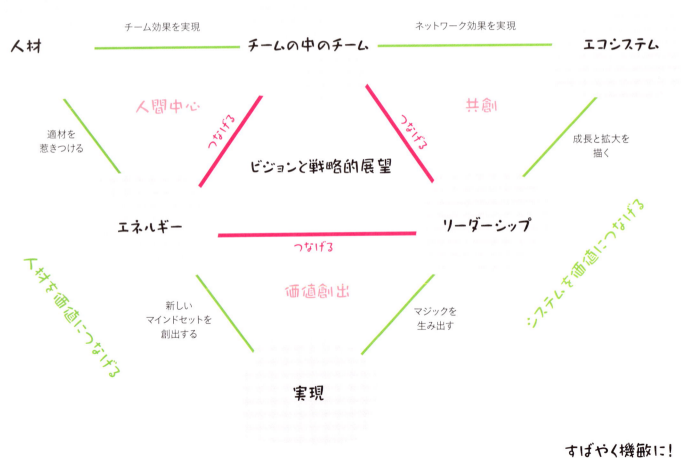

ここまでのポイント
異分野連携チームをまとめるには……

- T型人材とπ型人材のメンバーによる異分野連携チームをまとめます。
- チームのメンバーにT型プロフィールを書いてもらい、互いに発表してもらいます。
- 連携の共通ビジョンを創り上げ、共通の価値観と規則を採用します。
- チームで信頼と尊重の雰囲気を作ります。
- プロジェクトの作業にすべての分野を巻き込みます。技術的該当性という視点も個性に関連する見解も等しく扱われるようにします。
- 異なる思考傾向をHBDI®などで視覚化します。これにより相互理解が深まります。
- アプローチや思考の傾向、背景知識などが異なる異種混合のチームを作り、創造力を促進します。
- チームの弱点を特定します。測定基準を定義し、チームメンバーの連携スキルを1歩ずつ伸ばします。
- 「Connect 2 Value」フレームワークを使ってプロジェクトをすばやく機敏に実施します。

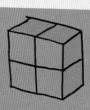
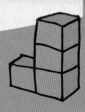

2.3 アイデアを視覚化する

「でも私たち、絵なんて描けません……！」リリーはこういうセリフをデザインシンキングのワークショップで学生や出席者からよく聞きます。視覚化は絵を描くこととは違うので、リリーは学生に説明しながらペンを持って考えるよう励まします。視覚化は、抽象的な情報や相互関係、あるいはデータ、プロセス、戦略を図解する（ビジュアルで表す）ための強力なツールです。デザインシンキングでもワークショップの進行管理でも、視覚化はプロセスのさまざまなフェーズに使えます。視覚化によって、テーマや問題をチームやユーザーに直感的に伝えることができます。人は視覚的内容のほうが早く処理することができ、理解しやすく、記憶にも定着しやすいのです。

簡単なスケッチと視覚化で、以下のようにさまざまな目標を実現できます。

- ブレインストーミングセッションの一部として多くのアイデアの概要を示す
- 共通理解を築く
- 抽象的な事柄を具体的にする
- 協力して描くことで会話が生まれる

- スケッチから意外なソリューショが見つかる
- プロトタイプの機能を描く
- カスタマー・エクスペリエンス・チェーンをスケッチして実現させる
- ムードを明るくして内容にもっと興味を持たせる
- ストーリーをさらに生き生きと描く（本書でしているように）

私は絵が描けません。

赤のペン
（ただ絵を描きたくない）

私は絵は描けませんが要点を強調することならできます！

黄色のペン
（強調係——とりあえず挑戦はしている）

私は絵は描けないけど、やってみる！

ペンはありますか？

黒のペン
（誰もが絵を描こうとする／描くべき／描ける状態）

「描く勇気」

子供のころは誰しも、毎日お絵かきをしていたのではないでしょうか。ですから、かつては誰でも勇気があったということです。子供のころの絵を引っ張り出してみれば、基本要素だけにそぎ落とされていることに気付きます。たいていはシンプルで繰り返し同じ要素を使っています。この基本的な考え方を視覚化にも応用しましょう。視覚化は芸術でも美術作品でもなく、美しくある必要もないのです。要は内容をシンプルにすばやく伝達できればよいのです。

次のような子供のお絵かきは、誰が見ても何を描いているのかが分かります。

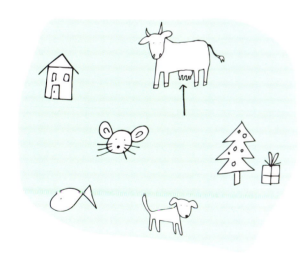

見ての通り、家・牛乳・ネズミ・クリスマス・魚・犬ですね。子供のころにお絵かきができたなら、今だってできます！

視覚化と芸術的絵画の違いは？

たとえば心臓の仕組みを視覚化したい場合、正確な解剖図を写実的に描く必要はありません。最も重要な要素、つまり心臓がどこにあってどういう働きをするのかを図で示すだけで十分です。視覚化は早く作成できて要点をとらえていることが重要です。

下の図は血液循環をとてもシンプルに示したものです。これで内容が理解できることがお分かりでしょう。

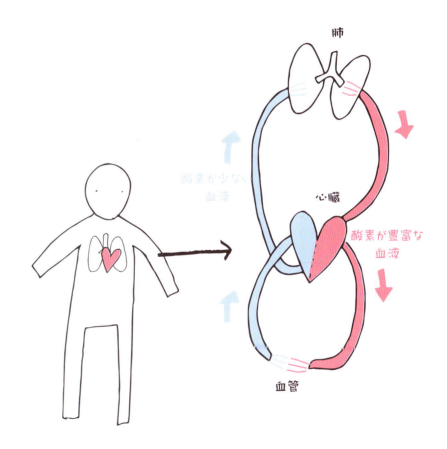

優れた視覚化とは？

優れた視覚化は目を要点に向けさせます。ここでのコツは不要なものを省くことです。つまり、装飾やデザインの美しさは求めないということです。できるだけ鮮やかで生き生きとして具体的であることを目指します。

視覚化においては次の4つの特性が欠かせません。

- 重要なものに焦点を当てる ― 不要なものはすべて省く
- 具体的に ― あいまいな絵は描かない
- 分かりやすい絵にする ― 内容に関連付けができる
- 興味をそそる ― 見ていて楽しい絵

リリーは学生に、特定のデザインの課題に視覚化を使うよう促します。たとえば、子供でも使いやすい缶切りはどんな形になるでしょう？ スケッチが多数あれば、どの線が際立ち、どのシンボルが分かりやすく、どれが気分に障るものかがすぐに分かります。もう1つの練習は、今電話で話していた内容を絵にするというものです。表情についてインスピレーションを求めるなら漫画がうってつけです（新聞の4コマ漫画など）。もっと上手になりたいならウェブ上のコンテストもやる気を高めます。コンテストでは個別のコンセプトを視覚化してFacebookやInstagramで発表するという形が一般的です。

他にも視覚化には次のような用途があります。

1. クリエイティブシンキング：アイデアの概要と相互関係を示す（ビジュアルシンキング）
2. プレゼンテーション：知識を他の人に包括的に伝えたい（発表）
3. 記録：グループの知識を記録する（図による記録）
4. 探求：プレゼンと記録でともに学ぶ（視覚的ファシリテーション）

経験から言えば、グループの全員が視覚化を始めて、考えを絵で描くようになった時が最もわくわくする瞬間です。ここで共通のイメージやビジョンを共有できるようになります。

1. クリエイティブシンキング

2. プレゼンテーション

3. 記録

4. 探求

どうすれば… 主なデザイン要素を組み合わせて視覚化できるか？

前述のように、原則として視覚化にはコンテンツのさまざまな要素が必要です。一般に図解はさまざまなデザイン要素の組み合わせです。

例：

テキスト(1)、グラフィック要素(2)、アイコンと記号(3)、キャラクターと感情(4)、色(5)。

これらのデザイン要素を使えば、アイデア、ストーリー、プロセス、図式などあらゆるコンテンツを描くことができます。

テキスト(1)

テキストを使う時は、次の点に注意が必要です。

- 読みやすさに注意し、基本的なフォントを選ぶ
- 左上から始めて左から右へと書き進める
- 文字と線の間に十分な余白を空ける
- 短くシンプルな文を分かりやすい言葉で書く
- 見出しや枠で順序を示す
- 違うスタイルや色で目を引く

ピーターは字が汚いのですが、視覚化を通じて付箋紙に読みやすく書く独自のテクニックを身に付けました。当初ピーターは、書いてある内容が何を意味するのか誰にも分からないなら、スケッチを付け加えてアイデアを他の人と共有したほうが良いかもしれないと思いました。ピーターはイラストのコースに参加したことで、視覚化には絵や字が上手である必要はないことを学びました。

161

グラフィック要素（2）

シンプルなグラフィック要素には、吹き出し、フォルダ、線、矢印などがあります。

こうした要素は相互関係や順序を示す時に使えます。最初に文字を書き、その後でグラフィック要素を使って境界やつながりを示します。

アイコンと記号（3）

アイコンや記号を使うと視覚化がさらに生き生きとしたものになります。アイコンや記号は図の省略形です。アイコンはモノを単純化しているので、原則として「シンプルであるほど良い」と言えます。アイコンはテキストの代わりや装飾に使うものではありません。

記号は実際のモノに似せるのではなく象徴として使われます。

キャラクターと感情（4）

デザインシンキングは常に人間を基本としているため、棒人間、丸人間、星形人間が描けると便利です。比喩的要素を描くことができれば、視覚化にさらにキャラクターと感情を吹き込むことができます。

キャラクターと感情は簡単に描けます。ここでも、絶対に欠かせないものだけを描くことが重要です。

色 (5)

　まとまりを良くするため、使う色は数色だけにすることをお勧めします。色は強調や相互関係を示すために使うので、種類が多すぎると混乱してしまいます。

　視覚化は重要な要素が強調されている時が最も効果的です。たとえば、色を付けたり、枠線、下線、影で強調しましょう。余白はたっぷり取ります。ここでも、少ないほうが多く伝わります。

　デザイン要素を紹介したので、これで絵やグラフを描くことができます。

　グラフは数値、順序、サイズの比率、プロセス、構造を比較するのに便利です。キーワードや矢印とともに使えば、視覚に訴えるものが出来上がります。

　グラフを使う時は、次の点に注意することが重要です。

- 棒グラフや円グラフは数値を分かりやすく示すために使う
- 構造やプロセスを描くには、組織図（矢印）による視覚化を用いる
- ポートフォリオチャートは個々のモノをサイズや位置で比較する時に使う

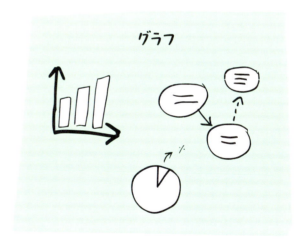

視覚化の準備に必要なことは？

デザイン要素の扱いに慣れたら、次は視覚化の計画について考えます。

初心者にとって、直感だけで視覚化を成功させるのは難しいことが多いようです。まずは伝えるべき中心となるメッセージについて考えましょう。どの記号が重要で、どのアイコンが合うかを考えます。

準備フェーズにおける4つの質問：

- 内容　　　　　　　何を描きたいか？
- 目的　　　　　　　何のために描くのか？
- ターゲットグループ　誰に情報を伝えたいか？
- 媒体　　　　　　　どのツールを使うか？

どこに視覚化を適用できるか？

視覚化はフリップチャートから付箋紙まで、iPadでも手帳でも、あらゆる媒体で行うことができます。書きやすいペンがあれば半分勝ったも同然です。書きにくいペンは思い通りに描けないので、出だしからイライラさせられてしまいます。

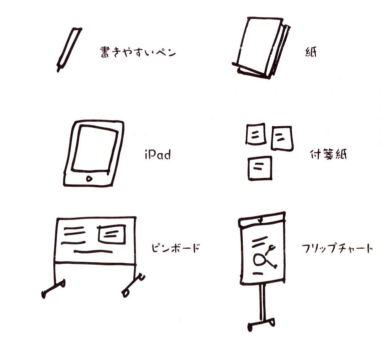

エキスパートのヒント
フリップチャートやスクリーンの使い方

フリップチャートの使い方はいろいろ考えられます。目的に応じて、テーマを上部に書いても中央に書いてもいいでしょう。

質の良いペンを使い、どのペンもきちんと書けることを確認しておくひと手間が大切です。3〜3.5cm以上の大きな文字を書くようにしましょう。ペンは正しい持ち方をしてください。まっすぐに立てて、幅の広い面を使って書きます。

さらに、枠線、箇条書き、シンプルな記号なども使います。チョークがあれば、後から色を足すこともできます。

目標はフリップチャートを意味のある構成にして、目を引く作品を作ることです。

デザインシンキングでは、たとえば実寸大のペルソナ、顧客インタビューでの洞察、アンケートの画像、アイデアのスケッチ、カスタマー・エクスペリエンス・チェーンなど多くの視覚化を使って巨大な壁を作ることがよくあります。最終的に、各チームがそれぞれの方法でスペースを構築します。ファシリテーターはヒントを与えて、最後には部外者にも分かりやすい「ジャーニー（工程）」になるようにします。参加者がプロセスのどの地点にいるのかを示すには、たいていは大判の付箋紙があれば十分です。経験から言えば、線や矢印で要素のつながりを示し、マップを構築することで、全体像が浮かび上がります。

少ないほうが多く伝わる！

文章が多い

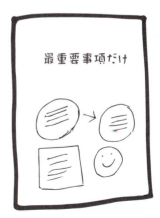
最重要事項だけ

エキスパートのヒント
Just do it! Now.（とにかくやってみよう！今すぐ！）

視覚化の方法を学びたいなら、巷には本やトレーニングコースがあふれていますが、そのほとんどは1つの特定のアプローチを唯一の正攻法として紹介しています。対照的に本書では、デザインシンキングのマインドセットに任せます。モットーは、「Just do it! Now.」（とにかくやってみよう！　今すぐ）です。

どういう意味？

私たちには独自の線、独自の円や楕円を描く勇気があります（時にはひどくゆがんだ形になるとしても）。少しでも早く練習に取りかかれば、ゆがんだ線さえ自分の味にすることだってできるのです。自分の記号やアイコンについては、一般的な記号やアイコンの教科書を真似するのではなく、クリエイティブになりましょう。これは言語と似ています。「言葉の意味は言語における使用に帰する」とルートヴィヒ・ウィトゲンシュタインも言っています。これは記号とアイコンも同じです。視覚化する内容と視覚的文化が主な役割を果たします。

ですから、とにかくスケッチと視覚化を今すぐ始めましょう。いつでもどこでも取りかかることが新しい言語にどっぷり浸かる唯一の方法です。私たちはイメージの世界に生きているとはいえ、とてもシンプルな物事でさえイメージにするのは難しいですし、複雑なストーリーやテーマであればなおさらです。視覚化の実際の作業だけを訓練していてはだめで、想像力を鍛え、絵やイメージで考える練習もしなければならない理由はここにあります。毎日こつこつ頑張りましょう！

ここまでのポイント
アイデアを分かりやすく視覚化するには……

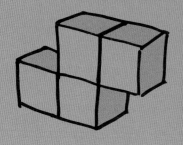

- 描く勇気を促して認める文化を確立します。
- シンプルで分かりやすい絵を描きます。視覚化は芸術ではなく手段です。
- 主要コンセプトや文を系統立ててイメージ、アイコン、棒人間に置き換えます。
- 脳に対するイメージのインパクトを利用します。イメージのほうが深いインパクトを与えます。
- 異分野連携チームのコミュニケーションの問題を絵で解決します。この方法なら言語や文化の壁を超えられます。
- 絵や視覚化したストーリーを使って会議において知識を伝達します。
- シンプルな絵やグラフィックを使います。
- 早く伝わるので、だらだらと文を書くよりスケッチしましょう。
- 視覚化は言語のようなもの。練習して実践する必要があります。Just do it! Now.（とにかくやってみよう！ 今すぐ）

2.4 ストーリーをデザインする

　数千年にわたる人類の歴史は、常に優れた物語(ストーリー)がつきものでした。古代には物語の語り部(ストーリーテラー)という職業が存在していたほどです。現代では書籍や新しいデジタルメディアがその役割を担っていますが、人が優れた物語を欲する気持ちは変わりません。

　ずいぶん時間がかかりましたが、ようやく商品やモノも素晴らしいストーリーを物語ることができることが発見され、活用されるようになりました。たとえば、ポップアートデザインの象徴的存在である建築家ガエターノ・ペッシェは、モノの主たる存在意義が消費でしかない限り、人とモノの間には隔たりがあると言いました。

　なぜペッシェを例に挙げたかというと、ピーターがペッシェに対する憧れを熱く語っていたからです。特に1960年代に発表された「ラ・マンマ」と呼ばれるUP5チェアの大ファンです。このチェアがプリヤに似ているかどうかはさておき、後ほど、なぜ想像力が重要なのか、それがストーリーテリングとどのような関係があるのかについて説明します。

　まずはUP5チェアに関する情報をご紹介します。このチェアのフォルムは女性をかたどり、前史時代の豊穣の女神をイメージしたもので、「ラ・マンマ(母)」という名前もそこに由来しています。ペッシェはアイデアを実現させるため、革新的なテクノロジーを使って内部の耐力構造を必要としない大きな発泡成形のパーツを作りました。真空技術のおかげでこの家具は体積の10％にまで圧縮して真空包装することができるので、購入者は簡単に自宅へ家具を持ち帰ることができます。包装を開封すると「ラ・マンマ」は元の形とサイズに戻るのです。

ラ・マンマ、ペッシェ作 1969年

1960年代まで、デザインにおいては機能性が重視されていました。多くのデザイナーは消費者と製品の関係を主に実用性という観点から見ていました。1970年代になってようやく一部のデザイナーがこのパラダイムに異議を申し立てたのです。彼らは「非機能特性」や芸術的要素や装飾を製品に加えました。これはモノとの関係が単に主な機能だけではないことを示しました。それ以来、機能が主役ではなくなることも多くなっています。より総体的なモノとの関係が出現し、消費者にとってはより深い意味を持つようになりました。この深い意味がなければ、製品は消費者の目から見て完成されていないことになります。つまり、消費者が実際のデザイナーになったということです。消費者はモノと親密な関係を築くことでモノの意味を創り出します。このような行動を若い学生が取っているのをリリーは見ています。学生はスマートフォンと非常に密接な関係を持っているので、ペットのように名前まで付けているのです。

カールトン、ソットサス作、1981年

想像力が購入を促すのはどんな時か？

「フォーブス」誌の見出しに、優れたストーリーテリングは顧客獲得率を最大400％も増大させるとありました。思わず¥マークが目の前にちらついてしまいます。あらゆるサービスや商品における究極のテクニックは、それに対する欲求を維持することにありますが、この欲求は主にそのモノと消費者との関係に基づいています。ところが、欲求を満たすのは、モノや商品そのものではなく、モノや商品との関係性です。夢に見たアメリカ製電気自動車を手に入れたピーターは、自らの欲求を「育てる」現代的消費者の1人です。これまで知られていない特性を持つ商品は、現実の限界を超えた情熱で私たちを満たすことができます。この状態は白昼夢や、空想と現実がもたらす幸福感に似たものがあります。一般に、誰もが何かを所有したいけれど所有できないというジレンマに直面しています。

商品を購入したらどうなる？

新しい商品のほうが完璧な体験をもたらしてくれると感じられるのは、すでに所有しているモノはもはや完璧な体験を象徴していないからだと思われます。商品を実際に使用することで、事前に描いていたその商品にまつわるファンタジーや夢を体験する機会が与えられます。これは商品を購入して使用したとたんに他のものと交換が利くものになるという意味ではありません。消費者は自分の個人的所有物を特別なものに変える力があるのです。

商品のストーリーを適切なコンテキストに当てはめるには

ストーリーは消費者と商品のさまざまな関係を描くための優れた手段です。商品によっては、特にファッションにおける優れたストーリーは、衣服の機能性や品質よりも大きな価値を持ちます。ストーリーのおかげで、消費者は購入した衣服を自分と一体化させ、外の世界に自分のファッションスタイルを示すことができるのです。ストーリーテリングには観客に「ねぇ、これはあなただけのものだよ！」と語りかける力があります。

一般に、商品を認識する上で重要な3つのタイプのストーリーがあります。

1. メーカーが生み出す商業的ストーリー。 たとえばコカ・コーラはマーケティングにおいて卓越したスキルと巧妙さでストーリーを使いこなしています。「スカッとさわやかコカ・コーラ」などのキャッチフレーズや、何世代にもわたってクリスマスの風物詩として定着しているコカ・コーラのクリスマスストーリーなどは誰もが知っています。現在のコカ・コーラはもっと個人をターゲットにしており、ラベルに名前が入った「ネームボトル」や「ウチのコークは世界一」キャンペーンなどを展開していますが、ブランドイメージがすでに無意識に刷り込まれています。

2. ユーザー発信/ユーザーに関するライフスタイルストーリー。 こうしたストーリーは、車、バイク、時計などの高級品で感情に訴える品物に使用されることがよくあります。消費者は特定のライフスタイルを追求するためにこうした商品を購入します。短編映画のようにストーリー性があり感動的なCMなどがその好例です。ストーリーは実際の商品をはるかに超えて消費者と親密な関係を築きます。いわゆるファンクラブに支持されるケースもよくあります。

3. 具体的な記憶の特性に関するストーリー。 こうした個人的なストーリーは、個人の過去の思い出に根付いているため、一人ひとり大きく異なります。

エキスパートのヒント
どのように共感をデザインに組み込むか？

優れたストーリー、または見事に語られたストーリーは、必ず典型的な話の流れに沿っています。その流れの中で物語の緊張感が高まり、聞き手の興味をそらしません。

この緊張感の高まりは不可欠な要素で、出だしの瞬間から徐々に盛り上がり、最後まで途切れることはありません。

優れたストーリーには通常、5つの要素が含まれます。

- 感情に訴える幕開けの状況
- （好感が持てる）主人公
- 主人公が乗り越えなければならない対立と障害
- 分かりやすい展開と変化（「ビフォーアフター」効果）
- クライマックス（ストーリーの結末または教訓を含む）

優れたストーリーは観客の感情を揺さぶり、メッセージを訴えかけます。優れたストーリーを語るには、ターゲットグループを熟知しなければなりません。ここでも、事前に共感を高めておくことがきわめて重要です。共感についてはすでに詳しく説明しているので、このセクションでは共感型デザインを他のデザインアプローチの文脈でとらえてみましょう。

多くのアプローチが共感型デザインの発展に貢献

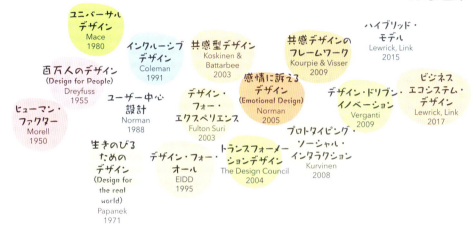

し、または同様の考え方の基礎となっています。

共感型デザインとは、言葉にならない顧客ニーズに基づく商品やサービスの開発です。過去数年間に登場した新しいツールによって、企業が顧客の意向を理解して顧客の視点から状況を体験できるようになりました。この体験から商品について重要な情報が導き出されることも多いのですが、この情報は通常の市場分析やよく知られた共感ツールでは掘り出せないものです。

多くの会社では、このようなアプローチが商品開発の主要部分になりつつあります。いわゆる第三世代（高齢者）スーツの使用が良い例です。このスーツのおかげでデザイナーやプロダクトマネージャーが高齢者の限られた身体能力を実際に体験すること

ができます。他にもテクノロジーをそれほど必要とせず特定の感覚を体験する方法もあります。高齢者疑似体験研修では、高齢者の身体状態を疑似体験することができます。角膜のくもりや黄斑変性を疑似体験できる眼鏡は、こうした機能の低下によって日常生活がどのような影響を受けるかを体験することを可能にします。眼鏡の他にも手袋で感覚が限定される状態やヘッドフォンで聴力低下を疑似体験できます。こうした体験は商品、サービス、プロセスの開発に役立ちます。

どうすれば…
世界のトップ企業のようにコミュニケーションできるか?

　自分の活動の目的を想像できる時のほうがモチベーションを持ちやすいのは誰でも同じです。そのほうが、定めた目標に到達できると強く信じることができるからです。だからこそ「Why（なぜ）」から始めることを常に推奨しています。ゴールデンサークルのモデルでは、「Why」が中心にあります。大脳辺縁系（Why）は脳の中心にあり、感情とイメージによって導かれます。ここでは行動と信頼、感情、判断を扱います。

　成功する企業は常に明確なビジョンとともに「Why」を中央に置きます。このような会社では、社員は自分がなぜ朝起きて仕事へ行くのか分かっています。たとえば、Spotifyでは音楽を世界に届けるという大きな使命があります。

　「How」（どのように）はどのように仕事を行い、そのプロセスのうち「Why」の問いから生まれたものはどれかを説明します。この点でよく例として取り上げられるのがAppleです。

　論理的思考脳（What）はゴールデンサークルのモデルの外側に位置します。理性、論理、言語が関わる部分です。「How」は2つの要素をつなげ、あるものをどのように行うかというプロセスを説明します。

　ゴールデンサークルの発案者であるサイモン・シネックは、人がモノを買うのは何を（what）生産しているかではなく、なぜ（why）生産しているか次第だ、と指摘します。これこそ、常にWhyから始めるべき理由です。同じモデルが内部コミュニケーション（デジタル変革など）にも当てはまります。成功するビジネスリーダーはゴールデンサークルのモデルの内側から外側に向かってコミュニケーションします。社員はあることをなぜ、どのように、何をしているのかが分かっています。

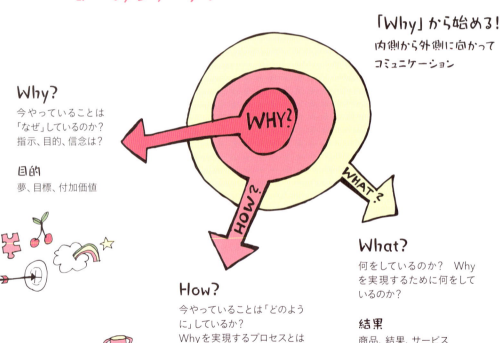

ゴールデンサークル

「Why」から始める!
内側から外側に向かって
コミュニケーション

Why?
今やっていることは
「なぜ」しているのか?
指示、目的、信念は?

目的
夢、目標、付加価値

How?
今やっていることは「どのように」しているか?
Whyを実現するプロセスとは何か?

プロセス
USP（独自の売り）、主要価値、ワークフロー

What?
何をしているのか? Whyを実現するために何をしているのか?

結果
商品、結果、サービス

エキスパートのヒント
ストーリーで感情を揺さぶる

感情を揺さぶるストーリーを生み出す確実なツールはミンスキーのスーツケースです。

今この瞬間にスーツケースがどこにあるのか分かっていますか？

ほとんどの人は自分のスーツケースが今どこにあるのか考えてもいないでしょう。押し入れやクローゼットのどこかにしまわれているのが普通です。休暇が終わっていつも通りの毎日に戻ったら、コート・ダジュールの高級レストランやモルディブの白い砂浜のビーチの思い出はすぐに色あせはじめます。休暇の最後の思い出は、スーツケースの内ポケットに隠れた数粒の砂です。かつてスーツケースは別のライフスタイル、もっといい人生、楽しくリラックスしてスケジュールにややこしいことが何もない、本来あるべき人生の代名詞でした。

深く考えたことはないかもしれませんが、スーツケースの中身は基本的に4種類の異なる用途があります。

1. 日常生活用品（歯ブラシ、靴下、着替え）
2. とても大切だがあまりスペースを取らないもの（写真、お守り、日記）
3. 人に見せびらかしたいもの（ジュエリー、ファッショナブルなスカーフ、おしゃれなサングラス）
4. 旅行中に購入したいもののための空きスペース

荷造りしたスーツケースはその人の人柄の縮小版であり、きっちり、ぐちゃぐちゃ、誰かの真似、独自のスタイル、過去の冒険の名残を引きずっている、など人それぞれです。

旅行をする時は誰でも、自分に一番しっくりくる、つまり人生のイメージを反映しているスーツケースを持っていると言えます。

感情に訴えるストーリーを語るには、スーツケースがよい出発点になります。屋根裏から古いスーツケースを引っ張り出すか、フリーマーケットで新しいものを買います。第2のステップは、スーツケースやその中身との関係を築き上げます。なぜスーツケースは屋根裏に忘れられていたのか？　そこにはどんなストーリーが考えられるか？　少し時間を取って、モノと前の所有者との関係についてちょっとした架空のストーリーを書きます。

たとえば、スーツケースに古く重たい冬のコートが入っていて、デザインの課題は新しい石けんを作ることだとします。形、香り、色についてはデザインチームに何も制約は課されていませんが、デザインするのは石けんだけではありません。パッケージングとマーケティングコンセプトも創り上げなければなりません。古い冬のコートという想像力を刺激するフレームワークから、次のようなストーリーが生まれることもあります。

「冬の間、ある老婦人が窓から外を眺めています。孫のために夕食の支度をしながら、凍り付いた道路を見ています。孫たちにまた会えるのがとても楽しみですし、できるだけのもてなしをしたいと思っています。ところが、彼女は突然、重要な材料を忘れていたことに気付きます。寒い冬空の下、材料を買いに外へ出なければならないので憂鬱になります」

商品候補として、とてもシンプルな昔ながらの手作り石けんで素朴なパッケージの「サボン1890」、古い杖の体験に基づく「ソープクリスタル」の2例があります。

エキスパートのヒント
感情的ニーズを生むストーリー

誰もが知っていることですが、直接的なユーザー調査では、回答者が自分の行動について模範的な回答をして実際の自分自身について答えていないという問題が起こります。回答者には目標と希望について尋ねますが、回答にはごくありきたりな洞察しか含まれません。より感情的なレベルでユーザーに迫るには、空想に基づくストーリーを提示して、より深く掘り下げてその人の真のニーズと欲求を明らかにするという方法があります。

あるプロジェクトではインタビューの冒頭に、お気に入りのファッションアイテムが人だったらと想像してくださいと伝えました。次に、その人柄を説明するための質問をしました。

- お気に入りのファッションアイテムの名前は？
- その人は何歳で、職業は何ですか？
- 恥ずかしがり屋ですか？ それとも社交的ですか？
- 生まれはどこで、結婚はしていますか？

商品についてこのように話すことで、インタビューを受ける人はお気に入りのファッションアイテムについて考え、そのモノを社会的・感情的コンテキストに入れて考えることができました。残りのインタビューはこうした空想を基に進めました。回答者には次のように想像してくださいと伝えました。「その人が困難な状況に陥りました。運よく、その人はその状況から抜け出すための特殊能力を持っています」。まず、回答者はその状況を説明するよう求められ、その状況の中で何らかの役割を演じるよう要請されました。ここでの質問は次のようなものです。

- 周囲はどんな様子ですか？
- 他に人はいますか？
- 足元には何が散らばっていますか？

理想的なケースでは、回答者はその人物が困難な状況からどのように抜け出すかについてちょっとしたストーリーを書きました。現実的に可能か不可能かはあまり深刻に考えないようにと指示されました。全体のアクセントとして絵があれば申し分なく、ストーリーの長さ、内容、深さも重視されませんでした。

デザインプロセスはこの情報を基にします。その裏にある発想とは、モノが感情的ニーズを満たさなければならないということ、そして筋の通ったストーリーはこうしたニーズを届けるには最善の方法だということです。

私のお気に入りのファッションアイテムはバケットハットです。名前はアレックス。34歳の小悪党！

殺し屋の生活

エキスパートのヒント
未来のビジョンを伝えるためにストーリーを語る

人気のスタイル、おしゃれなコンビネーションや色などのデザインのトレンドは真のトレンドではありません。これらの属性は氷山の一角にすぎません。真のトレンドを特定するには、深く掘り下げる必要があります。これが雑音をあぶりだす唯一の方法です。行動、信念、社会的圧力の変化がトレンドを形作ります。

シナリオとはさまざまな可能性を描いたものであり、これを基に明日のための決定を今日下します。シナリオは予測でも戦略でもなく、むしろさまざまな未来に至る道に関する仮説のようなものです。実際ありうる戦略についてそれぞれリスクと機会を特定できるような方法で描かれています。シナリオを効果的な計画ツールとして使用するなら、心をつかむと同時に説得力のあるストーリーという形でデザインしなければなりません。こうしたストーリーは、たとえば組織を成功に導く未来のシナリオについて、さまざまな代替案を描きます。この描写がよく練り上げられていて信ぴょう性があれば、意思決定者はシナリオに没頭することができ、さらにはこの経験を基に、これから起こりうる変革に組織がどう対応できるかについて理解を新たにすることさえできます。より多くの意思決定者にシナリオを紹介するほど、その重要性の認識も高まります。さらに、分かりやすい内容のシナリオは組織全体にもすぐに吸収されます。こうしたメッセージは社員やあらゆるレベルの管理職の記憶に残りやすいものです。

ビジョンに基づくプロジェクトに未来のシナリオを用いることは、プロジェクトやプロダクトマネジメントの日常業務とは異なります。シナリオは起こりうる未来への意欲を引き出すガイドです。ビジョンに基づくプロジェクトは組織全体の意欲を高め、既存のテクノロジーを疑うことに役立つだけでなく、個々の社員を奮い立たせることもできます。そのため、未来のシナリオは組織に素晴らしい影響を及ぼすように見えますが、未知のものを扱うだけに調整は難しくなります。組織が変革を始められずに、元通りの日常のルーチンに戻ってしまうことも少なくありません。未来への変革に対する準備が十分に整っていなかった場合は特にそうなりがちです。この逆戻りを防ぐため、Siemensのような企業は定期的に「Pictures of the Future」というウェブマガジンを発行しています。

どうすれば… 未来像を描けるか？

「Pictures of the Future」(Siemens社) は現実的な現在のトレンドを遠い未来のシナリオと結び付け、ビジネス活動の方向性を一致させて導くことを目指しています。作成された未来のシナリオをうまく使えばデザインシンキングの出発点の質問を形成または再定義できるので、チームでのクリエイティブな問題解決のプロセスをさらに勢いづけることができます。

ステップ1：今日の世界から推測する

会社の日常業務から始め、トレンドを見て、そこから近い未来の自社がどのような姿になっているかを推測します。業界レポートやエキスパートとのインタビューなど、さまざまなソースからのデータと情報を分析します。目標に到達する近道は、インターネットから無料で入手できる内部トレンドレポートや市場分析など業界の既知のトレンドを拠り所にすることです。たとえば、Gartnerによるテクノロジーのハイプ・サイクル（特定の技術の認知度、採用度、成熟度、社会への適用度などが、時間経過とともにどのように変化していくかを表した図。「黎明期」「流行期」「幻滅期」「回復期」「安定期」の5つの段階で構成される）を出発点にします。最善の流れは、最初にトレンドの予測リストをまとめ、チームで簡単にディスカッションし、予想重要度、影響度、関連業界の成熟度を記録することです。

ステップ2：戦略的ビジョニングを適用する

自社が注力している事業や専門分野の盲点から自分たちを完全に切り離し、さまざまな遠い未来のシナリオを、完全な部外者の視点でデザインします（例では4つのシナリオが理想的だと分かりました）。遠い先のシナリオを扱うため、世界的な調査を含む綿密な研究が通常は実施されます。ありがたいことに、Siemensがすでに「Pictures of the Future」で多くの業界についてこの作業を行い、その成果を無料で公開しています（エネルギー、デジタル化、産業、自動化、モビリティ、医療、金融などの部門）。好調かつ建設的で収益の上がるシナリオを選び、次のように自問します。「当社はこのシナリオにどうすれば最大の貢献ができるか？ 何をして、何を提供する必要があるだろうか？」。思考の中では未来に留まって、現在の会社のプロセスや構造に影響されないようにしましょう。

ステップ3：明日の世界から「逆推測」する

シナリオから逆推測を行います。ここでのポイントは、未来のシナリオの「既知の」事実から現在についての結論を導き出すことです。ステップ1の結果をステップ2の結果と並べ、組み合わせ、それが現在の自社の照準や方向性について何を意味するかを非常に具体的な言葉で推測します。どの方向でイノベーションと調査を行うべきですか？ どのスキルを伸ばす必要がありますか？ どんな人材を採用するべきですか？ 今後生じる課題や機会に備えるためにプロセスをどのように再設計すべきですか？

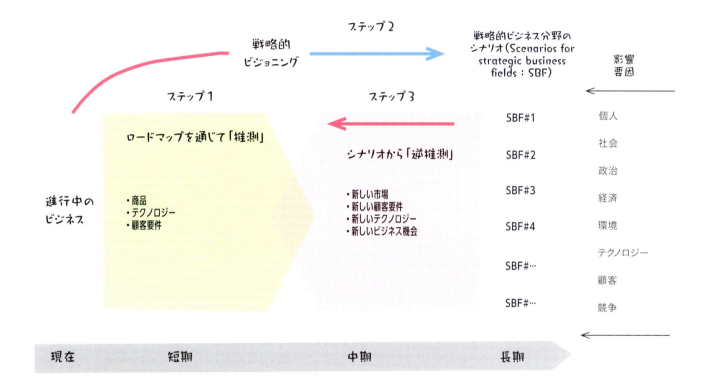

エキスパートのヒント
デジタルストーリーテリング

練り上げられたデジタルストーリーテリングはますます重要度が高まっています。誰もが毎日さまざまなデジタルツールを利用し、それに応じて大量のデジタル言語を消費しているからです。デジタルストーリーテリングは会社の見解をより詳細に表現し、感情を使ってさらに注目を集める機会を与えてくれます。

ストーリーテリングを構成する「ストーリー」と「テリング」という2語は、コンテンツとパフォーマンスを表します。従来のストーリーテリングはナレーターがいて、観客の前で演じます。非言語の反応はナレーターにとって聴衆がどれだけ自分の語りについてきているかを評価する手掛かりになり、ナレーターはその場で反応することができます。デジタル世界にはこうした非言語反応は全くありません。他のツールを使ってデジタルの潜在的オーディエンスに対する共感を高める必要があります。

使用できるメディアとしては、さまざまな映像から音声配信やウェビナーまで幅広い選択肢があります。適切なコンテンツとメディアを選ぶには、ターゲットグループを深く把握することが重要です。いわゆるバイヤーペルソナを作成して潜在的顧客から以下の情報を得ることをお勧めします。

- なぜ当社から購入するのか？
- 顧客はどのように当社を見つけるのか？
- 販売プロセスでどのような質問が向けられるか？
- 顧客がソリューションを探す動機は何か？

誰もが複数のレベルで対象となるため、ブランドに結び付けられる感情的要素と知的要素はどちらも等しく重要です。これがこのコンテキストにおいてストーリーテリングをデータと事実で肉付けするのに役立ちます。また、ユーザーにコンテンツを生み出すことを奨励するという方法もあります。

デジタルストーリーの興味深い例としてレゴが挙げられます。

課題：昔ながらの子供用おもちゃを新たにとらえ直す

キャンペーン：90分の「レゴフィルム」

代理店：ワーナー・ブラザース（カリフォルニア州ハリウッド）

ソリューション：子供も大人も楽しめる良質な映画で、年齢を問わず誰もが想像力豊かなビルダーだというメッセージを伝える

デジタルストーリーテリングのマインドセット

1
ストーリーやメッセージは短く！

2
ストーリーの内容は直線的で筋が分かりやすいことを確認する。

3
言葉よりビジュアルを！画像や映像を使ってストーリーをもっと豊かに！

ここまでのポイント
ストーリーを語るには……

- 形式や素材に注目するだけでなく、商品をエクスペリエンスに変えます。目標は消費者の想像力を刺激することです。
- 五感に訴えてユーザーの総体的エクスペリエンスを生み出します。
- 優れたストーリーの焦点、シンプルさ、インタラクション、ブランディングといった成功要因を活用します。
- 意欲をかきたてるような未来のシナリオを作成します。これがビジョンを定め、伝えるのに役立ちます。
- ユーザーに対する共感を高めます。共感はすべてのストーリーの基盤です。消費者はニーズを満たすことを求めているからです。想像と欲求をかきたてます。
- ユーザーの周辺にいる他の人たちとともに盛り上げて、鮮やかで心躍るストーリーを語るようにします。
- ミンスキーのスーツケースのようなツールからインスピレーションを得ます。新たな洞察を得てストーリーを創作する上で役立ちます。
- 毎日膨大なデジタルワードが消費されています。デジタルストーリーを重要な媒体ととらえることでユーザーの注目を高めます。

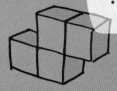

2.5 ファシリテーターとして変化を促す

　誰でも時にはファシリテーターの役を務めます。たとえば、ジョニーは、クリエイティブな空間を開発するデザインシンキングのワークショップに、ファシリテーターとしてリリーを招待しました。また、マークはファシリテーターとなることによってd.schoolでスタートアップに最適なチームを見つけました。そのため、ファシリテーターは多くの企業や起業プログラムでもてはやされているのです。このトレンドは、ピーターが現在、研修のファシリテーターとして山のようなオファーを受けているという事実からも見て取れます。オファーの内容は「U理論」のコースから「アート・オブ・ホスティング」キャンプまでさまざまです。後者については、ファシリテーターはホストとも呼ばれ、参加者全員が気分よく安心して変革に臨めるように努めます。こうした新しいコンセプトはピーターにはやや宗教がかって聞こえますが、かつてはデザインシンキングについても同じように思っていながら今では完全に納得して支持しているのです。

ファシリテーターに欠かせないものは？

　ピーターは、コ・クリエーションマネージャーでありファシリテーターを務める立場として、新しいアイデアの「着火点」のトリガーとなることを意識し、対話、明確さ、問題提起文への関与、積極的な参加の推進を通してそれを実現しています。チームをサポートするために幅広い意見を紹介し、これが最終的に素晴らしいソリューションへとつながります。

　ファシリテーションの結果として生まれる決定は持続可能性が高く、多数に支持される内容になります。つまり、ファシリテーターが与えられる最高の付加価値は必要な対話の仕組みと文化を創出することであり、これによってチームは問題提起文に対する最高の決定を見つけることに集中できるようになります。

　ディスカッションやアイデアの交換は2つのカテゴリーに分類できます。1つ目は決定に至ることに主眼を置くものです。アイデアと情報の交換に焦点を置くディスカッションは別物であり、2つ目のカテゴリーに入ります。

　変革の実施が成功するのは、社員が一丸となってその変革に関与している時です。会社の成功は新しい商品とサービスだけにかかっているのではなく、組織が変革のプロセスにおいてステークホルダーの知的資本をどのように取り入れるのかも鍵を握っています。

　ここに、ファシリテーションの姿勢とそれに対応するメソッドやアプローチが、今日では組織や企業の成功に欠かせない要素であるとみなされる理由があります。

理想的な意思決定プロセスがどのようなものかという考え方は人によって違います。発案、意見交換、分析という一連の論理的なプロセスを経て決定に至るべきだという観念を持つ人もいます。この観念によれば、グループ全員が同じスピードで考え、直線的に前進し、同時にソリューションを得るために、同時に質問から始めます。

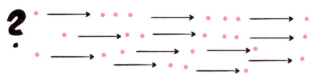

　また、「希望の原理」に従う人もいます。この原理は、グループのメンバーはそれぞれ違う意見を持つが、共通の意見にまとめることはできるという考え方です。ソリューションはそれほどの逸脱も苦労もなく見つかります。

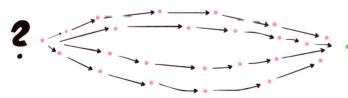

　多くの場合、簡単な解決策のない大きな問題に直面します。こうした問題は複雑なものです。多大な忍耐力を要し、あらゆるアイデアや意見を動員しなければ解決策にたどり着けません。ピーターは、厄介な問題の解決策について経営上層部に決定案を提示する時によくこのような状況に置かれます。厄介な問題とは、大都市の交通渋滞を大規模なデジタル化ソリューションまたは新しいテクノロジーで緩和せよ、といったことです。たいていの場合、反応として「そんな案はうまくいくわけがない！」とか「市場は小さすぎるしステークホルダーが多すぎる」といったキラーフレーズが返ってきます。これは、意思決定者が解決策を精神的に受け入れられない、あるいは受け入れたくない時、または変革が期待していたよりも深い部分にまで及ぶかもしれないという恐怖に突き動かされている時に必ず起こります。複雑な相互関係は理解するのがなかなか難しいものだからです。

経営会議でピーターは、問題は議論されているのに、かなり手強いムードが蔓延しているおかげで決定が無期限延期されるのを何度も見ています。あるいは、議論すらされていない決定が行われることもあります。多くの場合、発散フェーズからの多種多様なアイデアを検討さえせずに上司が決定してしまいます。

これの何がそれほど問題かと言うと、すべての発散エネルギーとアイデアがプロセス全体のスピードを落としてしまっている点です。議論されない発散アイデアはすべてのプロジェクトフェーズで再度掘り起こされ、プロセスに取り込まれます。

このような決定では、チームはまだ忙しくアイデアを出している最中で、ソリューションとなるべきものは実はまだはるか遠くにあったということも多いのです。セクション1.2「各フェーズを理解する」でグロウン・ゾーンについて取り上げました。ここで再び強調しなければならないのは、チームやグループにとって新しい矛盾するアイデアを受け入れて取り組むのは容易ではないという点です。プロジェクトを進めたいのに、チームのエネルギーがてんでばらばらに向いてしまい、焦点に向かっていないことに気付きます。

アイデア発想の瞬間はたいてい、グループのメンバーは自分たちがどこへ向かっているのかが分からない状態です。特に複雑な質問では、こうした状況は不愉快で困難で、ただただうんざりすると思われています。グループはこの状況を機能不全と感じることが多いのですが、実は全くそうではないのです。どんなグループもチームもこの羽化の段階を通過します。ファシリテーターは全員が苛立ちや混乱や分裂を耐え抜けるように手助けします。

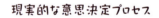

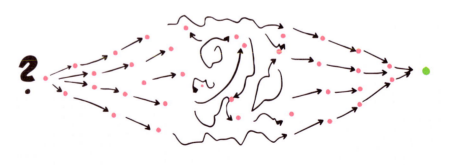

どうすれば… ファシリテーションがうまくいくか？

ファシリテーションの9つの原則

ファシリテーターはさまざまなメソッドやアプローチを利用しますが、これらは9つの原則に基づいています。この原則はファシリテーターにとって、すべてをつなぐ金の糸です。

1. 仮説と結論

人は常に仮説を立て、属性を使い、結論を導き出し、あるいはよくある先入観に左右されます。それは問題ではありません。事態が難しくなるのは、それに気付いていないか、自分たちの仮説が真実だと思い込んでいる時です。うまくいっているグループでは、こうした仮説は何度も見直され試されます。

2. 関連情報の共有

これは質問に直接関連するデータや情報だけでなく、プロセスに影響しうるすべての情報を指します。

3. 具体的な例の使用

多くのプロジェクトでは、情報やデータはあいまいな形で突然もたらされ、その背景や提供者、現場情報などが不明瞭な状態です。

4. 意図と結論の説明

意図とは追求する目的を示します。意図と結論を説明する時は、どのように特定の情報にたどり着き、どのように結論を導き出したかという洞察をグループと共有します。そうすれば、グループがさまざまな視点に対してよりオープンになります。

5. 見解ではなく関心に焦点を当てる

関心はニーズや欲求に関わるものであり、状況によって変わるものですが、見解とは状況に関する頑なな意見として見なければなりません。うまくいっているグループは自分の関心を伝えて共通の関心を築きます。

6. 擁護とインクルージョンの組み合わせ

グループでは、ディスカッションで意見を述べているはずが独白の連続になってしまい、真の意見交換にならないことがあります。あるものを擁護しながら他の意見にも言及することで、より効果的に学ぶことができ、より高いレベルで問題を理解することができます。

7. 次のステップの進め方を決め、異なる見解を評価する

グループは自分たちでどの中核的テーマをいつどのように話し合うかを決め、どのような方法で認知プロセスを妨げずに異なる見解を並べることができるのかを決めます。

8. 議論できないトピックの議論

グループには常に悩まされる中核的テーマがあり、これについては成果が上がらないことを恐れて議論できなくなっています。グループには全く歯が立たないように見えるトピックにも立ち向かうように力を与えることができます。

9. 適切なコミットメントレベルに基づく意思決定プロセスのサポート

意思決定プロセスにはさまざまなルートとタイプがあります（委任、合意、多数決、協議、勧告プロセスなど）。その受け止め方は抵抗や不服従から順守や内部コミットメントまで段階があります。

ファシリテーションは会社や組織におけるあらゆるタイプの転換や変革に役立ち、そうした変革にまつわる社内文化の発展から戦略定義まですべての課題にも対応できます。

エキスパートのヒント
対話の適切なシステム

チームをまとめて対話を推進するには？

ファシリテーターにとって主役は常にプロセスです。コンテンツについては、ファシリテーターは中立的立場を保ちます。ファシリテーションでは常に、専門知識、情報、深い洞察をその会社から引き出せることを前提とします。ファシリテーターは適切なシステムでアイデアを交換できるような雰囲気を作ります。この交換は、一貫性があり正確で効果的な連携を成功させることを目標とします。

ARE INの公式によれば、適切なシステムは以下のような参加者によって構成されます。

Authority（権限）：変革を開始する権限を持っているのは誰か？
Resource（リソース）：特定の必要なリソースを提供するのは誰か？
Expertise（専門知識）：経験と非常に幅広い知識を持っているのは誰か？
Information（情報）：誰が（非公式のものを含む）情報を提供してくれるのか？
Need（ニーズ）：誰が顧客やユーザーのニーズを知っているか？

ファシリテーターのタスクは、チームや会社の既存のリソースと潜在能力をさらに活用することです。そのため、弱点を防止するのではなく長所を活かそうとします。ファシリテーションの原則はリソース主導であり欠点主導ではありません。ファシリテーションはほぼすべての有名なコンサルティング手法の対極にあります。それらはどれも多かれ少なかれ欠点主導だからです。ほぼすべてのコンサルティング会社はクライアントの欠点の補正を目標としており、すでに手元にあるリソースを活用することが目標ではありません。

さらに、ファシリテーションは会社や変革の性質について非常に具体的な前提に基づいています。

- プロセスを信頼する
- 変革の知識はシステムの中にある
- ファシリテーターとして控え目にふるまい、自分を主役にしない
- 意思決定の前にコミュニティを構築する
- コントロールできるものはコントロールして、できないものはそのままにする
- メソッドまたは介入がグループの助けにならない時はやめる
- 焦点を当てたものがやがては現実になる。
- 人は責任ある役割を果たしたり、意義ある仕事をしたいと思っている
- 誰もが全力を尽くしている

こうした前提を基に、ファシリテーターは具体的なアプローチを決めて参加者プロセスを開始し、チームをサポートします。

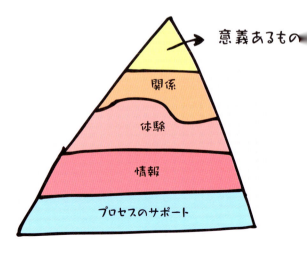

エキスパートのヒント
ファシリテーターのスキル

優秀なファシリテーターが持つべきスキルとは？

ファシリテーションは6つの基礎的なスキルに基づきます。

1. 関係を作る

建設的な連携を構築することです。目的、目標、役割、責任について合意を形成し、連携にはどんな価値が重要かを明確にします。

2. 最適なプロセスとメソッド

最適なグループプロセスを計画し、適切なメソッドを選択することで、積極的な参加を促します。ここで根本的に重要なことは、学習や思考のスタイルが異なる人々をどうすれば巻き込めるかを理解することです。

3. 参加志向型の環境

さまざまな参加プロセスの中で、参加者全員の交流と連携を促進します。これには効果的なコミュニケーションスキルの使用や、コミットメントと態度に関するフィードバックが含まれます。多様性は奨励され、対立は積極的にモニタリングします。

4. 意義ある成果

適切なメソッドを使い、その状況に合ったプロセスをたどることで意義ある成果を生みます。チームまたはグループを当初の質問に立ち返らせることも有効な場合があります。グループが自分自身を知ることが、自らの実験やソリューションを反省して熟考するために大いに役立つことがあります。

5. 幅広い知識

ファシリテーションの手法に関する豊富な知識を活用します。ソリューションや意思決定にたどり着くプロセスを熟知し、プロセス、タスク、コンテンツを区別することにも長けています。新しいプロセス、メソッド、モデルを試してさらにニーズを満たすことを目指し、常に自分を振り返り、学習を続けます。

6. 前向きな姿勢

ファシリテーションとは前向きな姿勢であり、ファシリテーターが自らの態度で手本を示します。たとえば協調性やグループのニーズを考慮する能力などです。ファシリテーターは、自分がグループのニーズを無視してしまっていないかどうか、適切な時点で気付きます。

どうすれば… ファシリテーターとして最適な準備ができるか？

ワークショップを始める前に明確にすることは？

特定のワークショップまたは介入やファシリテーションのメソッドを選ぶ前に、達成すべきことは何か、どのように達成するのか、なぜ達成しなければならないのかを正確に知っておかなければなりません。仕様が明確であるほど、実行も成功しやすくなります。

大人数のグループの前で司会をする前に、なぜこのように大人数のグループが必要なのかについて情報を収集すべきです。目的はすべての参加者にとって魅力的で意義あるものでなければなりません。狭すぎる制限範囲内で策定され構成されるべきではなく、探求と発見の可能性を秘めていなければなりません。終わった後もすべてが同じままなら、ファシリテーションは目的を達成できなかったということです。以下のキーワードは介入の目的を明確化するヒントになります。

- 意識を高めるため？
- 問題のソリューションを見つけるため？
- 関係の発展を促進するため？
- 知識の交換を始めるため？
- イノベーションをサポートするため？
- ビジョンを描いて共有するため？
- 能力開発を明確にするため？
- リーダーシップの成長を促すため？
- 対立を解消するため？
- 戦略や活動を策定して実施するため？
- 意思決定を迅速にするため？

一般に、以下の成功基準を意識しておく必要があります。

- やりとりが非常に活発である
- 関係を確立して深めることが基本である
- 全員が自分を学習者であり貢献者であるとみなしている
- 全員が参加している（ディスカッション、絵を描く、聞く、話す）
- 全員が発言の機会を持つ
- 異なる見解もそのまま受け止められている
- 共有の知見がまとめられる
- 全員がワークショップの後に起きることを明確に理解している

ワークショップをどのように進め、どの質問に答える必要があるか？

以下のようなHow（どのように）、What（何）、When（いつ）、Why（なぜ）、Whom（誰に）の質問をします。

- 何に関する変革なのか？
- どの分野を対象としているのか？
- どんな変革が可能で、目標はどのようなものか？
- 成功とは何を意味するか？
- プロセスの後で会社はどうなるのか？
- 今日は何をする日か？
- 現実はどのようなものか？
- どの長所を見つけられるか？　弱点は？
- プロセスから発展させられる利点は何か？
- 対処すべきニーズは何か？
- 結果の恩恵を受けるのは誰か？　プロジェクトのリスクは何か？
- 何が良かったか？　次回は違う形でできることは何か？
- 次は何をするか？　どのように進めたいか？

ファシリテーターが使えるメソッドは？

　使用できるアプローチやメソッド、およびそのバリエーションは無数にあります。最終的には各自でメソッドの道具箱を持ち、目標を定めた方法で使用しなければなりません。

　1つの可能性として視覚的ファシリテーションと図表による記録があります。その名の通り、情報や対話をリアルタイムで、その場で視覚化することです。視覚化は主に複雑な内容をひとめで分かる絵に転換することが目的です。この方法は特に大規模プロジェクトで変革管理に対する大きなニーズがある場合や、決定的な転換点を記録することを重視した難しい対話にお勧めです。

　誰もが知っている通り、完璧にスムーズに流れていると思われるプロセスにこそ、最適化する最大の余地が隠れているのです。それでも、機能しているように見えるシステムを変更することにはためらってしまいます。

　習慣から解放されるために役立つ思考と行動の方法に、AI（アプリシエイティブ・インクワイアリー：人材開発や組織活性化のアプローチの1つ）があります。これは、与えられた事実を検証することに焦点を当てます。つまり、システム内で完璧に機能しているすべてのものです。

　ワークショップの参加者として、ワールドカフェ、オープンスペース、またはアート・オブ・ホスティングなど会議の進め方のメソッドに基づいたイベントに参加したことがある人も多いでしょう。これらのコンセプトに共通するのは、円形（円を描くような）の対話を目指すという発想です。円形の配置の利点は、参加者がより積極的に連携し、トピックや議論について先導的な役割を担おうとする傾向があるという点です。すべてのグループワーク、特に組織開発の変革を重視したプロジェクトではこの配置を推奨しています。

　直線的というよりも衝動に導かれるように進行できるようにするためのメソッドの1つがダイナミック・ファシリテーションです。このアプローチは意識的に参加者が頭を切り替えることを奨励し、リストに即興で書き留めます。

通常、記録は次の4つのテーマブロックに沿ったリストで行います。

1. 質問と課題
2. 初期のアイデアとソリューション
3. 懸念と反対意見
4. 情報と見解

　ファシリテーターの課題は、このような状況で情報をすばやく取り上げ、常に振り返りの余地を与えなければならないという点です。

　実際、長くてやや退屈なワークショップの後でコーヒーやおやつを取りながら休憩している時に最高の対話が生まれるという効果がよく見られます。オープンスペースという手法はこうした発想に基づいており、ワークショップ自体をフリースペースとしてデザインし、そこで共通のソリューションを見つけるというものです。オープンスペースのアプローチは、たとえばデザインシンキングプロジェクトの最終発表にお勧めです。参加者は自分でアイデアを探求し、好奇心に導かれてトピックに取り組みます。構成のしっかりした進め方をするには、ワールドカフェを開催するとよいでしょう。この目的は、異なるグループの間で知識を共有することです。ディスカッションの後は、参加者がテーブルを移動し、各テーブルのホストが次のグループとの会話を進行します。これも同じ発想に基づいています。目的は、少人数で円形を作って肩ひじ張らずに熱を帯びたディスカッションを促進することです。

ワールドカフェへようこそ！

各フェーズで注意すべきことは？

ここでの登場人物はみな、ワークショップを主催した経験やモデレーターやファシリテーターの役割を務めた経験があります。基本的に、計画と実行では4つのシンプルなステップがあり、次のようにまとめられます。

1. コンテキストを決める
2. 計画を立てる
3. 要求に応じて実行する
4. 振り返りと学習を促す

結局重要なことは、正しい結果に到達し、変革への勢いを生み出す「Wow！」体験を創り出した、あるいはその後の基礎となることを学んだということです。

ファシリテーターは常にグループに意識を集中し、励まし（encourage）、力づけ(empower)、可能性を与えます(enable)。これがファシリテーターにとっての「3つのE」です。

可能性を与える (enable)
力づける (empower)
励ます (encourage)

1. コンテキスト	2. 計画	3. 実行	4. 振り返り
・なぜ？ ・何を達成すべきか？	・具体的に何か？ どのように？ 　誰が？ いつ？ どこで？ ・誰が何をする？ ・何が必要か？	・グループの様子は？ ・没頭状態に入っているか？ ・この方法で目標に到達するか？ ・応用が必要か？	・目標は達成したか？ ・次のステップは？ ・何がうまくいったか？ ・もっとうまくできたはずのものは何か？
・仮定 ・求められる成果 ・目標	・適切なプロセス ・適切な参加者 ・適切な環境／スペース ・適切な情報	・準備（スペースなど） ・出迎え／ウォーミングアップ ・順序／メソッド／ファシリテーション ・結論	・振り返りと学習 ・継続

ここまでのポイント
ファシリテーションを実施するには……

- 関係を作り、メンバー一人ひとりの参加を促します。
- ワークショップの前に意義と目的を明確にします。
- プロセス、参加者の選考、環境、必要情報を慎重に計画します。
- 適切なチーム構成に留意します。ARE INの公式を使います。
- 視覚的ファシリテーションやワールドカフェなどのツールやメソッドを使い、状況に合わせて応用します。
- 多様性を認める余地を作ります。たとえば、文化、意見、ジェンダー、国籍、階層、職能などに関する多様性です。
- ブレインストーミングなど創造力を促すメソッドを使い、参加者がプロセスの困難なフェーズ（グロウン・ゾーンなど）を乗り越えられるようにします。
- 前向きな姿勢を見せ、参加者の良好な状態を確保します。
- 常にファシリテークの9つの原則を意識します（関連する情報を共有し、ワークショップの目標を全員に明確に示します）。

2.6 マインドセットを切り替える

今までにピーターはデザインシンキングで多くのプロジェクトを実施し、革新的で顧客中心のソリューションが生まれてきました。彼の周囲、直属の上司、同僚もデザインシンキングが会社にとって有益であると認めています。それでもピーターは、まだすべてのチームがデザインシンキングのマインドセットを支持しているわけではないことに気付くことがかえって増えています。

同じような考え方の人たちとのディスカッションで、会議で、あるいはフォーラムで、デザインシンキングが適切なソリューションを生み出せることをピーターは認識していますが、それでもまだ多くの組織がこのアプローチを全体に広めることに苦心しています。反感は高まり、マインドセットを変化させるソリューションが求められています。

チューリッヒで最近開催されたデザインシンキング・プレイブック（DTP）コミュニティの会議で、熱心な自転車愛好家であるピーターの同僚が気の利いたたとえ話をしてくれました。

「デザインシンキングは素晴らしいレーシングバイクのように、僕たちが行ったことのないところまで効率よく連れて行ってくれる。でも、レーシングバイクを持っているからといってアルプス越えができるわけじゃない。僕たち自身もそのために身体を鍛えないといけないね」

ピーターは自分の組織が他の多くの企業と同様に、デザインシンキングを徹底的に実践してその結果もすべて引き受けられるほど鍛えられていないと確信しました。

よく見ると同じマインドセットを共有していない部署があまりに多いことにピーターはすぐに気付きました。高級なレーシングバイクを持っていても、ビール腹で運動を全くしていない状態なのです。

ではデザインシンキングの普及を妨げている問題は何か？

ピーターが他のイノベーション担当者と共有している問題は、自分たちが勤めている組織の形式です。

この会社は典型的なサイロ構造（縦割りの組織）であることが過去数年でいよいよ明白になっており、この構造は経営陣にとって、複雑さが増す現状や一層の効率化の要請に対応するために役立っています。サイロ構造では各チームがそれぞれのやり方で最適化を進めるものです。好まれるツールはプロセス改善とオペレーショナル・エクセレンスで、サイロの効率をさらに高めます。一貫した顧客体験を創出するための横断的連携は隅に押しやられている状態です。

このようなサイロ型思考を克服するには、意識的に対策を立て、部署横断型連携を可能にする変革プロセスに着手しなければなりません。これが組織内全体で新しいマインドセットを確立する唯一の方法です。デザインシンキングは、組織がその成果を徹底的かつ均一に実行できて初めて効果を発揮するのです。

どうすれば組織は変われるのか？

多くの会社は多様性のある組織形態を取り、その中のビジネスユニットはそれぞれ違いが大きく、独自の作業プロセスやサブカルチャーを育んでいます。この組織形態は成長途上の組織を管理可能なチャネルへと導くのには役立ちますが、組織要素がばらばらになることで、最優先されるべき会社の意義はその過程で失われてしまいます。事業部門や部署は自分に関係する部分にのみ仕事の目的を見出します。すべての組織単位にとって意義ある目的が社内全体で実践されません。そのような目的が存在したとしても、会社の主要な財務上の数値にすぎません。収益やEBIT（利払前・税引前利益）などの目標値は、全社員に方向性を示し、企業としての目的を掲げるために設定されているものなのですが。

その結果、組織全体で統合と調和の取れた働き方は非常に難しくなります。さらに、モチベーションを高める目標がないため、人間的な、仕事上の目的を持たない関係は隅に追いやられます。

価値創出の変化にどう対応するか？

産業が製造からサービス化（モノとサービスの連携）へと移行しているため、顧客体験は多くの業界で主要商品となりつつあります。

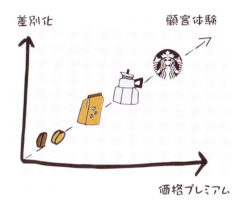

経済的成功は商品の品質ではなく、カスタマー・エクスペリエンス・チェーン全体でニーズが充足されるかどうかによって決まります。顧客が求めている体験は、他の人と共有できるもの、自分の希望を叶えられるものであり、種類は問いません。このため、顧客中心主義は体験型経済における経営の中心的課題の1つに（再び）なりつつあります。デザインシンキングのマインドセットは、顧客中心ソリューションの開発に重要な貢献ができるのです。

成功するビジネスは何が違うのか？

成功するビジネスは、すべての活動とすべての分野と社員が顧客志向になっています。また、たとえば戦略的展望の意識をさらに高める環境を作ることで、顧客とそのニーズを戦略に深く取り込みます。カスタマー・インタラクション（顧客との交流）を重視し、顧客が自社の商品やサービスを体験する環境を向上させることに力を注ぎます。

多くの会社では、これを実現するには従来のリーダーシップの考え方を急激に変化させなければなりません。つまり、リーダーが絶大な権限を握るのではなく、部門別に活動している構造を打開するような文化とマインドセットを目指さなければならないということです。リーダーシップの考え方の変化は、社員が内的モチベーションを高めつつ、同時に組織全体が共有する最優先の目標に向かって活動するような統合型組織形態へ向かうための必要なステップでもあるとみなされています。

デザインシンキングのマインドセットを使って、組織をまとめ上げるような意義を掲げることができれば、変革がさらに促進されます。デザインシンキングは、会社の変革に使える重要なツールを提供するため、方法論として大いに有益なのです。人間中心のアプローチは顧客志向を確立する一助になり、これは顧客をはじめ他の部署の同僚を配慮することも含まれます。経験から言えば、効果的なデザインシンキングは統合型組織でしか最適な力を発揮できません。

とはいえ、統合フェーズへの道のりは、いわゆるパイオニアフェーズから始まります。このフェーズでは、組織はリーダーを中心に構築されることが多いものです。その後、組織が成長してさまざまな分野へと多角化します。こうした中、文化が多様化してサイロ化が進行します。効率化を進め、成果を出せるようになってようやく有機的組織が生まれ、それぞれの組織が互いに完璧に連動するようになるのです。このような理由から、組織は再編成と再構築を定期的に行わなければなりません。自然界では、りんごの木が毎年豊かに実をつけるには、枝を落として刈り込まなければならないのです。

1. パイオニアフェーズ
組織はリーダーを
中心に構築される
>>家族

2. 多角化フェーズ
分かりやすく管理可能な
構造の出現
>>機械

3. 統合フェーズ
総体的構造または
システム
>>有機的組織

どうすれば… デザインシンキングが組織で尊重されるようになるか？

デザインシンキングの経験をまだ積んでいない組織では、始める前に詳細に利点やふさわしさを精査することが役立つ場合があります。デザインシンキングを1つの分野だけで取り入れても、持続的な効果は望めません。経験上、デザインシンキングを実行し支援する人が会社全体に広まってこそ、その基礎が効果的に築かれると期待できます。そうすることで、デザインシンキングを横断的に広めることができます。ただし、意思決定者の説得はやはり避けられません。統合された組織を創り上げるには、経営陣が組織全体の能力の発展に投資しなければならないのです。

会社全体で統一されたアプローチを導入するには？

全社員が自分自身を起業家とみなし、そのように活動することが理想です。統合された顧客中心主義の会社は、会社の経営陣だけでなく組織構造や実行プロセスにおいて顧客やエコシステムが重視されているという特徴があります。全社員が自分の責任で動くことで、関わるすべての人にとって仕事が意義あるものになります。

以下の要素に注意することをお勧めします。

経営陣

経営陣は顧客中心主義を組織にとって最も重要な戦略的テーマとし、全社員にそれを伝えるべきです。明確なビジョンと組み合わせることで、全社員が全力で顧客とエコシステムに向き合うようになります。社員が自立して顧客中心で働けるように、経営陣は信頼の基盤を形成します。この基本姿勢から生まれるマインドセットによって、戦略は顧客/エコシステムへの奉仕という共通の目標の達成に向けられます。

組織構造と組織文化

組織に必要なのは、相応に開かれた構造と文化であり、いずれも連携を特徴とします。これによって、コミットメントと顧客/エコシステム重視が実践され経験できる雰囲気が生まれます。このような組織はネットワーキングを促進すると同時に、すべての関係者の自立度が高まります。ここで互いに徹底的かつ迅速に連携する文化も生まれます。

カスタマー・エクスペリエンス・チェーンの形成

顧客中心主義により、顧客体験の全体像に対する意識が高まります。競争力を確保し、変化する顧客のニーズに対応するためには、組織全体が柔軟に動くことが欠かせません。つまり、カスタマー・エクスペリエンス・チェーンに顧客に関する知識が迅速かつ反復的に反映され、こうした体験がエコシステム内の潜在的パートナーと共有されるような組織になることです。

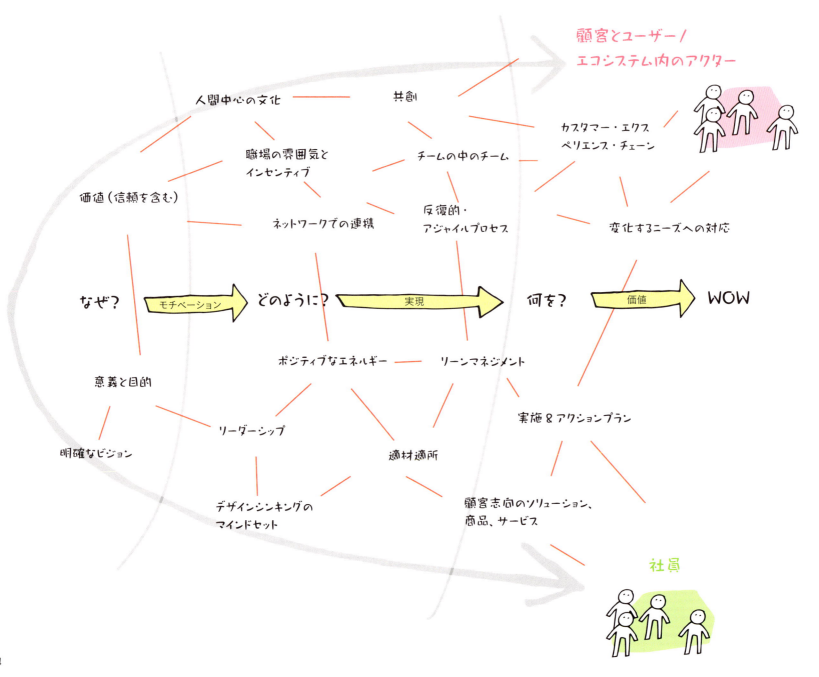

エキスパートのヒント
顧客中心主義を測定する

顧客中心の組織になるために変革管理（チェンジマネジメント）を推進するには、社内で顧客中心主義がどれだけ進んでいるかを問うところから始めます。顧客中心主義がまだ進展していない場合は、適切な改善策を講じることができます。レーシングバイクの例で考えれば、アルプス越えをするには、必要とされる筋力と持久力を鍛えるということです。

組織内の顧客中心主義の成熟度は、たとえば自己評価で判定できます。顧客中心主義とは組織全体の特性であるため、成熟度を判定するには全社員を対象にする必要があります。概して社員は組織の改善可能な点と改善すべき点をよく知っているものです。

組織の発展度を探るための広く普及しているメソッドは全般的評価をするもので、たとえばEFQM（European Foundation of Quality Management：9つの評価基準に基づいて経営品質を審査するツール）セルフアセスメントや従来の社員アンケートの一部として行います。経験から言えば、Customer Centricity Score™（CCScore™：顧客中心主義スコア）のようなアプローチのほうが適しています。これは、顧客が重視されているかどうかを出発点として評価するアプローチです。CCScore™ は社内での顧客中心主義の普及度を図ります。評価は組織のさまざまなレベルの集団で行われ、それぞれの顧客中心主義の普及度を測定することができ、組織がどれだけ「鍛えられた身体」になっているのかを示します。これを基に、どこからマインドセットを変えていくべきかが分かります。

顧客中心主義

低スコア
「顧客は許容されている」

高スコア
「顧客に焦点が合っている」

どうすれば…顧客中心主義を高められるか？

顧客中心主義の普及度を測定する主な目的は、それを改善するための具体的な措置を導き出すことです。ただ単に、全体的に顧客にフォーカスしていないと知るだけではマインドセットは変わりません！

顧客中心主義の普及度の測定は顧客満足度の調査に似ています。対象が数人しかいなければ、結果はまばらになります。意味のある情報を得るには、全従業員を代表するサンプルを調査しなければなりません。測定そのものよりはるかに重要なのが、そこから生じる真摯な姿勢です。社員は対策を練る過程に積極的に関与する必要があります。これがマインドセットを成長させる唯一の方法です。

測定結果は出発点にすぎず、ここから顧客中心主義をさらに促進するための多層的なプロセスが始まります。測定と人物調査を行い、結果を振り返って対策を練り、さらに組織内で対策を実行に移す、という流れを繰り返すことで、改善策がもたらす結果とその原因を探ることができます。

デジタル変革のその他の要素についてはセクション3.6で解説します。

ステップ1：普及度を測定

顧客中心主義の普及度はオンライン評価で測定します。これにより、CCScore™を構成する評価項目について、それぞれ詳細な結果が得られます。社内全体のスコアに貢献しているのはどの要因か、改善の余地があるのはどこかがはっきりと分かります。

ステップ2：具体的な戦略を洗い出す

メソッドに基づいた振り返りにより、CCScore™の結果の背景にある原因や要因を分析し、顧客中心主義を改善するための適切な戦略へと落とし込み、記録します。このいわゆるU型手順は基本的に変革プロセスであり、向上するのは顧客中心主義だけではありません。これにより会社は組織の力を抜本的に強化することができ、効果的なデザインシンキングの土台が出来上がります。

ステップ3：アクションプランの定義と実施

洗い出した戦略の中から、対策として実行に移すものを選び、アクションプランを策定します。対策の実施を開始し、進捗を定期的に監視し、目標達成度を次回のCCScore™測定でチェックします。このようにして、顧客中心主義の推進を監視し、コントロールすることができます。

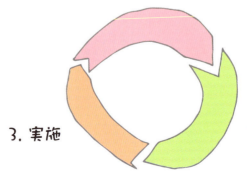

ここまでのポイント
組織を変革するには……

- サイロのない組織構造を作ります。これこそデザインシンキングを社内で横断的に広める唯一の方法です。
- 商品から得られる体験（購買プロセス一連の中で感じるポジティブな顧客体験など）や「Wow」効果を生み出すことに集中するマインドセットを確立します。
- 顧客とそのニーズをすべての活動の中心に置きます。顧客こそが、会社が存在する理由です。
- 顧客中心主義とデザインシンキングは変革管理の実践における補完的な側面と考えます。「デザインで変革」思考を実践します。
- 顧客中心主義の普及度を測定し（指標など）、段階的に改善します。
- 新しいマインドセットへの転換は、経営、構造、実施まですべてのレベルが対象です。
- 新しいマインドセットに対する経営陣の関心を高めます。組織全体で新しい働き方に対するコミットメントと自信を創り出します。

2.7 戦略的展望を持つ

　ピーター、プリヤ、リリー、ジョニー、リンダ、そしてマークには共通点が1つあります。それは全員がFacebookを利用しているという点です。つまり、世界中の10億人のFacebookユーザーのうちの6人だということです。Facebookは10年足らずのうちに最大のSNSへと成長しました。Facebookの使命は情報を共有してネットワーク化された開かれた世界を作るという可能性をユーザーに提供することです。戦略の実施についてマーク・ザッカーバーグの考え方は明快です。「使命を第一に掲げ、次に必要なピースに注目して掘り下げ、全力で取り組む」。Facebookの大成功は長期的思考に基づき、特に5年より先の展望を盛り込んだ戦略計画に基づいています。戦略プロセスが完了するとすぐにザッカーバーグは戦略をチームが実施可能な小さなサブプロジェクト（ミッション）へと分割し始めます。

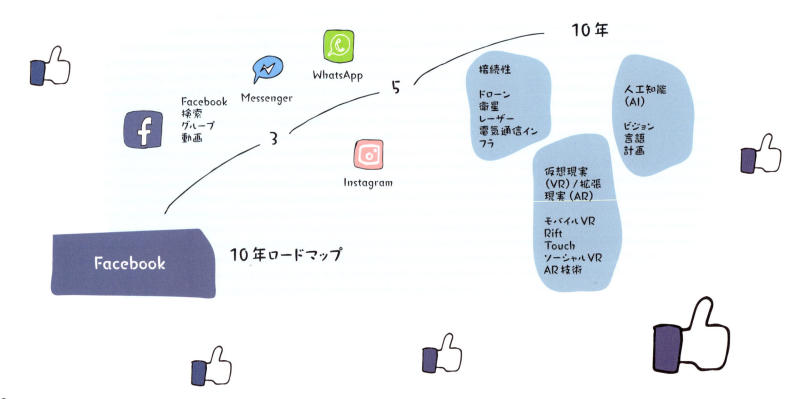

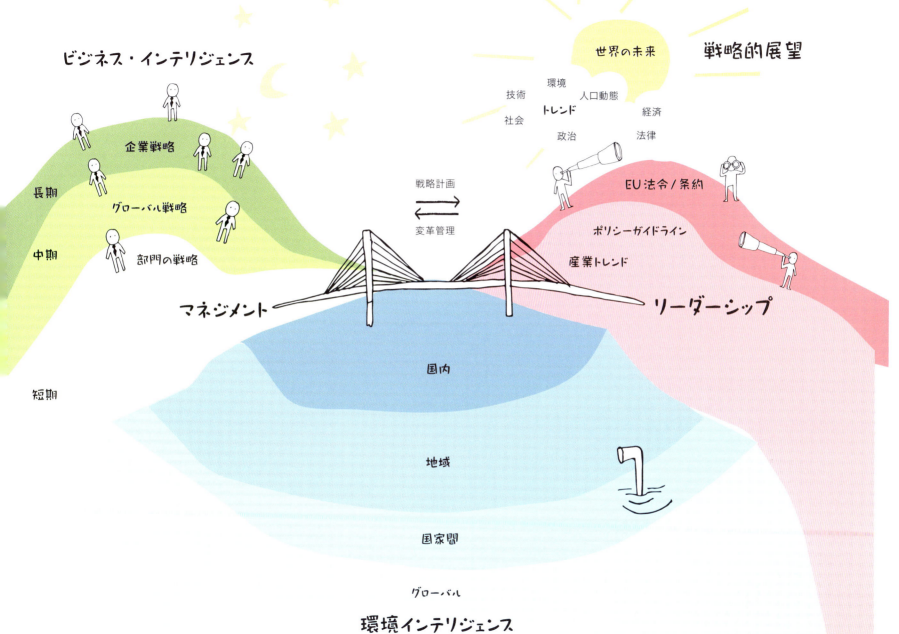

ザッカーバーグのようなビジネスリーダーは、どのように明日の顧客に向けて商品やサービスを開発するのか？

彼らのメソッドは戦略的展望と呼ばれ、希望する未来を形成することに焦点を置くアプローチです。戦略的展望はマインドセットとそれに合わせた方法論によって構成されます。マインドセットは未来を信じる力を特徴とし、これは新しい市場機会を探し求めることで私たちが自ら形成することができます。方法論にはさまざまなツールやテクニックが含まれ、チームが系統立てて目的にかなう正しい方向へ舵を切るための手助けをします。

戦略的展望フレームワーク（Strategic Foresight Framework）はスタンフォードのデザイン研究センター（CDR）で開発され、ドラッカー、シュワルツ、ジュヴネル、アーノルドに代表される4派へと発展しました。もちろん、フレームワークはデザインシンキングに組み込まれています。

未来に待ち受けるチャンスをものにするためには、文化を発展させたり変革したりする必要があり、それにはマインドセットが何よりも重要です。マインドセットには確立された姿勢、価値観、意見が含まれ、これが日常業務に反映されています。過去数年間で、人々のモチベーションと行動を把握可能な形にしようという試みにおいて、さまざまなマインドセットが議論されています。「展望的マインドセット」では、人は未来が自分の手の中にあると確信しています。この未来を実現しようとすることで、目標となる活動が明確になります。会社の中では、展望的マインドセットは新しい事業領域の発足や革新的な商品の開発の基礎となります。

ピーター・シュワルツ
「シナリオプランニングは未来についてのストーリーを展開するための基礎」

ピーター・ドラッカー
「戦略計画は未来について今日下す決定の基礎となる」

→ 戦略的展望 ←

ベルトラン・ド・ジュヴネル
「ビジョンは社会、経済、政治の文脈における人間の活動の基盤」

ジョン・アーノルド
「想像力を超える未来のシナリオの助けを借りて複雑な問題に対処するための異分野連携アプローチ」

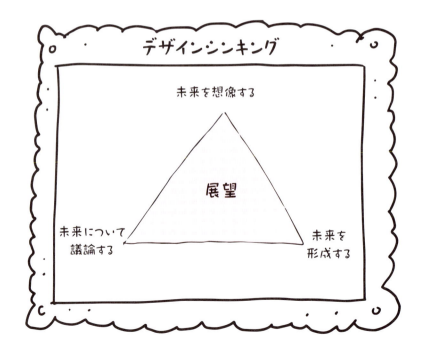

WYSIWYGとは？

「What you see is what you get」（見ているものが手に入るもの）という考え方は1960年代後半に広まり、WYSIWYG（ウィジウィグ）という頭文字で知られています。これは、目の前に示されたものは与えられるものとして受け入れる、という意味です。たとえば、ソフトウェアのプレビューでHTMLコードではなく実際に使用する際のインタフェースが見えている状態がこれに当たります。数年前にWYFIWYG（What you foresee is what you get）という考えがスタンフォードで根付きました。つまり、未来に期待することが、実際に起きることに影響するということを発見したのです。未来について展望したことや直観したことも結果に影響します。

なぜ計画が重要なのか

優れた計画では、起こりうる未来の効果を知ることが欠かせません。これは自分自身やチームの意見を変更する能力を身に付けることを意味します。

ポジティブな雰囲気はチームに影響します。未来の市場機会に対するポジティブな姿勢を生むことで、その実現に向けた準備も整いやすくなります。

もっとうまくできる！
もっと能力を高められる！
問題のソリューションには別のアプローチがある！

こうしたマインドセットは、各組織、各チーム、そして会社の成長の各フェーズで学習して適用することができます。この時点で、このアプローチは未来学者のものと大きく異なることに注目してください。未来学者は、シナリオやトレンド分析を通じて未来をマッピングできると主張しています。過去のデータや現在のトレンドを基に展望を形成し、そこから未来を推測します。本書で紹介する戦略的展望のモデルでは、そういったことを考慮するわけではありません。こちらは長期的視点を戦略的計画やデザインシンキングの広く知られたツールと組み合わせます。この組み合わせによってチームは中期から長期の市場機会を見据えた短期的な活動に取り組むことができます。

WHAT
YOU
(FORE)SEE
IS
WHAT
YOU
GET

エキスパートのヒント
「戦略的展望とイノベーションのプレイブック」

ピーターはこうして身に付けた高度なマインドセットがとても気に入り、戦略的展望によって自分の現在の活動を理想的に補完できると思っています。

ただピーターはまた、多くのビジネスリーダーは会社が市場で抜本的なイノベーションを起こすことができる秘密のレシピのようなものが存在すると心のどこかで信じていることも知っています。次のような噂は後を絶ちません。

- 成功は創業者や次々と事業を立ち上げる起業家の才能によるものである（Apple と Tesla）
- 無尽蔵のリソースが決め手である（Google と Facebook）
- 単なる幸運だ（Twitter と Snapshot）

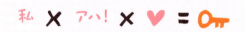

秘密のレシピを解読できない会社はお先真っ暗だ、と書かれた本は数え切れないほど出版されています。会社がどこへ向かうべきかがはっきり見えていないということもよくあります。そういう会社の言い訳は、他の会社にも明確な戦略とビジョンはないし、いずれにせよ明確なデジタル化戦略を立てるのは時期尚早だ、というものです。

結局、成功をもたらすのは明確なビジョンだけです。成功を妨げているのは、**不安に基づくマインドセットと経営手法が広まっている**からです。不安を焚きつけるのは簡単です。たとえば、目標未達を見込む業績予想、コスト削減、人員削減の発表などが焚きつけの原因になります。

ただ幸いなことに、他にも道はあります。

過去50年にわたってスタンフォードやシリコンバレーで作られた文化は、チームが前向きな姿勢で取り組み、新しい商品や業界基準までも開発することを可能にするものです。デザインとエンジニアリングの研究から生まれた新しいモデル、そしてシリコンバレーの講演会場やラボは、グローバルなイノベーションリーダーにとって効果的なツールとなりました。こうしたツールの多くは「Playbook for Strategic Foresight and Innovation」（戦略的展望とイノベーションのプレイブック）にまとめられており、www.innovation.io から無料で入手できます。展望的マインドセットが組織でウイルスのように広がるのは、効果的なツールが適所に適用され長期的マインドセットが全員に支持された時です。ドイツ銀行、ボルボ建設機械、サムスン電子、その他多くのグローバル企業がこうしたツールの助けを借りて組織内で新しいマインドセットを確立しました。展望フレームワークはチームを「創造的破壊への不安」、つまり他の人に追い越されるのではという募る不安から守るために開発されました。展望フレームワークの特筆すべき点は、将来の見通し、製品、サービス、企業のビジョンについて前向きにとらえているところです。

どうすれば… 展望フレームワークを適用できるか？

　展望フレームワークは単純な構造なので、誰でも5つの段階を踏んで最初から最後まで進むことができます。

　最初の3つのフェーズは、新規またはこれまで未知の問題提起文に取り組む最善の方法を探るものです。まずは真っ白な紙に未来を描くことから始めます。問題提起文は内部向け、外部向け、どちらで作ることもできます。極端な場合には会社全体の未来を再定義することになることもあります。

視点	機会	ソリューション	チーム	ビジョン
過去の鏡をのぞいて、未来を積極的に形成できるようにします。	未来の変化する顧客ニーズを理解することで現在の成長機会を特定して推測します。	業界、顧客、組織形態、チームスキルに固有のイノベーションを発見するための正しい道を見つけます。	リーダーの素質のある人材を見つけ、アイデアをイノベーションに転換するために必要な人材を育成します。	明確なビジョンを策定し、チームが自力で生き残れるようにします。明確で前向きな行動で支援を提供します。

最初のフェーズ（「視点」）では、焦点は過去を理解することにあります。この振り返りによって今日までに何が起きたのかを把握することができます。チームが過去を理解してしまえば、考えうる未来の選択肢を理解するのも容易になります。なぜこうした選択肢に可能性があると判断されたのかを考えることで、後にそれらが実行された時に有益な洞察が得られます。プロジェクトチームは往々にしてすぐにソリューションに取りかかろうとします。このため、展望フレームワークではこのフェーズを経験して、過去を振り返ることで得られた付加価値を認識することが欠かせない要素です。

　次のフェーズ（「機会」）では、潜在的顧客のニーズを理解することに取りかかります。満足していない顧客のニーズが分かれば、最も課題意識の高い顧客グループに近づいていると考えられます。同時にこうした顧客にどのような恩恵を提供できるかという問いにも対応していることになります。

　第3のフェーズ（「ソリューション」）は問題提起文の潜在的な解決策としてプロトタイプの作成に集中します。そのソリューションの価値は、その他の選択肢や次善策と比較することでより適切に評価できます。

　第4のフェーズ（「チーム」）の課題は、人材のためのルーチンを開発して、その人材が新しいアイデアを発見してさらに発展させられるよう支援することです。

　最終フェーズは「ビジョン」に焦点を当てます。ビジョンはアイデアの実行可能性にとって不可欠です。明確なビジョンがあってこそさまざまなステークホルダーがアイデアを支持し、エネルギーを費やし、最終的にアイデアの拡大に貢献するのです。

　最後の2フェーズは戦略的展望を組織全体に根付かせるのに役立ちます。組織は一夜漬けができないので、このプロセスは時間がかかります。だからこそ、206ページに掲載したようなツールを各フェーズで使います。スタンフォードで行われた調査では、思考の整理と構築にこうしたツールが便利だということが実証され、特に高度な知識を要する複雑な課題で役立つことが分かっています。戦略的展望は抽象的な考え方に基づき、開発の初期段階では不確定性のレベルが高いものです。ツールは既知のものとそうでないものの分析に役立ちます。そうすることで、未来もよりはっきりと見えてきます。

　変革を成功させるための新しい働き方とツールは、ビジネスの不確実性が高まるデジタル化時代には欠かせません。戦略的展望を用いて予測する能力は21世紀において、経営者にもアジャイルなチームにも、等しく根本的に重要な能力です。

未来だ！

エキスパートのヒント
戦略的展望とデザインシンキングの統合

デジタルビジョンをどのように開発できるか？

優れたデザインシンキングは状況に適応し、確固たるマインドセットで人々の支持を獲得し、会社のデジタル変革を助けます。戦略的展望は未来像を広げ、次の市場機会に参加するために必要な大いなるビジョンを生み出します。戦略的展望があれば、将来もゆらぐことのないコンセプトに基づき、反復的なプロセスによって商品やサービスを無限に生み出すことができます。これが長期的視点とゆるぎないアイデアの発展に役立ちます。目標は、統合的アプローチとネットワーク型思考を通じて潜在的機会とリスクに注目を向け、適切な結論をそこから導き出すことです。戦略的展望を早期に発見することで、組織の外部で起きる急速な変化と、内部ではびこりがちな無気力に対応することができます。さらに、変革への意欲も高めます。

戦略的展望がデザインシンキングをどう支えるのか？

選択したツールとメソッドを調査・コンセプトデザイン・実行のフェーズに重ね合わせると、ビジョンを中央に「ダブルダイヤモンド」が現れます。

戦略的展望の早期発見は、未来像、ビジョン、未来の顧客ニーズをはっきりさせる上で非常に役立ちます。デザインシンキングプロジェクトの重要なトピックの説明、デザイン、選択（フィルタリング）にも有効です。戦略的展望のメソッド一式を通してデジタルビジョンを確立することができます。

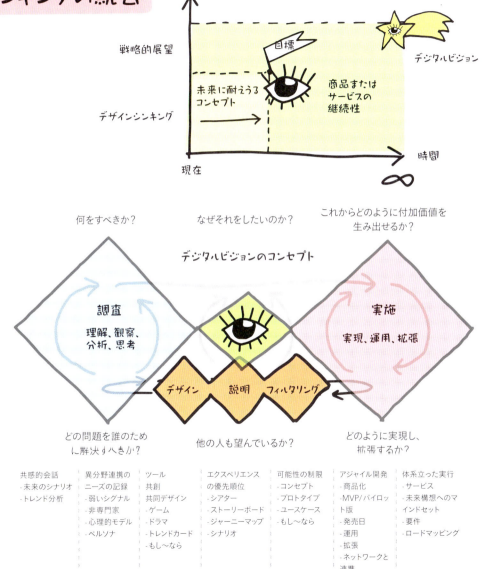

戦略的展望のどのツールとメソッドが有効か？

進行曲線（Progression curves）は、イベント、ライフサイクル、その他の展開を適切なコンテキストに落とし込むことができます（S字カーブモデルに似たもの）。

ヤヌスコーン（Janus cones）は、フレームワーク内で重なり合い交差する複数のイベントを描く時に使用します。

チェンジパス（Change paths）は、特定の行動を実行するために到達する必要がある最も重要なマイルストーンを示します。

ホワイトスポット分析（White spot analysis）は、隠れた市場機会に対する洞察を与え、競合他社の状況をより広い視野でとらえることができます。

バディチェック（Buddy checks）は、パートナーやチームメンバーの適切な組み合わせを実現します。

クラウドクローバー（Crowd clovers）は、イノベーションネットワークのマッピングでチームをサポートし、最終的にアイデアが実現するようにします。

未来のユーザーのコンセプト（セクション1.1参照）とともに、世代の弧（Generational arcs）を使って人口統計の変化を示し、異なる世代の視点から物事を見ることができます。

リアルシアター（Real theater）は、明日の世界に身を置いて現実的な環境でユーザーのニーズを体験することができます（ストーリーテリング、セクション2.4参照）。

ビジョンステートメント（Vision statement）は、明確で簡潔なアイデアの概要です。たとえば、プロトタイプを簡潔に説明することができます（PoV、セクション1.6を参照）。

パスファインダー(Pathfinder)は、アイデアが組織内で通るべき理想の経路、あるいはイノベーションネットワークを示します（ステークホルダーの分析、セクション3.4参照）。

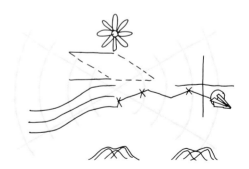

自分自身のツールボックスを構築する！

進行曲線

デジタル化、テクノロジー、ビジネスモデルに関するシナリオ例。進行曲線にある複数のトレンドを組み合わせることで、新しい革新的なアイデアを構築できます（円で囲まれた例を参照）。

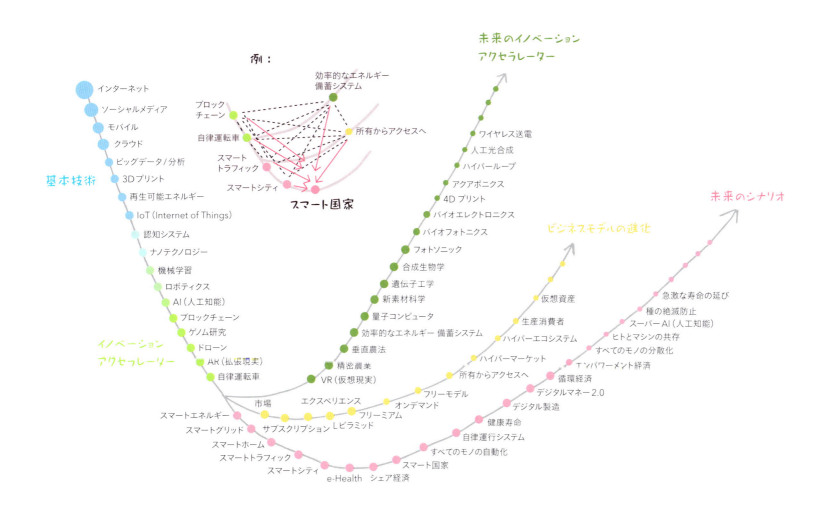

応用例：展望とデザインシンキングを組み合わせて
モビリティの未来像を描く

　マインドセットを組み合わせて、ユーザーに合わせてカスタムメイドされた未来の具体的なコンセプトを形成することができます。自動車などモノを所有したいという感覚はまだ強いですが、新しいモビリティのコンセプトによりこれからは変わる可能性が高く、未来のモビリティに関するシナリオ（ペルソナ、ニーズ探しなど）で描くことができます。ただし、この移行は都市のインフラが新しいコンセプトに追いついてユーザーに最善のエクスペリエンスを提供できるようになってようやく現実となるのです。移動データ（ビッグデータ/解析）を基に、たとえばcar2goやBike2Goの拠点や、バス停や二地点間移動の乗降場所に適した場所を決定することができます。民間交通サービス（Uber、Lyft、滴滴出行など）専用と公共交通機関（バス、電車、市電など）専用のゾーンや車線について検討することもできます。大型駐車場は緑地に変身し、道路沿いの駐車スペースは自律運転車の新しい待機車線になります。駐車場が不足している都市部で、無限のモビリティを可能にするさまざまなサービスや商品を最適化することで、都市の生活の質（QOL）が中期的に向上するでしょう。そのため、スマートモビリティはスマートシティという取り組みを支える柱となるのです。センサーやスマート監視カメラ、映像解析などがモビリティのスマート化を促進し、それらを組み合わせたスマートシティの複雑なシステムの制御が可能になります。「所有からアクセスへ」などのモデルはほんの少し前まではまだトレンドとしてはそれほど強力ではなかったですが、今ではマクロトレンドへと発展して多くの企業が取り上げ、多数の分野に反響が及んでいます。また、「すべてのモノの分散化（decentralization of everything）」というマイクロトレンドも急成長中で、初期のブロックチェーンや、フリーフロート型（駐車場を持たない）カーシェアなどに見られます。シンガポールからベルリンまで、誰もがスマートシティのメガトレンドの話題でもちきりです。

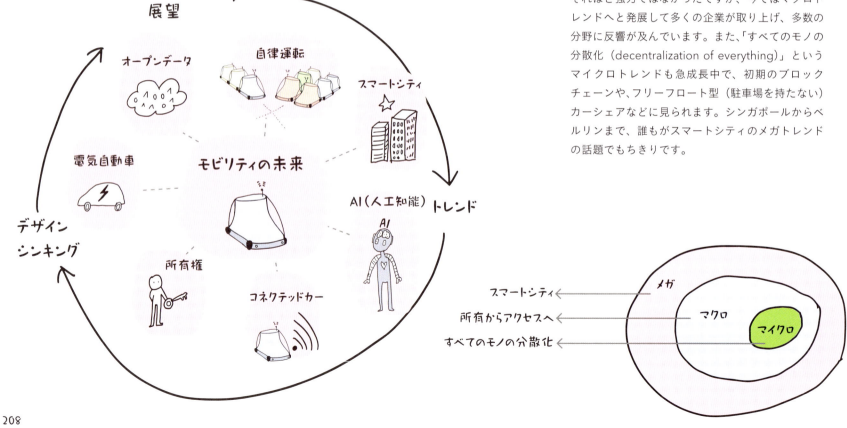

ここまでのポイント
戦略的展望を適用するには……

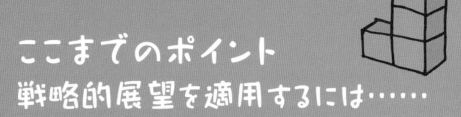

- 望み通りの未来を計画して形成するために、戦略的展望を活用します。
- 未来を形成するために過去を理解します。
- 顧客のニーズの変化を認識し、予想します。
- 前向きな未来像を持ち、この未来が現実になるようツールを使います。
- 異分野連携チームと協力して社内にマインドセットを横断的に広めます。
- 明確なビジョンを確立してチーム全員が同じ方向に進むようにします。
- 分かりやすいステップを定義してビジョンを目標に合った方法で実施できるようにします。
- そのために、「戦略的展望とイノベーションのプレイブック」に説明されているツールを使います。
- デザインシンキングと戦略的展望を組み合わせたマインドセットをデジタルビジョンに向けて形成します。

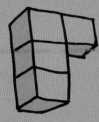

3. 将来をデザインする

3.1 システムシンキングを取り入れる

この章はシステムシンキングで将来をデザインすることについての説明から始めます。このアプローチとマインドセットは少なくともデザインシンキングと同じくらいの歴史があります。ただし、将来の商品、サービス、ビジネスエコシステムを開発する時は、システムの基本条件だけでなくインタラクション（相互作用）をより一層考慮しなければならないのは間違いありません。システムシンキングとデザインシンキングを兼ね備えたマインドセットを活用することが多くの分野で非常に重要になっていくでしょう。

性ニーズに適合していなかったことが原因でこの大惨事が起きたと結論付けられました。ピーターはこの事故についてよく考えます。自動運転の自動車が道路を走行している時の複雑さはどの程度なのか？相互のインタラクションを必要とするシステムはいくつあるのか？

商品、サービス、ビジネスモデル、プロセス、そして家族や勤務先の組織でさえシステムとして理解することができます。本書では「システム」という用語は、大きなユニットとその環境の中における複数のコンポーネント（構成要素）の相互作用を表す

人工的なシステムには存在理由があります。それは、目的の機能または必要な機能を実装しているということです。たとえば、A地点からB地点までストレスなく運転するための自動運転車を開発したいとします。代替案として、自律運転車を交通システムの中で走らせることもできます。これにより、自動車はより大きなシステムの一部として常に路上に出ているため、駐車スペースを探す必要はなくなります。このため、環境の変化に対応するために必要なパラメータをシステムと送受信するために、特定のセンサーからの応答や車内の情報が重要になります。たとえば降雨と寒冷センサーにカメラやレーダーを組み合わせると、路面状態の情報を提供できるようになり、適切な走行速度が分かります。これを実現するには、すべてのコンポーネントのインタラクションが必要になります。自己完結型技術システムについては、複雑さは管理可能です。ただし、このように自然と社会のシステムが絡むと、予測ははるかに難しくなります。自律運転車を駐車せずに市内を巡回させると交通量は増えることになります。システムにおける人間の動機こそ、探ることも把握することも難しいものです。

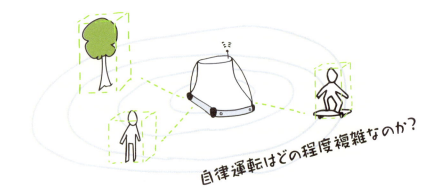

自律運転はどの程度複雑なのか？

ピーターが最後にシステム・エンジニアリングに携わったのはミュンヘン工科大学の学生だったころです。今でもよく覚えているのは、1986年1月28日のチャレンジャー号爆発事故に関する講義でのディスカッションです。その時は、システムが安全ために使っています。これらの要素はすべて、特定の機能または目的を満たします。これ以降は、「システムシンキング」と「システム・エンジニアリング」という用語をより大きな意味で同義語として使用します。

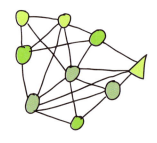

システムの立案と作成だけにとどまらないシステムシンキングのツールやメソッドは、将来の人間と機械および機械同士の関係における複雑系システムをモデリング、シミュレーション、そして後には生産する上で役立ちます。特に厄介な問題をデザインシンキングで解決しようとする際に、どんどん複雑になっていく環境を把握するという課題に直面している場合はなおさらです。複雑系の例には、サンゴ礁、原子力発電所、あるいは冒頭で紹介した自律運転などがあります。

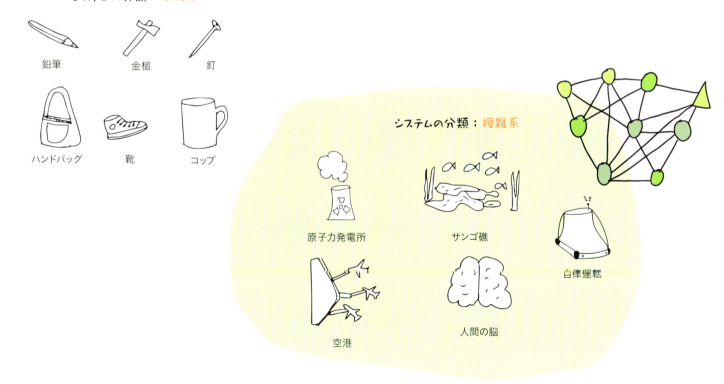

モデリング（現実のマッピング）はどのように行われるのか？

モデリングにおいて最も重要な作業は、システムの境界を設定することです。特に、今日では新しいシステムの開発において有効性と効率がかつてないほど重要視されています。複雑系のエラー確率が個々の要素のエラー確率よりも高いのは当然です。モジュールとサブ要素を使用し、複数の要素に同じ機能や役割を持たせることで、システム全体の不具合の可能性を低減しようと試みます。

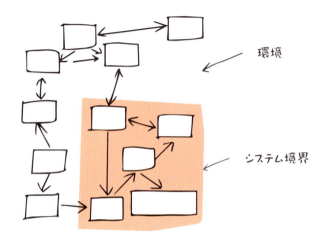

これはシステム境界内の要素なら修正や変更ができるという仮定に基づいています。システム境界内の要素は、長所も弱点も分かっていますが、境界外の要素はシステムを左右するチャンスもしくはリスクとなります。

システムシンキングのプロセスを構成する要素とは？

簡単に言えば、システムシンキングは問題解決法の1つで、さまざまな要素を使ってシステムを最適化します。

反応とフィードバックはシステムシンキングにとって不可欠な要素です。直線モデルは原因と結果の連鎖（Aを引き起こすことで、Bを引き起こす、それによりCを引き起こす、そしてDを引き起こす、等）によって構成されますが、システムシンキングでは世界をさまざまな関係によってつながった1つのユニットとみなします（Aを引き起こすことで、Bを引き起こす、それによりCはAを引き起こす、というように）。

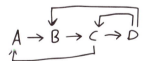

フィードバックのあるモデルの利点は、ある時点で起きたことをマッピングするだけでなく、あることがどのように起き、なぜ起きたのかに関する情報をもたらすことです。これにより、システムがどのように作動するかを学習できます。時間とともにフィードバックのループが回答を増やし、正負どちらの方向にも進む可能性があります。こうした理由から、フィードバックループを安定させることが重要です。安定させるには、目標とする状態と実際の状況とのギャップを最適化するためだけにフィードバックを利用するのも有効なやり方です。

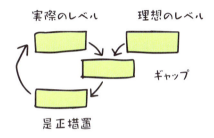

システムの実施に取り組む時は、次の5つの中核となる質問を自分に問いかけなければなりません。

- どのギャップがシステムにどの程度まで影響するか？
- ギャップを把握しているか？ 説明できるか？
- ギャップをどのように監視するか？
- ギャップを埋めるためにどのような可能性があるか？
- ギャップを埋めるにはどの程度の労力を要するか、どのくらいの時間がかかるか？

システムシンキングの仕組みは？

システムシンキングでは、現実世界での具体的な最初の課題（1）がスタートの合図です。複雑な課題では、現実世界は多次元で動的で非線形であるのが通常です。最初のステップでは、システムを理解して現実をマッピングすることを試みます（2）。このマッピング（システム表現）によって状況が理解できるようになります（3）。状況分析とは、状況を概要から詳細へと段階的に把握することです。ここでは、数学的モデル、シミュレーション、実験などのさまざまなメソッドとプロトタイプを使用できます。状況分析の知見をまとめるには、たとえばSWOT分析を行い、これを基にソリューションにより達成される目標（4）を策定します。この方法で、ソリューションの評価のための意思決定条件が得られます。

状況分析が重要なのは、目標に対してまだギャップがある箇所を見つけるためです。この時点では、通常はまだ改善が必要であるか、単にギャップを埋めるための情報が欠けている状態です。

課題と状況が本当に分かった上でようやくソリューション探しを始めます（5）。ここではソリューション空間に実際に適合するソリューションを特定することが重要になります。

このフェーズでは、複数のソリューションを見つけようと努めます（複数パターンを考える）。綜合（シンセシス）と分析によって、さまざまなソリューションを生み出すことができ、これを次のステップで評価します（6）。

意思決定条件を評価に適用します。評価マトリクス、論理的立証、シミュレーション、実験などのツールとメソッドは効果的であることが実証されています。

評価を基に、推奨を前提とした決定が下されます（7）。ソリューションが要件と合致して問題を解決できれば良いのですが、そうではない場合は、問題が完全に解決されるまでプロセスを反復します。

システムシンキングでは、ステークホルダーとの継続的コミュニケーションを非常に重視します。これにより、ステークホルダーからの同意を開発の重要なフェーズにおける早い段階で得られるということになります。表現のアウトプットは運用概念（ISO/IEC/IEEE 29148参照）として文書化することができます。

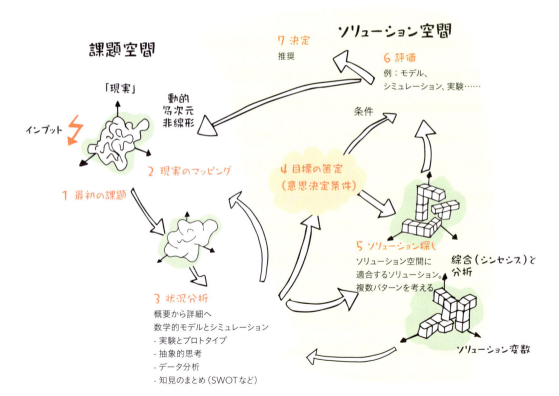

システム思考者が実践するマインドセットは？

システムシンキングは異分野を連携するアプローチであり、その第一の目標は複雑な問題を解決することや相互依存度が高い技術システムを実現することです。前述のように、システムはサブシステムに分けられ、個々の要素は指定され処理されます。その間にも、問題全体（たとえばライフサイクル全体にわたって）およびすべての顧客またはステークホルダーの技術的、経済的、社会的フレームワーク条件を考慮する必要があります。システムシンキングはこのためのチームを中心とする体系立ったアプローチを提供します。

つまり、優れたシステムシンキングの実践者はさまざまな思考方法を自由に駆使し、それを自分の要件に適用します。視点を個別パーツから全体へ、あるいは構造からプロセスへと切り替えるのです。

常に大局を見据える。

複雑な相互関係でも時間をかけて理解する。

システムへの「鍵」を探す。

システムの改善方法を前向きに考え、うまくいかない時も愚痴は言わない。

事実をさまざまな視点から検討する。

システムシンキング実践者の マインドセット

変化は徐々に起こること、相互関係も変化のトリガーになることを受け入れる。

結果を確認し、反復するたびに結果を改善する。

この先に起きることに影響するので、自分の思考法について振り返る。

ある行動が引き金となった結果を特定する。

デザインシンキングとシステムシンキングはどう組み合わせられるか?

デザインシンキングとシステムシンキングのマインドセットはいくつか類似点があり、相違点も補完し合う性質です。2つのアプローチを組み合わせればたいへん興味深く大きな効果をもたらします。

両方のパラダイムに共通するのは、課題と状況をより深く理解することを目標としているという点です。この目標を達成するため、異分野連携チームで取り組み、さまざまなメソッドとツールを使います。チームが常にプロセスのどの段階にいるのかを把握し、目標を意識して行動することが重要です。視覚化とモデリングはどちらのアプローチでも成功要因です。

類似点:
- 同一または類似のテーマ分野を対象とする
- 目的と目標は、(複雑な) 問題の解決およびソリューション空間の同時定義と拡張
- 重要な変数と機能をプロジェクトの開始時に明確にしてリスクを低減することが重要

これまで使用した用語からすぐに分かるのは、システムシンキングの焦点はシステムにあり、デザインシンキングの焦点は人間、つまりユーザーにあるということです。どちらのパラダイムも、明確に定義され方向性がやや異なる問題解決サイクルと反復アプローチを使います。システムシンキングの反復は段階的な改良を目指します。デザインシンキングでは反復を重ねることで状況をより深く理解して潜在的ソリューションに近づくことができるようになります。

システムシンキングとデザインシンキングを組み合わせることで、体系的で分析的で直観的な思考モデルに基づき、総体的なソリューションを発見することができます。

システムシンキング	補完的マインドセット	デザインシンキング
焦点はシステム	さまざまな焦点	ユーザーと人々のニーズに焦点
体系的で分析的な問題解決サイクル	明確に定義されているが異なる (問題解決) プロセス	直感的で循環型の問題解決サイクル
ソリューション空間に焦点を当てたホワイトボックスビュー	システムのデザインと設計	問題提起文に焦点を置いたブラックボックスビュー
システムの段階的改善	反復手順	反復を何度も迅速に実施

システムシンキング	類似したマインドセット	デザインシンキング
時間の経過に伴うシステムと変化の検討を通じて、明確さを生み出す	明確さを生み出す	共通の理解と明確さを生み出す
明確な構造を確立しライフサイクルの検討事項を予測	プロセスの理解が重要 (プロセスに対してマインドフルに)	プロセスの理解が重要
システムのマッピングとモデリング	視覚化	視覚化とプロトタイピングが重要
システムシンキングのメソッドの使用	さまざまなツールとメソッドの使用	デザインシンキングのメソッドの使用
ステークホルダーとの連携と情報交換が重要	チームでの異分野連携	徹底的な連携を開始
システムの理解が不確実性を低減	不確実性と前向きに取り組む	学習するために実験を実施
目的・目標志向型のプロジェクト管理を実施	行動を重視	実行指向型と解決指向型の行動

どうすれば…
デザインシンキングでシステムシンキングを使用できるか？

　ここでデザインシンキングはシステムシンキングの上に重ねるべきか、それとも両者に優先順位を付けるべきか、といった哲学的思索を始めるつもりはありません。経験から言えば、デザインシンキングとシステムシンキングが状況に応じて補完し合う時が最善の結果につながります。

　典型的な開発プロセスの場合、デザインシンキングは初期フェーズ（概念化と実現可能性）で心強いツールとなるでしょう。これは特に、単純な機能性や潜在的ユーザーとのインタラクションが問題である場合について言えます。コンポーネントのインタラクション、複雑なプロセスのシミュレーション、またはユーザーの要求を仕様化する要求工学では、システムシンキングが多くのプロジェクトにおいて選ばれるべくして選ばれています。

　そのため、デザインシンキングは開発プロセスのさまざまなフェーズだけでなく、通常はシステムシンキングの一環ではない部分にも影響します。

- シンプルさで秀でている新しいソリューションアプローチに到達する
- 共感という点で個人またはグループ全体（360°の視野）に合わせた「システムの中のシステム」に焦点を置く
- 問題解決中のシンプルなプロトタイプの構築に関する反復的アプローチ
- 計画に長い時間をかけずに実行する

　2つのマインドセットを組み合わせることで、新しい機会とより優れた問題解決策が生まれます。

システムシンキング
- ステークホルダーの管理
- 要求工学
- コンポーネントのインタラクション
- 統合、検証、妥当性確認

デザインシンキング
- 徹底的な連携
- ユーザーとのインタラクションとユーザビリティ
- 根本的に新しい商品、サービス、ビジネスモデル
- 概念化

共通
- 問題の理解
- 顧客ニーズの分析
- 問題解決
- エコシステムデザイン

アイデア発想フェーズ → 概念化フェーズ → 技術的実現性 → システム定義（要求工学）→ 詳細デザイン（モデリング、シミュレーション）→ 生産 → 統合、妥当性確認 → 市場投入

デザインシンキング実践者の視点から見れば、さまざまな状況におけるシステムとシステム境界について考える思考法が役に立つことがあります。たとえば、課題空間とソリューション空間を現実的に詳細に明確に理解するだけでなく、いわゆる盲点の検出やアクター間の関係の特定、または新しいアイデアの創出にも役立ちます。

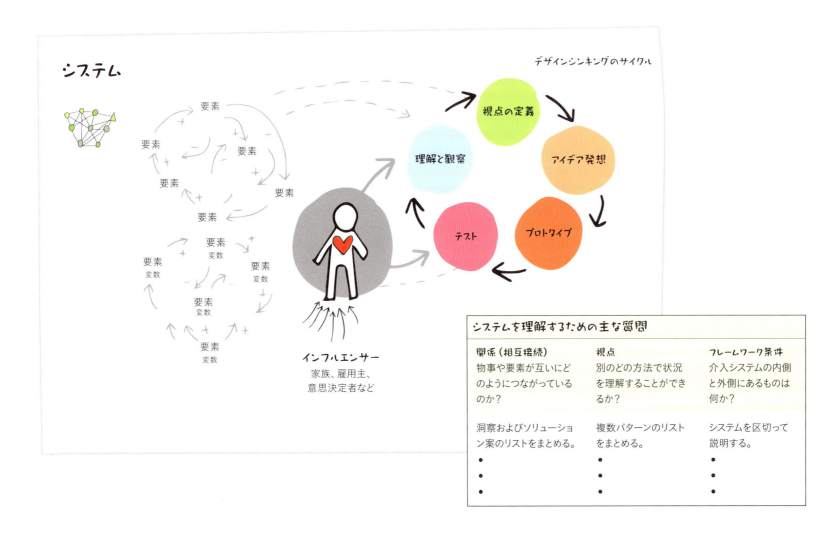

どうすれば…
システムシンキングとデザインシンキングを並行して使えるか？

　前述のように、システムシンキングからデザインシンキングへの切り替え（またはその逆）によって、焦点や視点を変えることができます。この切り替えによって、焦点を商品中心から人間中心アプローチへと変えます。

　デザインシンキング実践者は、自分自身が環境におけるシステムの一部であることをさらに意識するようになります。自分の行動はシステム全体に影響しますが、システムと賢く付き合うこともできます。一方、他のステークホルダー/オブザーバーもシステム全体について異なる視点を持っているかもしれないということをより意識するようになります。家族のシステムが良い例です。私たちは自分の家族の役どころを知っています。生活をともにすることは複雑なインタラクション（交流）を伴い、自分の行動によってシステムが変化する可能性があります。さらに、自分の家族に属していない人は、この一家について家族内とは異なる認識を持っています。

なぜ彼らの視点に立つべきなのか？

　システムシンキングによってシステム内でどんな行動を取るのが有効なのかが分かります。学習能力は強化され、システムをデザインする時は人間の思考を基に構築するようになります。さらに、システムがより高度な認知スキルを備えることができます。

　システム環境に対しては次のような基本的な質問が投げかけられます。

1. システムは何を創出しているか？　結果は期待通りか？
2. システムと私たち人間とのインタラクションはどのように行われているか？　インタラクションは私たちのニーズに対応しているか？
3. システム内で何が起きているか？　機械とセンサーはどのようにインタラクションしているか？　何を達成したいのか？

複雑で厄介な問題の場合は、システムシンキングをデザインシンキングと並行して使うことをお勧めします。マインドセットをどのような形で組み合わせるかはプロジェクト要件や個人の好みによって決まり、それぞれの状況に合わせて調整します。ピーターのようなデザインシンキングのエキスパートには、特に停滞期や全体の概要が明確ではない時に、思考モードを切り替えてシステム中心の問題解決サイクルを試してみることを勧めます。

個性の強い人がシステムシンキングのマインドセットを備えている場合は、デザインシンキングの問題解決サイクルによって少なくとも1回は知見を確認し、創造的フレームワークを拡張することも重要です。ほとんどの場合、これによって新たな洞察が加わり、それは直観的な問題解決サイクルでしか生まれないようなものです。さらによく見てみれば、2つのアプローチはそれほど違いがないことが分かります。どちらもダブルダイヤモンド・モデルに従い、収束的思考と発散的思考を繰り返しています。

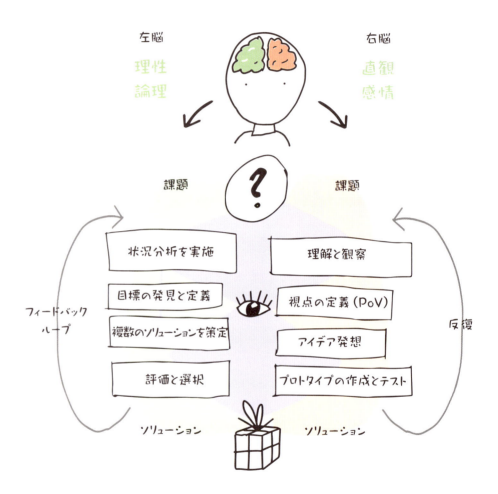

ここまでのポイント
システムシンキングで
複雑さを理解するには……

- システム、システム境界、システムに影響する要因を定義します。
- システム境界の内側と外側の関係をマッピングします。
- システム内の全ステークホルダーがリストに入っているか確認します。
- 問題を総体的に見て、本質的に複雑であると仮定します。
- 複雑で多次元的で非線形で動的な課題でさえ、システムとして簡潔な方法でマッピングとモデリングができます。
- 単純なものから始め、概要から詳細へと進みます。
- 課題（またはその側面）を理解したら、ソリューションを探し始めます。
- ソリューションを探す時は常に複数パターンを考えます。
- システムを図で表すと課題を理解しやすく、ソリューションを伝達しやすくなります。
- 最初のシステム像はプロトタイプとして考え、これを継続的にテストして改善します。
- 幅広い種類の概念、メソッド、ツールを使います。
- さまざまな視点や視野を取り入れます。視点が1つしかなければ、それはまず間違っています。
- システムシンキングとデザインシンキングを組み合わせて共通のマインドセットにします。

3.2 リーンスタートアップの発想を取り入れる

変化の激しい環境では、計画に時間をかける余裕はほとんどありません。そのため、リーンスタートアップのマインドセットはデザインシンキング活動の継続には最適です。デザインシンキングと同様に、このマインドセットは短い反復サイクルと顧客フィードバックの検討を重視します。結局のところ、商品のライフサイクルとビジネスモデルの開発はできるだけコストがかからないようにデザインする必要があります。

好例として、A. マウリャによるリーンキャンバス（次ページのパートA参照）を挙げます。これは、A. オスターワルダーによる顧客プロフィール（パートB参照）や実験レポート（パートC参照）などの他のデザインシンキングのメソッドによって非常にうまく拡張することができます。

キャンバスは設計者にとっての青写真のようなものです。ここに描かれる主な要素は、課題、ソリューション、顧客、価値提案、経済的実現性という会社にとって最重要分野をすべて網羅します。

リリーとマークのスタートアップ企業にとって、独自のセールスポイントを定義することは必須です。リリーは、自分のスタートアップが市場に数多くあるコンサルティング会社と決定的に違う点を定義しなければならないという課題に直面しています。マークは患者が自らの「カルテ」を彼のソリューションで管理するよう納得させられるような特長を見つけなければなりません。さらに、ゆくゆくは収集したデータをマネタイズするための基盤となるような価値提案をする必要があります。

そのため、キャンバスのコアとなるUSP（unique selling proposition：独自の売り）は、顧客の特定の課題を解決する（患者データに対する主権）、または特定のニーズを満たす（アジアのビジネス慣習に適応したデザインシンキングのコンサルティング）ものとなります。

キャンバスの右側には、販売チャネルと収入源、さらに顧客セグメント（「ターゲットセグメント」および新しい商品やサービスを好む「アーリーアダプター」に分類）を記入します。

キャンバスの左側には根拠がまとめられています。重点が置かれているのは、問題提起文、自分のソリューション、既存の代替品、コスト構造です。顧客プロフィールを補う項目は、顧客のニーズをさらに深く理解するのに役立ちます。実験のレポートはアプローチを記録し、反復ごとの進捗を示します。

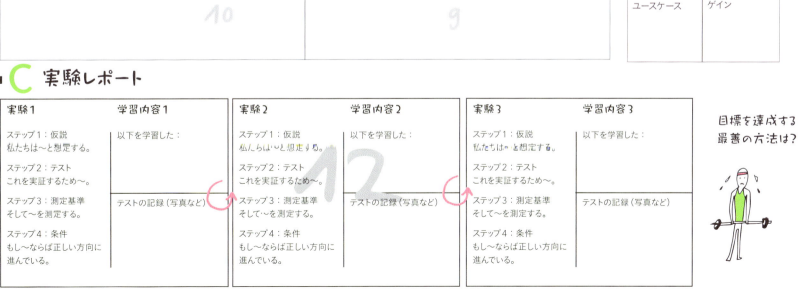

どうすれば… リーンキャンバスを作成できるか？

典型的なスタート地点は1または4

1. 課題

質問:
（主な）課題は何か？

メソッド:
- 課題のインタビュー
- ステークホルダーのマップ
- 5W1H
- その他

4. ソリューション

質問:
アイデア/ソリューションは何か？

メソッド:
- アイデア出しのテクニック
- ソリューションのインタビュー
- アナロジー（類比）/ベンチマーキング
- その他

MVP/MVE

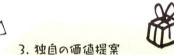

3. 独自の価値提案

質問:
価値提案は何か？ USPは何か？

メソッド:
- 価値提案デザイン
- NABC（ニーズ、アプローチ、ベネフィット、競合）
- その他

2. 顧客セグメント

質問:
顧客プロフィールはどのようなものか？

メソッド:
- 顧客のセグメント化
- 顧客プロフィール
- ペルソナ
- その他

5. 既存の代替品

質問:
今まで課題はどのように解決されていたか？

メソッド:
- インタビューと観察
- 競合分析
- ベストプラクティス
- その他

11. 簡潔なコンセプト

質問:
単純なアナロジーはあるか？

メソッド:
- ビジネスモデルのアナロジー
- アイデア出しのテクニック

6. チャネル

質問：
どのように顧客にリーチできるか？

メソッド：
- マーケティング流通

検討事項：
- 直接、間接 + 自動
- アナログ + デジタル
- B2C、B2B、B2B2C

10. コスト構造

質問：
最大のコストは何か？

メソッド：
- コスト構造分析
- 固定 + 変動コスト
- パートナーシップの構築　または買収

実現性チェック（振り返り）

質問：
ビジネスモデルの実現可能性に満足しているか？

その他の質問：
- ビジネスモデルをテストできるか？
- 現時点でビジネスモデルをさらに改良できるか？
- 他の / さらに優れたパターンはあるか？

メソッド：
- ビジネスモデルのアナロジー

いいえ
1に戻る

はい
続ける

8. 主な指標

質問：
活動を管理するために必要な主な指標は何か？

メソッド：
- KPI
- Pirate Metrics（海賊指標）
- A/B テスト
- その他

12. 実験レポート

質問：
最大のリスクはどこにあるのか？
仮定 / 仮説はどのようにテストできるか？

メソッド：
- プロトタイピング + テスト
- 実験

7. 圧倒的な優位性

質問：
他者に真似されにくくするものは何か？

検討事項：
- エコシステムデザイン、ブラックオーシャン
- SWOT 分析、チーム分析
- その他

9. 収入源

質問：
収入源になりうるものは何か？
どのように稼ぐか？

メソッド：
- ソリューションのインタビュー
- 価格設定
- 顧客分析
- その他

フィールド1〜11に戻る

エキスパートのヒント
デジタル商品のリーンキャンバス

前述のように、通常、リーンキャンバスを作る上でエントリーポイント（第一ステップ）となるのは、課題（またはソリューションの場合も多い）の特定です。次に顧客プロフィールによって特定された顧客像に基づき、価値提案を定めます（バージョンA）。

ただ、デジタルな商品やサービスの場合は、他の部分から始めることもできます。

B) ソリューション経由

まだデジタル化されていない物理的なモノを探し、同じニーズを満たすものを物理的なモノではなくデジタルで作ります。

例：iPodやCDからストリーミングサービスへの流れ、食料品向け3Dプリンター

C) 既存の代替品の欠如によって

現在、ほぼすべてのモノがデジタル化されつつあります。多くのモノはデジタル化可能だと考えてまず問違いないでしょう。まだデジタルの代替品がないモノを探します。

例：法定紙幣から暗号通貨への流れ

D) 圧倒的な優位性の創出を通じて

自分のビジネスモデルが真似されることを防ぐための圧倒的な優位性もエントリーポイントになります。たとえば、ビジネスエコシステム全体を構築することで圧倒的な優位性を作れます。

例：WeChat（セクション3.3参照）

E) 物理チャネルではなくデジタルを経由して

Amazonのような企業はさらに新しいサービスによってチャネルを増やし続けています。直接またはパートナーを経由したデジタルアクセスもエントリーポイントになります。

例：Amazonのサービス

F) 既存のビジネスモデルを通じて

自分の環境または言語エリアで実施されていない既存のビジネスモデルです。既存のソリューションを真似して新しいデジタルコンテキストに適合させます。

例：眼鏡のオンライン販売店

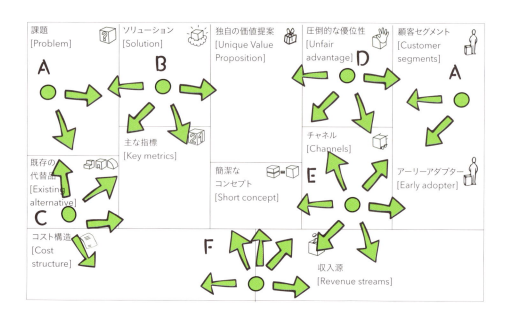

エキスパートのヒント
サービス化と他のビジネスモデル

　サービスモデル自体が差別化要因になることもよくあります。新しいビジネスモデルは長期的な収入の確保、顧客ロイヤルティの強化、または生産コストの削減などを目指します。広く普及しているトレンドの1つがサービス化です。サービス化（servitization）とは、顧客が物理的商品を所有しなくてもニーズが満たされることを意味します。

　有名な例に、ロールスロイスのエンジンの稼働時間に対して課金するモデルがあります。ソフトウェア業界の従量課金制度やアパレル業界のビジネスモデルもよく知られています。靴下やベビー服は今や月単位のサブスクリプションで注文できます。Vigga社が開発したモデルでは、ママがオーガニックのベビー服をリースできます。

　アパレル業界について言うと、別のビジネスモデルとして、リサイクルの問題が決定的な差別化要素です。基本的な発想は、廃棄商品から価値を創出するということです。たとえば、Flippa K社は顧客の古着を回収して自社のリサイクルショップで販売しています。

　リソースの効率的活用はビジネスモデルの重要部分になる可能性があります。YR社のような企業はこうした考え方を実践した典型例です。顧客は自分だけのオリジナルTシャツを作ってオンデマンドで生産できます。この方法なら、後に市場で売れにくくなるデザインの過剰生産が発生しません。顧客は商品とブランドに対して感情的なつながりも深く感じるようになります。

循環型価値創出	サービス化	無駄の削減
廃棄品から価値を創出（循環を完結させる）	顧客に商品（物理的なモノ）を所有させずに価値を創出	リソースの効果的利用を促進
リサイクルとリソース効率が焦点	すべて込みの気軽なパッケージ、従量課金制モデルなど	消費と生産を積極的に削減するソリューション
Flippa K：中古品店を経営	ロールスロイス：エンジンの稼働時間に対する課金	YR：Tシャツと靴のオンデマンド生産
閉じたループ	レンタルとリース	共創

エキスパートのヒント
価値提案の開発

ニーズ/アプローチ/ベネフィット/競合（NABC）分析も価値提案を定義できるシンプルなツールです。4つの分野の主な質問に適切な回答ができれば、価値提案は明確になります。

顧客プロフィールとは異なり、NABC分析は競合を十分に考慮するので、独自性をさらに重視することができます。

ニーズとベネフィットは顧客プロフィールから導き出します。リーンキャンバスで言うとアプローチはソリューション、競合は既存の代替品に該当します。価値提案はこうした要素から生まれます。

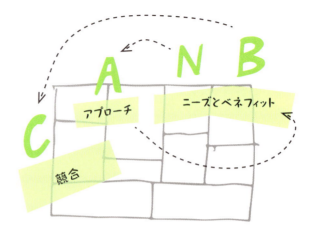

ニーズ

- どの顧客に対応するか？（内部/外部）
- 主な顧客のニーズは何か？
- 顧客が抱えている課題は何か？
- 改善の余地はどこにあるか？
- 機会はどこにあるか？
- 主な課題は何か？

アプローチ
（ソリューション）

- ソリューションに対するアプローチまたは成果を約束するものは何か？
- 商品、サービス、プロセスの提案は何か？
- 商品またはサービスがどのように開発され、市場に投入されるか？
- それによってどのように稼ぐか？（ビジネスモデル）
- どの技術ドライバーがビジネスモデルに影響するか？

ベネフィット

- 顧客にとってのベネフィットは何か？
- 顧客にとっての質的および量的ベネフィットは何か？
- ストーリーテリングの形でどのようにコミュニケーションできるか？

競合
（既存の代替品）

- 現在および将来に存在する代替品は何か？
- リスクは何か？
- 今まで課題はどのように解決されていたか？

優れた価値提案を構成するものとは？

経験から言えば、価値提案の妥当性確認において必ずチェックすべき主な成功要因は次の10点です。

1. 優れたビジネスモデルに組み込まれている
2. 大多数の顧客にとって重要なものに焦点を当てている
3. 顧客が大金を進んで払うようなトピックに焦点を当てている
4. 未解決の課題に焦点を当てている
5. 対象は数点のタスク、ペイン、ゲインのみだが、それを非常に見事に解決している
6. 機能面でタスクを充足していることに加え、タスクの感情的・社会的要素も考慮している
7. 顧客の成功のモノサシと一致している
8. 競合他社と差別化されている
9. 少なくとも1つの次元で競合他社より優れている
10. 真似しにくい

価値提案はどのように伝えるか？

伝える価値提案はできるだけ凝縮して1つの簡潔な文にまとめます。これがコミュニケーションに役立ち、アナロジーによってビジネスのアイデアが明確になります。たとえば、"Sailcom"（ボート版カーシェア）や"WatchAdvisor"（時計版TripAdvisor）などです。このアナロジーはリーンキャンバスで「簡潔なコンセプト」として描かれています。

リリーはまだコンセプトを1文で表すのに苦労しています。「デザインシンキングを予約して飛ぼう」とか「土壇場の課題解決」などが浮かびましたが、どうもアイデアが気に入りません。

エキスパートのヒント
サービスのデザインシンキングで価値創出

オペレーショナル・エクセレンスとサービス・エクセレンスを通じて、将来に備えた体制をすでに整えた会社に対し、サービスのデザインシンキングは差別化に必要なフレームワークを提供します。前述のように、これによってサービス化に重点を置いたビジネスモデルが生まれたり、顧客が年齢、収入、家族関係以外の分類でセグメント化されたりします。サービスデザインにはエクスペリエンスデザイン、UX、UIも含まれます。結局のところ、基本的な発想はデザインおよびシステムシンキングに基づいています。

保険業界におけるサービスデザインの適用例を見てみましょう。スイスの保険会社 Sanitas はサービスの一環として Swissmom ポータルを導入しました。これにより、子供が欲しいと思った段階から妊娠出産を経て乳幼児の育児期間までを網羅した、母になる女性との持続的なインタラクションが可能になりました。サービスには新生児向けの保険も含まれています。さらに、母親はママたちのコミュニティに参加することができ、育児のための幅広い商品やサービスを入手できます。

サービスにおける品質とオペレーショナル・エクセレンスは、かつては前面に押し出されていました。ところが、体験（エクスペリエンス）の重要性が高まり続けているため、今後は価値が主役になるでしょう。バリュー（価値）エクセレンスを生むのは、顧客中心主義の重視と、顧客との密接かつ先回りした連携です。いわゆるカスタマー・エクスペリエンス・チェーンを土台とし、最初の顧客とのやりとりから商品の保証まで、顧客とのタッチポイント（接点）をマッピングします。

経験からお勧めするのは次の2つのツールです。
- カスタマージャーニー（カスタマー・エクスペリエンス・チェーン）
- サービスブループリント（カスタマー・エクスペリエンス・チェーンの延長上にある青写真）

カスタマー・エクスペリエンス・チェーン（カスタマージャーニー）は、顧客が会社と接触し、付き合っていくプロセスを表します。ここでの課題は、サービスや商品を通じて顧客のジャーニー（旅）をデザインすることです。すべてのタッチポイントを検討する必要があります。

サービスブループリントはカスタマー・エクスペリエンス・チェーンの延長であり、サービスの提供も含みます。サービスブループリントの使い方については234ページで説明します。

カスタマージャーニー
CUSTOMER JOURNEY

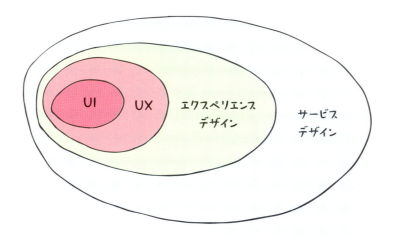

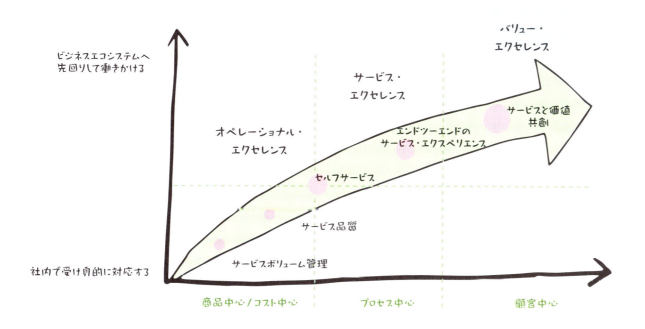

どうすれば…
サービスブループリントを活用できるか？

サービスブループリントを使うことによって、たとえば、サービスのプロトタイプを統一的かつ理路整然とした方法で説明することができます。

サービスブループリントは、サービスのプロセスを視覚化して構造化するメソッドです。さまざまなレベルで区別されます。

- 顧客が経験する活動
- 顧客に関連し、目に見える提供者の活動
- 顧客に直接関連するが顧客の目に触れない、提供者の活動
- 提供者またはパートナーの支援活動とシステム

1と2は顧客の活動、3〜5は提供者の活動を表しています。

このメソッドは分かりやすく、適用しやすく、顧客を中心としたものです。ブループリントは反復的に改善して適合させることができます。反復によってプロセスの弱点も特定できます。

経験から言えば、チームは付箋紙を使ってサービスブループリントを簡単に作成できます。次のステップ通りに進めてください。

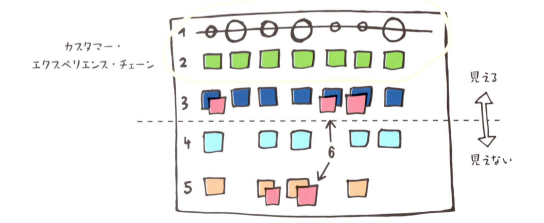

1. タイムライン上の顧客の行動と活動 （大小の丸がそれぞれの活動を示す）

- 主な行動は何か？
- このステップで何が起きるか？

2. 顧客インタラクション（緑の付箋紙）

- 顧客とのタッチポイントは何か？

3. 提供者の見える活動（青の付箋紙）

- アクターは誰か？
- 総じて誰が関与するのか？
- 提供者の行動とは何か？

4. 目に見えない活動（水色の付箋紙）

- 顧客には見えない活動とは何か？

5. 支援活動とシステム（オレンジの付箋紙）

- 全体を支えているのは何か（ソフトウェア、プラットフォーム、プロセス）？

6. 評価（赤の付箋紙）：

- 何が要注意か？ エラーが起こりうるのはどこか？
- どこにリスクと脆弱性があるか？

その後で、改善、新しいプロセス、またはサービス全体のためのアイデアを導き出すことができます。サービスブループリントは顧客/ユーザーとのインタビュー/テストでも状況を把握してフィードバックを得る上で役立ちます。

エキスパートのヒント
コンセプトから拡張するソリューションへつなげる

通常、デザインシンキングの旅はコンセプトで終わります。すでに有用性、技術的実現性、経済的実現性は実証できています。ところが、ソリューションの拡張にはまだ長い道のりが待っています。今後のフェーズでは、ビジネスデザインと商品開発が別々に行われることが多くなります。経験から言えば、顧客のための開発、ビジネスのための開発、商品のための開発を連携させることで収益性が上がります。

たとえば、反復的な**サービス開発**は顧客との綿密な接触によって実現できます。カスタマー・エクスペリエンス・チェーン、サービスブループリント、モックアップ、ウェブのテストサイトとテストアプリなどのおかげで、サービスを反復的に、より迅速なサイクルで顧客に試してもらい改善させることがかつてないほど容易になっています。**ビジネスデザイン**も顧客との密な接触によって行えます。ビジネスモデルはテスト、適応、改善されます。その他の要素はすべて、マーケティングから価値提案まで、リードユーザーまたは潜在的顧客に対してテストして開発することができます。優れたビジネスデザインというのは、明白な市場機会を見つけ、拡張可能な事業に発展させることを可能にするものです。

さらに、最終的に拡張する可能性を高めるために、顧客は開発フェーズで発掘して取り込んでおかなければなりません。スティーブ・ブランクはこのアプローチを**顧客開発**と呼んでいます。

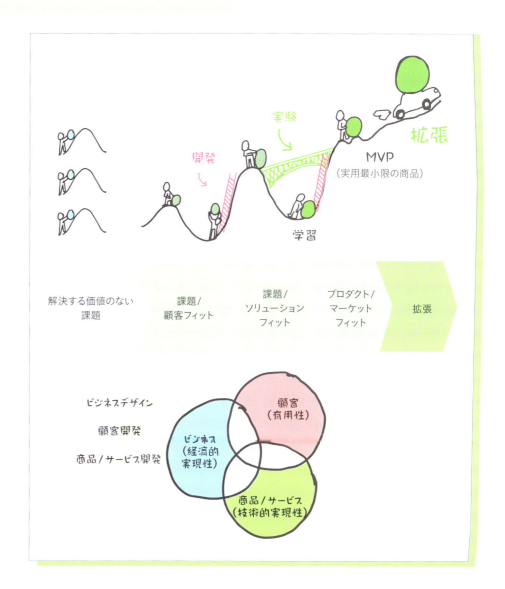

どうすれば…
体系的な方法で事業を拡張させられるか？

デザインシンキングによって、顧客と課題のフィット（合致）を実現することができます。つまり、顧客と課題に関する理解を必要とされるだけ深められるということです。リーンスタートアップを使って、まずは課題とソリューションのフィットを作ります。次に、これをプロダクトとマーケットのフィットへと改善します。プロセスを進めるうちに、実験を通じてリスクを段階的に低減すると同時に、プロジェクトの価値を高めます。単純なプロトタイプから実用最小限の商品（MVP）を開発し、これを反復のたびに拡張して、顧客に対してテストします。市場投入を成功させるには、ビジネスエコシステムのデザインが非常に重要になっています。MVE（実用最小限のエコシステム）は目標とするエコシステムシナリオのテストに役立ちます。

さまざまなアプローチを発展させて採用しているので、再び図解を用いて、開発の各ステップとそれぞれにおいて使えるアプローチをまとめました。マークのように、まだジャーニーの出発点にいて、解決すべき課題を見つけたばかりというイノベーターに向いています。

言うまでもなく、リーンスタートアップ、ビジネスデザイン、顧客開発などそれぞれのアプローチは、デザインシンキングと同様のマインドセットを持ち、組み合わせて使うことができます。

次ページに、「問題提起から成長と拡張へ」フレームワークをステップごとに解説します。

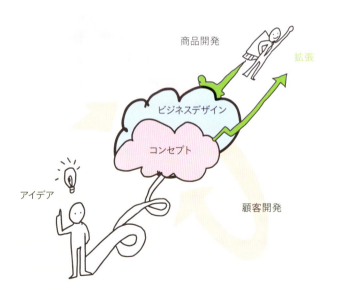

「問題提起から成長と拡張へ」フレームワーク

1 デザインシンキング
- 潜在的ユーザー、顧客、ステークホルダーを決定する
- デザインシンキングで実際の顧客ニーズを特定する
- シンプルかつ洗練されたソリューションを見つける
- システムシンキングとデータ分析を使う

3 共創
- さらに顧客、ユーザー、リードユーザーを獲得して維持する
- 外部から必要な支援を得る
- 部署や組織の枠を超えたチームで取り組む
- MVP/MVE を開発してパートナーおよび顧客と信頼関係を築く

5 ビジネスエコシステムデザイン、商品と顧客のアジャイル開発
- 活動を課題解決からソリューション探求へとシフトし、ビジネスエコシステムデザインで適切なビジネスモデルを見つける
- 商品とビジネスモデルのアジャイル開発を進める（スクラムなどのメソッドを使用する）
- ビジネスモデルの開発は複数パターンを考える
- エコシステムのすべてのアクターのビジネスモデルを多次元で検討することが成功要因となる

2 調査
- 課題と状況を大局的に理解する
- 市場調査の手法を活用する
- 知見を検証して補完する

4 リーンスタートアップ
- リーンスタートアップアプローチを使って、少ない資金で商品／サービスを開発する
- ソリューションを段階的に構築する
- ビジネスモデルを迅速な反復によって改善して検証する
- 最大の不確実性を実験で解明する

6 拡張
- ビジネスを成長させ拡張させるために組織の体制を整える
- 拡張可能なプロセス、構造、プラットフォームを確立する
- 漫然とブループリントに従うのではなく、組織のマインドセットとスキルを確認する
- 組織全体を1ステップ先へ前進させ、新境地を開拓する

エキスパートのヒント
リーンマネジメントへの拡張

事業拡張にいったん成功したら、リーンマネジメントを使うことでスリムな（リーン）構造を維持しながら潜在能力を最大限に発揮することができます。つまりイノベーションを活かすための重要要素であり、拡張させるための燃料のようなものでもあります。

経験から言えば、既存の商品やサービスに関する下記の原則に従って、顧客志向のデザインシンキングのマインドセットを拡張することが役立ちます。特に急成長している企業では、一連の価値創造プロセス全体をマスターしていなければなりません。

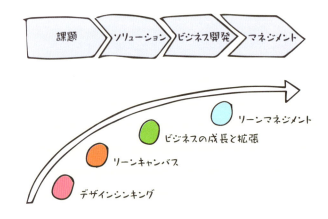

- 強みに焦点を当てる
- ビジネスプロセスを常に最適化する
- 継続的な改善を見込む
- 組織内で顧客志向を実践する
- チームが責任もってミッションを達成することを信頼する
- 分散化した顧客本位の組織構造で活動する
- 社員のリーダーシップの元で最善のサポートを提供する
- オープンで直接的なコミュニケーションを推進する
- リソースを節約して浪費を防ぐ

リーンマネジメントはビジネスモデルでのアイデアの実行をさまざまな面から支援します。たとえば、固定費はアウトソーシングで削減することができ、社員の能力を拡大することで社内の組織構造を変えることができます。

リーンマネジメントの典型的なツールには、バリューストリームデザイン、継続的改善プロセス（CIP）、5S、TPM、カンバン方式、巻紙分析などがあります。

さらに、デザインシンキングは反復という方法でプロセスと手順の再設計を可能にします。経験から言えば、プロセスを具体化し、各ステップを物理的に実行できるものにし、実際の必要性を吟味することが非常に役立ちます。そうすれば、会社の一連の価値創造プロセスに沿ったさまざまな活動が改善されます。つまり、構造とプロセスの最適化と、チームの能力の拡大という2つの手段があるのです。そのためには、少なくともT型人材、前向きなエネルギー、そしてリーダーシップが必要です。

ここまでのポイント
ビジネスモデルをデザインするには……

- デザインシンキングで顧客ニーズの把握を開始し、課題とソリューションのフィットを目指します。
- リーンキャンバスを使ってデザインシンキングからの知見をまとめます。
- 異なるビジネスモデルとアイデアに対して、複数パターンのリーンキャンバスを作り、最も有望なものを選びます。
- 時間をかけましょう。優れたビジネスモデルが数時間で誕生することはまずありません。貴重な洞察は時間をかけてこそ得られるものです。
- 非常に優れた独自のセールスポイントと価値提案を決定します。さまざまなツールと実験を利用します。たとえば、顧客プロフィールやNABC分析で価値提案を導き出します。
- 実験を通じてリスクを系統的に排除し、リーンキャンバスを適合させます。
- 後で、市場の要求または顧客の希望に応じてビジネスモデルを修正します。
- イノベーションプロジェクトでは、実績ある会社でもデザインシンキング、調査、共創、リーンスタートアップのアプローチを組み合わせるべきです。
- ビジネスを大きく拡張させる場合、効率と有効性を最適化するために、早い段階でリーンマネジメントを取り入れます。

3.3 ビジネスエコシステムデザインを築く

　ビジネスエコシステムで考えるという手法に斬新な点は何もありません。1990年代にジェームズ・ムーアがビジネスエコシステムを、インタラクション（相互作用）し合うさまざまな組織や個人によって支えられた経済的コミュニティとして描きました。つまり、ビジネス界の有機的組織を生物界のエコシステム（生態系）になぞらえているのです。こうした有機的組織は時とともにスキルを伸ばし、システムにおける市場での役割を強化するかたわら、自らを1つまたは複数の企業に適合させようとします。現在では、デジタルエコシステムを通じた進化アプローチは「ブラックオーシャン戦略」とも呼ばれます。エコシステムデザインの代表例といえばAppleとAndroidです。どちらの企業もアプリのためのエコシステムの創出に成功しています。

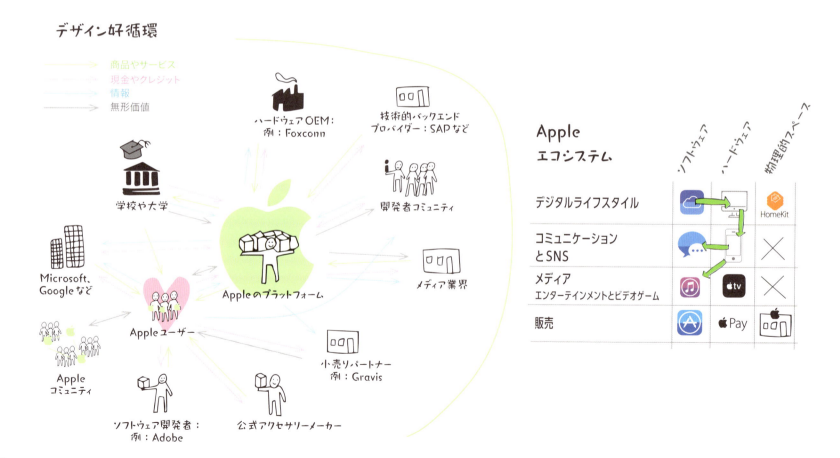

もう1つの例がAmazonです。当初の中核ビジネスの他に、Amazonは複数のエコシステムを構築することに成功し、その運営も順調です。Amazon Vendor ExpressからAlexa/Echo、さらにアマゾンウェブサービス（AWS）まで幅広く扱っています。Amazonはデジタルエコシステム効果の好例です。このようなエコシステムは1つのブランドで幅広いデジタル商品/サービスを統合し、主要商品を販売し、さまざまなサービスが互いに補完するようにして成長を促し、オープンなインタフェースまたは相互運用性を確保します。さらに、リピーターを引き寄せるロックイン効果が生まれることも多く、これは使い勝手の良さとセキュリティの高さが確保され、データの主権とデータ保護が確約されているからです。

ビジネスモデルを個別に検討するなら、「ブルーオーシャン」モデル（キム＆モボルニュ）を使えば十分です。ブルーオーシャン戦略とは、境界を越えて、競合他社から明確に差別化できるサービスを確立するというものです。一方で、ブラックオーシャン戦略の目標は競合他社による市場参入を不可能にすることです。

既存の規則は変更され、新しいフレームワーク条件が作り出され、「圧倒的な優位性」が築かれ、必要に応じて使用されます。システムシンキング（セクション3.1参照）とビジネスモデルのデザイン（セクション3.2参照）はこのようなビジネスエコシステムのデザインにとって基本的スキルです。

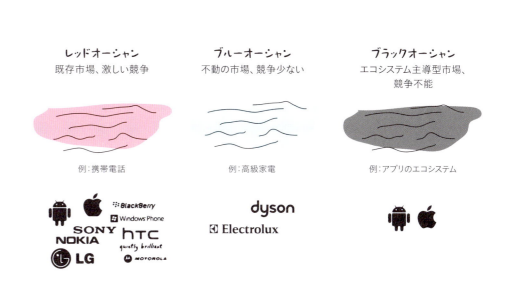

分散型システムのビジネスエコシステム

ブロックチェーンを実現技術として使用する多くのプロジェクトは、ビジネスエコシステムデザインにとって宝の山のようなものです。新しい分散型ネットワークは既存のビジネスモデルを無効にし、プロセス、バリューストリーム、取引の大変革を可能にします。よく知られたビジネスモデルがあっという間に限界に達するのは、会社の主要ビジネスに大半の力を注ぎ、直接の顧客とサプライヤーのみを考慮しているからです。エコシステムのアクターとそのバリューストリームを多次元的にとらえる視点は省略されてしまいがちです。だからこそ、ビジネスエコシステムを考えることが成功の要因となっています。

ビジネスエコシステムの基本的な考え方とは？

ビジネスエコシステムを構築するには事前投資が必要です。たとえば、コアスキル開発のためのプラットフォームやその他のイノベーションを立ち上げるには、コストが発生します。プラットフォームを確立することで、技術的スキルがあることを示すことができます。ただし、これによって他のアクターとの長期的関係は生まれません。経験に基づいてぜひとも推奨したいのは、だからこそビジネスエコシステムへ投資し、システム内の各アクターがどのようにプラットフォームから利益を得るか、どのビジネスモデルがそれぞれのアクターにとって実を結ぶかを考慮すべきだということです。私たちのアイデアによってこの環境で生計を失うアクターもいるでしょう。ビジネスエコシステムで創出される収益によって、他のビジネスモデルにコピーされない限り、こうした投資を回収できるはずです。こうして、簡素化されたモデルによる総合的な価値提供を行うことができるようになります。エコシステムに投資することで、商品やサービス全体の価値が上がっていくのが理想です。

デジタルビジネスエコシステムで重要なことは、ますます分散型構造で考えること（図を参照）です。従来の集中型パートナーネットワーク（成熟度1）では、1つの会社にしか適合していないか、ごく単純なカスタマー・エクスペリエンス・チェーンにしか対応していません。集中型ビジネスネットワーク（成熟度2）は、中心的プレイヤーがいることが特徴で、このプレイヤーがネットワーク全体をコントロールしようとします。このようなネットワークは、たとえば自動車業界などに存在します。それに対し、デジタルビジネスエコシステムでは中心がないことが

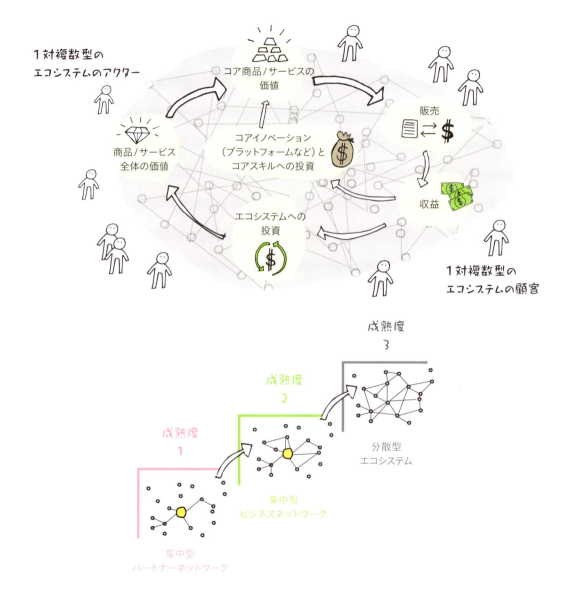

多く、多くのプレイヤーがネットワーク内で同等の地位で活動します（成熟度3）。

ビジネスエコシステムのコンセプトはどの成熟度でも適用できます。本書では、次の特徴を持つ成熟度3のビジネスエコシステムに焦点を当てます。

- ユーザー/顧客に焦点を置く
- ゆるやかに組み合わされ、共創に向けてデザインされている
- ネットワーク化された分散型のシステム要素
- 互いに連携し、受け入れられたアクターの価値システム
- 異業種間の商品やサービス
- 参加者とアクターに最大の利益
- 新しいテクノロジー（ブロックチェーンなど）により実現

エコシステムのチャンピオンはどのように システムを構築するか？

　従来、エコシステムは、数名の顧客を対象とした価値提案全体のテストを反復することで構築されてきました。試行期間を経てすぐに運用を開始しており、開発コストはたいてい運用開始の前に発生するものでした。一方で、WeChatの例に見られるように、**実用最小限のエコシステム（MVE）**を進化させていくという手法があります。このアプローチでは、エコシステム内に十分なプレイヤーがいれば機能と価値提案が洗練されていきます。今日のWeChatはこのやり方で過去10年間をかけて組織的に開発されたデジタルエコシステムです。エコシステムは現在、暗号通貨やブロックチェーンにより拡張中です。

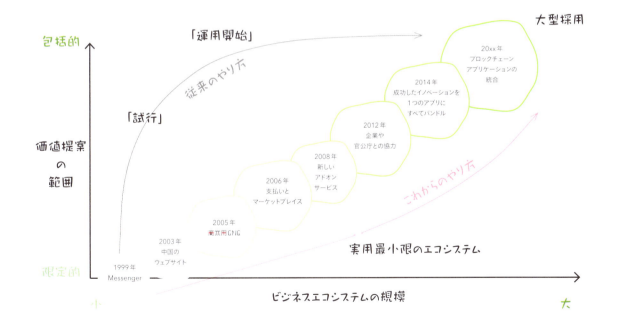

関連レイヤー
メディア、金融、社会的大義（使命）

社会的レイヤー
経済、技術、法律

拡張レイヤー
サードパーティ開発者、公式アカウントプラットフォーム

コア
WeChat ソーシャル
WeChatユーザー

マークが描くビジネスエコシステムは？

マークと彼のチームは、ブロックチェーンの技術を基盤にしてデジタルな医療記録というビジネスモデルを実現する予定であり、そのエコシステム構築の課題に直面しています。

マークはビジネスエコシステムのためのアイデアを形成するため、いくつかの基本原則を考案しました。

第一に、技術としてのブロックチェーンは既存の境界や業界固有のルールなどを打破すると確信しており、第二に業界がこれから激変すると信じているということです。多くの分野で業界の大手老舗が没落するでしょう。これは、世界のどの大陸であれ必要なITインフラを備えた国ならば、未開拓市場に参入する機会があることを意味します。

マークと彼のチームは、迅速かつ斬新な対応をする者がこのゲームに勝つという原則に基づいて行動しています。マークはビジネスエコシステムをデザインする時は常に大局的な視点を忘れないようにしています。システム内のすべてのアクター、特に患者にとって利益をもたらすような本人確認、治療、明細、サービスの検証、投薬、払い戻しのサイクルを確立できるシステムをデザインしたいと思っています。

ユーザー/患者のニーズは何か？

観察と調査を通じて、マークと彼のチームは医療システムと患者のニーズについて多くの発見がありました。チームはカスタマー・エクスペリエンス・チェーン（「現在の患者のジャーニー」図を参照）に取り組むことで、システム内のインタラクション、ニーズ、混乱を説明することができます。リンダは病院の日常業務を熟知しているので、エキスパートの視点から重要な情報を大いにもたらすことができました。さらに、このようなシステムには成長の可能性があることをGoogleのDeepMindのような取り組みが示しています。これを基に、マークは中核的な価値提案、つまりエコシステムの設計をより深めるための土台を導き出しました。

現在の患者のジャーニー

1) 患者は具合が悪い。ネットで調べる。

インターネットの掲示板
SNS
研究データ

2) 患者は医者を選ぶ。医者は患者の病歴を調べ、カルテを作成する。
電子患者記録と電子カルテ

3) 医者は病気を診断し、治療法を提案するか、治療法を次の医者に紹介する。(2に戻る)

公的医療データ
検査結果
ゲノムデータ

4) 治療担当医師が明細を作成し、請求書を患者または保険会社に送る。

明細データ

5) 患者はネットでの調べものを続け、掲示板で情報を得て、友人に相談する。その上で、治療を受けるか拒否するかを決定する。

患者、コミュニティ
SNS
研究データ

6) 患者は治療を開始する。治療の成功は医師の診察を通じて追跡される。モバイル端末、アプリ、ウェアラブル端末、あるいは追加の検査がプロセスを支援する。

中心的エコロジーシンキング

ビジネスエコシステムのユーザー／顧客とアクターは誰か？

マークたちのチームは患者とアクターのそれぞれの視点からさまざまな新しいニーズを発見しました。しかし、チームのより大きなビジョンは医療システムのさらなる効率化です。特に濫用を招くことの多い請求書の情報の排他性という弱点を改善したいと思っています。彼らは早い段階で初期機能を市場で患者に対してテストし、リーンスタートアップの方法論を適用しようとしています。

マークたちには、患者とシステム内のアクターの、日々のニーズを改善するというビジョンがあるため、考慮の対象は患者だけでなく医療提供者と医薬品業界にも向けられています。こうしたアクターを十分に考慮しながら、ビジネスエコシステムが徐々に再定義されます。

アクターたちはビジネスエコシステムのどこに位置するのか？

マークたちのチームはアクターをマップ上に配置してそれぞれのバリューストリームを描きます。そうすることで、MVEの「デザイン好循環」が生まれます。

医療提供者（医師など）のニーズ：

医薬品会社のニーズ：
- 投薬と知見

患者のニーズ：
- データへのアクセス
- データの所有権とコントロール
- 完全性と即時性
- プライバシー
- 利用可能性
- 自動分析と比較
- 支払い
- データのマネタイズ（ケースによる）
- ……
- ……

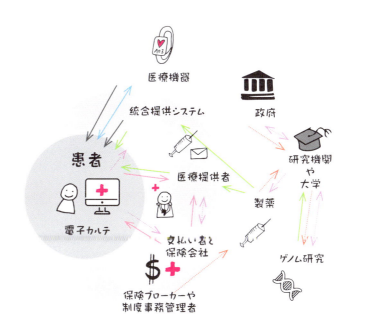

バリューストリーム
- 商品やサービス
- 現金やクレジット
- 情報
- 無形価値
- デジタル資産
- 暗号通貨

エコシステムのアクターにとっての利点とは？

ビジネスエコシステムマップ上で何度か反復を行った後で、マークたちが初回のMVEについて念頭に置いた3つのアクターにとっての利点が明らかになりました。エコシステムの簡易版モデルによると、各アクターには患者とのインタラクションの改善によってもたらされる明白な戦略的利点があります。さらに、チームは各アクターの詳細分析も行いました。強み、弱点、機会、脅威（SWOT分析）とそれにより生じる各アクターにとっての利点とモチベーションが明確になりました。

ビジネスエコシステムはどのように再設計できるか？

マークのチームが創造的破壊を起こそうとしているのは、カルテ用のプライベートブロックチェーンに関する部分です。カルテには患者の医療情報がすべて含まれ、患者はどのアクターと医療データを共有したいかを決定します。さらに、データは匿名化できるので、関連情報がフィルタリングされ、治療の効率性と有効性に関する知識が分析されます。こうして知識が蓄積され、薬剤研究が促進されます。医療データには分散型システムで入力されたすべての関連情報が含まれます。アクセスは、各患者が「鍵」を持っているプライベートブロックチェーンによって制御されます。次のステップでは、システム全体が人工知能（AI）と機械学習によって強化され、中期から長期の医療システムの効率性と有効性を改善します。

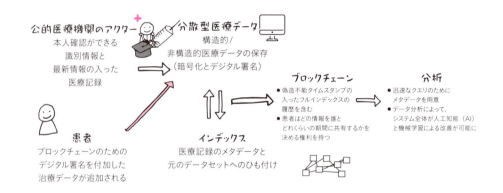

マークはどのようにビジネスエコシステムのデザインスキルを上げていくのか？

ビジネスエコシステムでの中心的な役割に備えて、マークはデザインシンキングのマインドセットと成果を反復的に実践しています。これまで観察してきたビジネスエコシステムの現在の構造を出発点として使用しました。この構造は規制や既存のテクノロジーを基盤として、何年もかけて築かれたものです。保険ブローカーや医療関係者を排除するといったいくつかのデザイン原則によって、このようなエコシステムは再設計することができます。

どうすれば…
ビジネスエコシステムを創出できるか？

　ビジネスエコシステムデザインの中心的な出発点はニーズを持つ顧客/ユーザーであり、定義済みの問題提起文を基にしています。有名なデザインシンキングのツールであるカスタマー・エクスペリエンス・チェーン、顧客プロフィール、ペルソナなどを使います。これはエコシステムを設計する前に行います。エコシステムの設計は通常、顧客/ユーザーとビジネスという2つのレベルで行われ、関連する技術やプラットフォームも同様です。本書のビジネスエコシステムモデルには合計10段階あり、これが「デザイン好循環ループ」「妥当性確認ループ」「実現ループ」に分割されます。

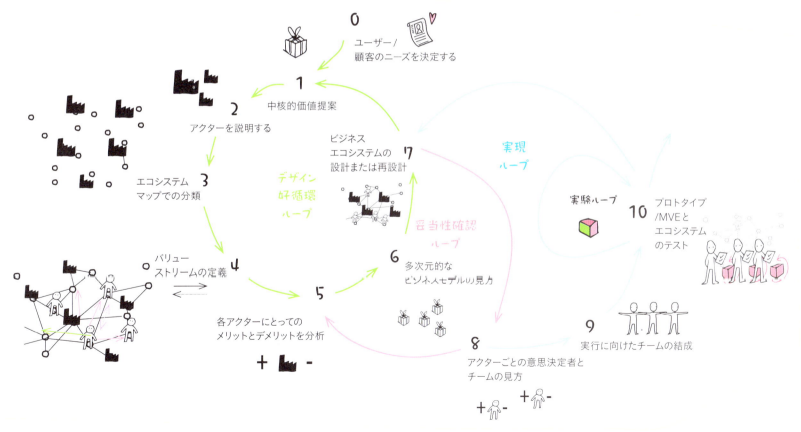

デザイン好循環ループはどうやって始めるのか？

1）中核的価値提案を決める

ユーザー/顧客またはシステムに向けた中核的価値提案は顧客ニーズから導き出します。

2）ビジネスエコシステムのアクターを特定して説明する

まずはどのアクターがエコシステムに関連しているかを検討すると良いでしょう。市場における一般的な役割で、事前に定義できるものがいくつかあります。分析のため、有名な戦略的かつ体系的な分析法を使用できます（PESTEL分析：外部市場分析のフレームワーク[Political factors：政治的要因、Economic factors：経済的要因、Social factors：社会的要因、Technological factors：技術的要因、Environmental factors：環境的要因、Legal factors：法律的要因]、その他）。会社の説明には、システムでの機能と役割、主なモチベーション、中核的価値提案との適合性を簡単にまとめ、全体像をとらえやすくします。さらに、各アクターの関係の強さと現在のビジネスモデルおよび他の側面を示します。

3）エコシステムマップのさまざまなエリアにアクターを配置する

エコシステムマップにアクターを入れます。当該業界やユースケースに応じてマップを4分割したりすることもできます。中核的価値提案は中心に置きます。補完的な商品やサービス、関係するネットワークおよびそのアクターや顧客は、外側の円に配置されます。個々のエリアの境界線はあいまいです。

4）バリューストリームを定義してアクターとつなげる

ビジネスエコシステムデザインの中心を占める要素の1つは現在および将来のバリューストリームを形成することです。従来のビジネスにおけるシンプルなエコシステムでは、物理的商品/サービスのフロー、現金/クレジットのフロー、そして情報があれば十分でした。デジタルおよびデジタル化バリューストリームでは、無形価値が大きな重要性を持ちます。無形価値とは、知識、ソフトウェア、データ、デザイン、音楽、メディア、アドレス、仮想環境、暗号通貨、あるいは所有権と所有物のアクセスや移転などです。こうしたバリューストリームはますます分散化され、アクター間で直接交換されます。さらに、システム内にはネガティブなバリューストリームもあり、たとえばリスクの移転などによって発生するということも念頭に置かなければなりません。

5）各アクターにとってのメリットとデメリットについて認識を高める

アクターがエコシステムに配置され、バリューストリームが明確になった後に、各アクターにとっての効果を分析できます。このフェーズでは、各アクターがネットワークでの連携によって得るメリットとデメリットに焦点を当てます。明確なメリットがなければ、アクターにシステムに対する強い関心を持ってもらうことはできません。

6）各アクターのビジネスモデルを多次元的にとらえる

前フェーズからの分析によってビジネスモデルを多次元的に見ることができます。特に各アクターの顧客に対する価値提案を考慮し、最終的には顧客/ユーザーに対する中核的価値提案にアクターがどのように貢献するかを考えます。各アクターの価値提案がマッチすることを確認します。最終的に、すべてのアクターがシステムにおける機会とリスクの配分が公平だと認識し、システムから直接的または間接的に生じるバリューストリームを理解する必要があります。多くの企業では、デジタルビジネスエコシステムとのインタラクションはデジタル変革の一環です。セクション3.6で、この課題について再び取り上げます。

7）ビジネスエコシステムの設計と再設計

このフェーズでは、ビジネスエコシステムが反復的に改善されます。反復の間にアクターが追加または削除されます。たとえば、既存のシステムを変更して改善するプラットフォームプロバイダー、ハードウェアベンダー、付加価値サービスなどを追加できます。新たに設計または再設計されたエコシステムのさまざまなバージョンについて、それぞれ各アクターとバリューストリームを特定します。経験から言えば、反復と実験によってシナリオの堅牢性を証明することが重要です。

妥当性確認ループでは何が起きるのか？

8) ビジネスエコシステムの意思決定者と潜在的チームメンバーを確認する

フェーズ1〜7を通してシステムをデザインしました。とはいえ、アイデアが本当に実行可能かどうかは現実で知るしかありません。妥当性確認ループでは、どの特定のアクターについて最初に妥当性を確認してシステムを発展させるかを検討します。参加している個人とチームのいわゆる異種間関係によってビジネスエコシステムの存在が保証されます。このために、関与する個人の関心、ニーズ、モチベーションを理解する必要があります。特に（広義的な）共生においては、すべての個人がインタラクションから利益を得て、良い効果が生まれ、システムの発展へとつながります。エコシステムの一部になるという理性的判断に加え、個人的モチベーション（たとえば意思決定者からの）も少なくとも同等の重要性を持ちます。

実現ループでは何が起きるのか？

9) 新しいビジネスエコシステムをデザインするためのモチベーションの高いチームを結成する

ビジネスエコシステムをデザインする時に、顧客/ユーザーのニーズとアクターのニーズを考慮しました。実施が成功するには、ビジネスエコシステムを作る人たちも必要です。意思決定者は、MVEの範囲、予算、時間枠などの条件を設定します。これらはプロジェクトを成功させる要因です。チームは実際の実行者であり、前向きなエネルギー、直観的モチベーション、関心、スキルをもたらします。

10) MVEで段階的にビジネスエコシステムを構築する

デザインシンキングのマインドセットとリーンスタートアップやアジャイル開発のアプローチを使って、エコシステムを反復的に構築して改善します。プロトタイプを作成し、系統立ててテストします。成熟度3（市場に抜本的な変化を引き起こして業界全体を革新する）のエコシステムの再設計は、デジタル変革により従来のビジネスをおびやかすものです。そのため、企業文化、実践されるマインドセット、ビジネスエコシステムで思考する能力は、これまでに説明した要素と並んで成功に欠かせないものです。

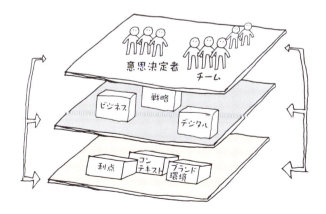

エキスパートのヒント
ビジネスエコシステムのデザインキャンバス

　これまでさまざまなキャンバスモデル（リーンキャンバスやユーザープロフィールキャンバスなど）に取り組んできたため、ビジネスエコシステムキャンバス（リューリック＆リンク）をシステムの反復的開発に使う下準備ができていると言えるでしょう。8つの要素に基づき、設計サイクル全体（探求、設計、構築、テスト、再設計）を通して適切な質問をします。原則として、新しいエコシステムの設計はどこからでも始まる可能性があります。ただし、探求フェーズでは典型的な出発点である顧客とユーザーのニーズの記録から外れないことをお勧めします。

　エコシステム設計キャンバスでは、すべての必須ステップが盛り込まれています。各反復の後では実践バージョン（写真付きなど）を記録するとよいでしょう。そうすることで、検討されたことが詳細に記録され、追跡や把握がしやすくなります。一般に、新しいシステム（未開拓分野）でも既存のエコシステムでも、ビジネスエコシステムキャンバスで改善できます。斬新なエコシステムを設計する時は、ビジネスエコシステムの特定のアクターがすでに助走段階で削除されることがあります。もう1つの実践的アプローチは、まず現在主流のビジネスエコシステムを描き、2回目の反復で最適化（再設計）するというものです。特に既存のビジネスエコシステムを抜本的に再構築する場合は、第二のアプローチのほうが合理的です。これによってプロセス、手順、情報、バリューストリームを再定義できるからです。

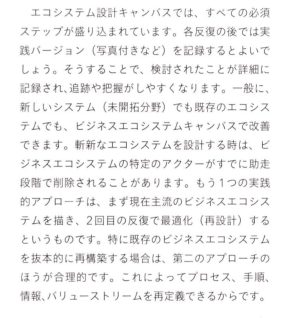

ビジネスエコシステムのデザインキャンバス

ユーザー/顧客のニーズを決定する
- 顧客またはユーザーは誰か？
- 顧客/ユーザープロフィールを説明する（ペイン、ゲイン、jobs-to-be-done、ユースケース）
- 解決すべき課題とは何か？

中核的価値提案
ユーザー/顧客にとっての中核的価値提案とは？

バリューストリームの定義
- 現在と将来の（肯定的および否定的）バリューストリームは何か？
- どの商品/サービスストリーム、現金/クレジットストリーム、データ、情報フローか？
- デジタルおよびデジタル化バリューストリーム/資産は何か？

アクターを説明する
- ビジネスエコシステムのアクターは誰か？
- システムにおける機能と役割は何か？
- ビジネスエコシステムに参加するためのモチベーションは何か？

設計/再設計

設計：
- ビジネスエコシステムで中核的価値提案を提供するために、どのアクターが重要か？（配置は内側から外側に向かって）
- 高度および補完的商品/サービスのあるアクター、経営管理部門、直接的または間接的にシステムの一部であるその他のアクターも配置する。

再設計：
- 異なるアクターでさまざまなシナリオが存在するか？
- どのアクターを削除できるか？
- バリューストリームを多次元的に拡張または改善するアクターはいるか？
- ビジネスエコシステムは堅牢で、新しいシナリオで生き残れるか？

探求 ／ 構築／テスト

ビジネスエコシステムのプロトタイプ、テスト、改善
- どの MVE で始めるか？
- MVE をどのように、どこでテストできるか？
- バリューストリーム、ビジネスモデル、エコシステムにおけるアクターの役割を反復的に改善するために役立つのはどの経験か？

各アクターの強みと弱みを分析
- 各アクターにとってのメリットとデメリットは何か？
- システム内の強み/弱点と機会/リスクは何か？

多次元的なビジネスモデルの見方
- 結果として生まれた各アクターのビジネスモデルと価値提案はどのようなものか？
- それぞれのビジネスモデルは中核的価値提案にどのように貢献しているか？
- 定義された中核的価値提案は全アクターの価値提案をまとめたものか？

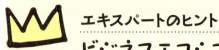

エキスパートのヒント
ビジネスエコシステムデザインの成功要因

ビジネスエコシステムデザインに基づくパラダイムを適用するには、次の5つの成功要因について留意しておく必要があります。

3. エコシステムの管理：
システムとともに、システム上で、そしてシステム内で仕事をする能力を研ぎ澄ましてパートナーを巻き込み(共創)、すべてのアクターに対して利点を創出します。

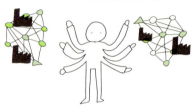

1. エコシステムの意識：
自分たちをエコシステムの一部とみなし、その中での自らの役割や姿勢を認識する能力を伸ばしましょう。また、他の人々やアクターの視点から、さらにさまざまな角度から自分たちを見ることも必要です。

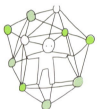

4. 持続可能なエコシステムの発展：
この分野で長期的にシステムシンキングとデザインシンキングを推進して改善する能力を確立し、さらにアジャイル的な方法でエコシステムを発展させます。

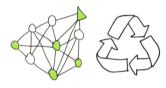

2. システムのさまざまな選択肢を理解する：
意識的にエコシステムを振り返り、自分自身のため、さらにエコシステム全体のために、意図的にバリューストリームを修正していくには、どういった姿勢が有効かを想像できるようにする必要があります。1つのMVEから始め、これを段階的に拡張していきます。

5. ビジネスデザインエコシステムとリーダーシップ：
システムデザインを組織の文化に組み込み、既存のルールを意識的に打破する能力を伸ばします(ブラックオーシャン)。

ここまでのポイント
ビジネスエコシステムを構築するには……

- ビジネスエコシステムを設計するためにシステムシンキングの成功要因について熟考します。
- エコシステムの複雑さを受け入れ、常に大局的視点を維持します。
- エコシステムに基づくアプローチでは、顧客の日常業務とニーズが多くのビジネスモデルの重要な基盤を作ります。
- ユーザーとアクターを価値提案、補完的商品/サービス、ネットワークの参加者との関連で配置します。
- アクターを情報、現金、商品、デジタル資産や暗号通貨などのバリューストリームとつなぎます。
- また、エコシステム内のアクターがどのように稼ぐかを考え、可能性のある収入源を示し、自分のビジネスエコシステムが魅力的に見えるようにします。
- ビジネスエコシステムの設計では、技術的な躍進によって、もはや関連性がなくなった特定のアクター（仲介者など）を事前に削除します。
- ビジネスエコシステムをさらに発展させる時は、常に顧客体験とプラットフォームの成長に焦点を置き、新しい機能は迅速にテストして反復します。
- ビジネスエコシステムキャンバスを使って再設計を記録し、記載された手順に従います。
- 実用最小限のエコシステム（MVE）を作って段階的に拡張します。

3.4 社内を巻き込む

　デザインシンキングは過去にさまざまな時代を経てきました。1970年代の「綜合（シンセシス）」の後に「現実世界の問題」が続き、ビジネスエコシステムの設計にまでたどり着きました。どの時代も直面したのは、組織でソリューションの実施を成功させるという課題でした。

実行のハードルを克服する方法は？

　経験から、会社内のステークホルダーにはそれぞれの言い分があることは分かっています。ソリューションに向かうプロセスは細かいところまで詮索されることも多いものです。法務部からはすでに第1号のプロトタイプに対する反対意見が出されています。技術部のエキスパートは通常、自分たちで開発していないソリューションには心を開いてくれません（NIH症候群、自前主義とも）。また、マーケティング部の流行に敏感な社員は新しいソリューションのブランディングについて強いこだわりに縛られています。さらに、経営部の意見、商品開発理事会の懸念、その他私たちのアイデアに疑問を抱いて実施を阻止しようとする無数の委員会があります。ほとんどの大企業では、同様の抵抗に遭うでしょう。特に、多くの組織ではかなり伝統的なイノベーションと組織のアプローチが優勢だからです。伝統的アプローチには、エラーをなるべく減らし、生産性を拡大し、再現性のあるプロセスを求め、不確実性やバリエーションを排除し、ベストプラクティスや標準的手順により効率性を向上することを目指す傾向があります。

そういった中でデザインシンキングは、転換とイノベーションをアジャイルな方法で始めるための優れた基盤を提供します。意識的に異分野連携チームや徹底的な連携を活用し、反復を通じた実験プロセスを推進し、学習の成果を最大限にします。それでも、多くのアイデアは隅に追いやられ、市場にまで到達しません。前述のように、ここでの中核的問題の1つは社内のステークホルダーがクリエイティブな中核部分を担っておらず、過去の構造やマインドセットに従って行動することが多いという点です。リーダーは、プロジェクトの途中での軌道修正に抵抗を示すことがよくあります。市場投入直前でさえ、修正をいとわない意欲は大いに求められます。投入の直前に、他社のほうが市場に迅速にソリューションを投入しようとしていると気付くこともあります。この時点で、いくつかの重要な質問を自分に投げかける必要があります。なぜならこの質問への答えが最終的にはアイデアが成功するか失敗するかを決めるからです。

- どうすれば他のアプローチによって市場で成功を達成できるか？
- あらゆる種類のビジネスモデルを検討しつくしたか？
- どの価値提案が顧客からの「口コミ」を生むか？
- エコシステム内のアクターと手を組むことでソリューションを拡張することは可能か？

本書の前半で説明したように、デジタル化社会ではパートナーとの連携が成功のためにますます重要になっています。特に自社で習得していないテクノロジーについては、ビジネスエコシステムの各社から多くの要素を提供してもらえます。実際のアイデアの発展には連携が刺激剤になることがあります。利点は明らかです。スピードや効率が上がり、新しいトレンドやテクノロジーに参加することができ、開発コストを削減できることです。ただしそのためには、会社としてオープンなイノベーションを進める必要があり、連携という形もあれば、他社の技術を探ったり搾取したりする形もあります。搾取すれば、すぐに知的財産（IP）の問題と直面します。しかし現在もっと重要なことは、デジタルソリューションの情報を誰が所有しているか、そしてそれは有用なのかどうか、などの問題です。

どうすれば「石油タンカー」のような会社がスピードボートのように行動できるか？

従来型の企業とスタートアップ企業が連携すると、それぞれ異なるルールやヒエラルキーに従った2つの文化がぶつかり合います。いわゆる社内起業アプローチに寛容な会社では、より高いリスクを取る企業文化が育つ可能性があります。こうしたアプローチでは、自律的なチームが起業家精神によって自力でアイデアを発展させ、既存のイノベーションを拡張し、あるいは分離独立してスピンオフとして市場で地位を確立します。これは、伝統的な企業のDNAに刻み込まれている中央集権的な意思決定の考え方の対極にあり、一方で既存のスキルと限られたリソースでは市場でアイデアの拡張を成功させられないというリスクも抱えています。

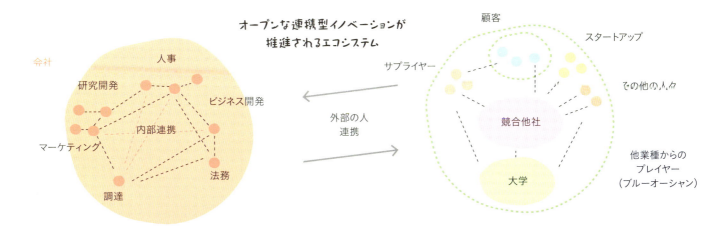

開発したソリューションはどのように市場に投入されるのか？

リリーにとって、大学での仕事は参加者が成果発表をすれば終わりです。ソリューションの実行は彼女にとって主な関心事ではありませんでした。ただ、企業パートナーや参加者からの実行に関するフィードバックには考えさせられました。最も有望なアイデアでさえ市場での成熟期を迎えられずにいるのです。

比較的シンプルな市場機会の場合、おそらく最も単純なのは、スタートアップでアイデアを実行するという以前説明したアプローチです。チームに1年分の資金を与え、コーチングでサポートし、この期間に市場で成熟させられるよう努めます。何よりこれはリスクを最小限に抑えます。また、伝統的企業のDNAに刷り込まれているあらゆるハードルを避けることにもなります。ただ、こうしたやり方はこれまであまり選ばれることがありませんでした。その最大の理由は、一定期間ベンチャーとしてアイデアを前進させようというチームの意欲が求められるからです。

実行が鍵！

ただリリーは、実行は将来の成功にとって最も重要な要因の1つであることもよく分かっています。HPIとスタンフォード大学が2015年に共同実施した研究から、リリーはデザインシンキングが職場文化や連携という面で多くの利点をもたらすことを知っています。ここで目を引くのは、デザインシンキングの効果の上位10項目には、市場に投入される革新的なサービスや商品の数の増加が含まれていないという点です。私たちの意見では、これはプロセスの最終かつ重要なフェーズとして実行に力を入れていないからです。実行を成功させるには、マインドセットとしてのデザインシンキングが社内で総体的に確立されていなければなりません。残念ながら、現実は調査に回答した組織の大半（72％）がデザインシンキングを従来のままの方法で利用しています。つまり、社内にまばらに存在する「クリエイティブ系」だけに採用されているということで、ジョニーも自分の会社で同じ現象を目の当たりにしています。ですから、アイデアから実行の芽が出たところで摘み取られるのも珍しくないということです。

実行 = 🔑

200人に尋ねました…

デザインシンキングの効果は何ですか？

- イノベーションプロセスの効率が高まった
- 職場文化が改善された
- コスト削減ができた
- ユーザーとの結びつきが強まった
- 収益性が上がった
- 売上実績が伸びた

エキスパートのヒント
クリエイトアップのように仕事をする

クリエイトアップは研究所のような働きをする若い企業です。こうした実験的なラボには、マークや彼の共同創業者のような強い起業家精神を持つ人がいるものです。創業者の多くはエリート大学出身で専門分野に精通しており、高いプログラミング能力も誇ります。主な目的は新たなビジネスモデルをデザインすることです。彼らの文化には次のような特徴があります。

- 明確なビジョン
- 長期戦略
- 創業者の強い個人的なコミットメント
- 高いリスク許容度

クリエイトアップの典型的なアプローチは、既存のビジネスモデルを覆して市場を揺さぶることです。彼らが創出する価値提案は、たとえば、価格や成果の面で高い付加価値を提供したり、既存のビジネスエコシステムを破壊したりします。クリエイトアップの従業員は自社のビジョンに情熱を抱いています。権力争いや上下関係や硬直した組織構造の代わりに、問題解決を目指す文化が定着しています。前向きなマインドセットと組み合わせて、市場機会の実現に焦点を置いています。その中で、エリート大学で築き上げ育ててきた人脈を徹底的に活用します。Connect 2 Valueフレームワークを取り上げたセクション2.2を参照してください。

実績のある会社はクリエイトアップのマインドセットから学ぶ点がたくさんあります。明確なビジョン、人脈重視の姿勢、そして全アクターが問題解決はもちろんアジャイルでフラットな組織構造の確立に関与していることなどです。

クリエイトアップ

スタートアップ

従来の組織モデル

プロジェクトチームなし

実験的ラボ

エキスパートのヒント
ステークホルダーマップで全員を巻き込む

大規模な組織のマインドセットはクリエイトアップとはほど遠いことが多いため、社外の関連アクターや社内のステークホルダーを積極的に問題解決プロセスに参加させることが一層重要となります。モットーは、影響を受ける人を参加者に変えること、です。デザインプロセスの初期フェーズに関連のあるステークホルダーを参加させることができれば、なぜ問題提起文が変化したのか、潜在的顧客はどのニーズを持っているのか、ユーザーにとって重要な機能は何かをよく分かってもらえるようになります。このように理解できるようになると、どのステークホルダーもソリューションを市場へ投入するために積極的に支援するようになります。抵抗を感じることはあっても、それはステークホルダーがプロセスの後半になってようやく関与した場合に比べればはるかに小さいものでしょう。これにはリーンキャンバスアプローチが良いということをすでに紹介しました（セクション3.2参照）。社内でマーケティング部には顧客プロフィールの検討に参加してもらい、社内ストラテジスト（戦略家）はビジネスモデルの財務面の算定に深く関わり、プロダクトマネージャーは優れた価値提案の策定を担当します。こうすることで、ソリューションが後に実行された時に、すべての参加者が開発プロセスを自分のこととして強く関心を持つことができるようになります。

デザインシンキングのサイクルの終了直前に、もう一度時間を取って実行戦略を練り上げるのも効果があります。もっと早い段階でこの点について考慮しておけばさらに良い効果があります。特に従来型経営の会社では、最善の方法で多くのハードルを越えるためにステークホルダーマップが非常に役立ちます。これがあれば、最も重要なアクターとその相互関係を特定できます。彼らは社内顧客であり、プロジェクトを売り込む相手なのです。ここで次のように自問します。

- CFOの視点から見て現在の課題は何か？
- 私たちの取り組みによってCMOはどのように功績を立てることができるか？
- このアイデアを支持することで、プロダクトマネジメント理事会が得るものは何か？
- このアイデアはCEOの壮大なビジョンにどうフィットするか？
- アイデアは企業戦略とどう一致するか？
- アイデアを阻むのは誰か、その理由は何か？

ステークホルダーマップを実際に作成する手順は簡単です。ゲームの駒を2ダース用意します。経験から言えば、すでにキャラクターがある駒のほうが使いやすいものです。レゴの動物のフィギュアなどは理想的です。次に大きなテーブルに紙を敷きます。

付箋紙とペン、リボン、レゴ、ひもを並べます。ひもはステークホルダーのつながりを視覚化するために使います。ディスカッションはすべてオープンにしましょう。最後に、一人ひとりのステークホルダーに確実にアプローチするために、必要な手段を定義します。

エキスパートのヒント
フラットでアジャイルな組織

あらゆる大企業にとっての夢は、市場機会をとらえて迅速に試行から実行まで実現するクリエイトアップのようなフラットでアジャイルな組織構造です。組織全体を転換させるには時間がかかるので、段階的アプローチをお勧めします。

観察に基づいてお勧めするのは、小規模から始めて徐々に移行を進めていくことです。理想としては、1つのチームでアジャイルな働き方を試して実験することから始めます（最も成熟度が低いレベル）。焦点は、アジャイルな働き方を学習することに当てます。第2のステップでは、このアプローチを最初のチームと似た特徴のある第2チームへ拡張します。たとえば、これらのチームは比較的短いサイクルで既存商品に対する新しい機能を開発し、最終的にはアイデアで顧客を満足させたり、既存のソリューションの新しいビジネスモデルを試してみます。第3のステップでは、アジャイルな働き方を組織全体にまで拡張します。複数のチームが1つの完結したビジネスモデル、商品、またはサービスを自律的に開発します。明確であいまいな部分のない戦略を立てることで、チームが自らの方向性を定め、企業目標に合わせて活動ができるようになります。これらのチームが組織の壁を超えた連携を確立し、中間管理層が進んで責任を移譲することが重要です。こうしたやり方は、リーンなプロジェクト管理にもつながります。第4のステップでは、このアプローチを組織内でさらに広め、既存の組織をアジャイルな組織へと転換します。期待されている目標が達成されたと分かるのは、アジャイルな組織が内側から外側へ向かってイノベーションを起こす時です。最後のステップでは、チームは自律的に行動し、設定されたミッションの範囲内で新たな取り組みに着手し、即断即決の短いサイクルで市場での検証を実行します。

こうしたマルチプログラム組織でのさまざまなチームのこの連携は「チームの中のチーム」とも呼ばれます。このような組織は、「ギルド」や「トライブ（部族）」とも呼ばれます。

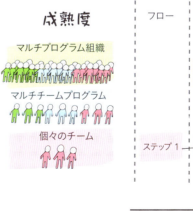

エキスパートのヒント
責任をチームへ分散する

スクワッド（分隊）の仕事はクリエイトアップの仕事にとても似ています。このカテゴリーに当てはまる企業といえばSpotifyです。同社のマネジメントは一貫してトライブ（部族）、スクワッド、チャプター（部門）、ギルドという構成で運用されています。ほとんどのクリエイトアップと同様に、Spotifyには「どこでも音楽と一緒」という強力なビジョンがあり、個々のトライブやスクワッドがそれぞれの活動をこのビジョンに合わせて進めています。特に技術主導型企業では、この方法で短時間に社員の貢献度を上げることができます。

Spotifyでは、社員はトライブ単位で仕事をします。1つのトライブに最大100名の社員がおり、共通の商品または顧客セグメントを担当しています。トライブは社員同士の依存性に応じてできるだけシンプルに構成されています。スクワッドは各トライブ内に結成され、1つの問題提起文を担当します。スクワッドは自律的に活動し、自主運営されます。さまざまな部門のエキスパートがスクワッドの一員となり、各種タスクを実施します。各スクワッドには明確なミッションがあります。Spotifyでは、これは支払い機能や検索機能、あるいはSpotify Radioなどの機能の改善を指します。スクワッドは独自のストーリーを立ち上げ、市場投入の責任を負います。ミッションは明確に定義されたビジョンの一部です。各チャプターは技術的なやりとりをします。それぞれのスキルのコミュニティが形成され、通常はラインマネージャーが監督します。

ギルドは共通の関心事に基づいて生まれます。たとえば、技術や市場の1つの問題について関心を持つ人のグループが形成され、トライブを横断して活動します。たとえばギルドはブロックチェーン技術に取り組み、明日の音楽の世界でどのように利用するかを議論します。組織はフラットな階層のネットワークです。スクワッド同士は直接一緒に仕事をするので、スクワッド間の境界は流動的です。このような構造では、問題解決のために大胆な連携が起きやすくなります。たとえば、ミーティングや連携解消も臨機応変に行います。このようにしてネットワーク型組織が誕生します。このようなアプローチでは、従来の肩書きや役職には別れを告げるのが賢明です。

成果と個人的満足度の向上につながる3要素：

- 自律性
- 目的と意義
- 個人の責任感

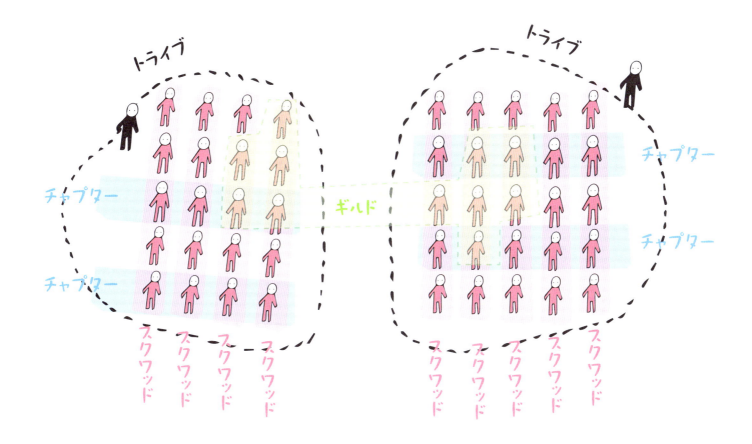

自律的スクワッドの特徴：

- 「ミニ・スタートアップ」にいるような気分になれる
- 自主運営
- 部門横断型
- 5～7人

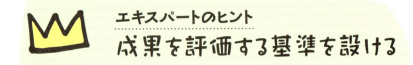

エキスパートのヒント
成果を評価する基準を設ける

　大きな組織で市場機会をつかむ場合、測定可能性は避けて通れません。従来のバランスト・スコアカードや定評あるKPI（重要業績評価指標）よりも当を得た基準を導入しなければなりません。特に、会社が転換フェーズにある場合、こうした基準は再検討や廃止が必要です。因果関係が明確か、未来志向の組織であるかを問うような基準を含めることをお勧めします。エコシステムで考える能力やミッション実行に対するチームの熱意は、マネジメントの重要な要素になることがあります。

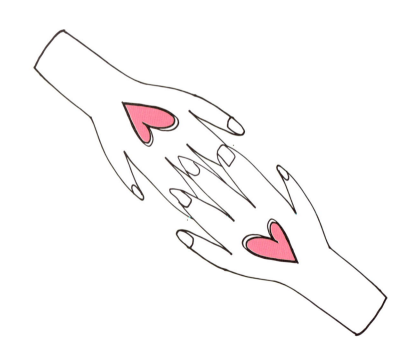

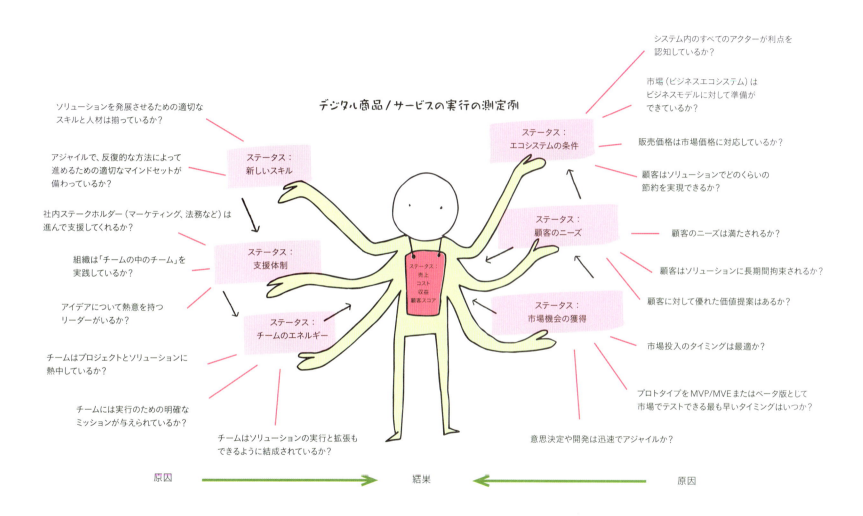

エキスパートのヒント
デザインチーム間の継続的なアイデア交換

　イノベーションプロジェクトと問題解決プロジェクトは、それぞれ社内の異なる部門が手がけます。これでは当然、それぞれのデザインチームにとって対象期間と「将来」の定義も異なります。技術主導型のアジャイルな企業では、新しいサービスや商品のサイクルは通常1年未満です。商品グループのサイクルは、業界によって違いますが、たいてい12〜24カ月です。多額の投資が伴うプラットフォームに関する重大な決定については、資金回収期間も必要となるため、標準で最長5年間です。戦略的展望を設定する際は、5〜10年先まで見据えます。希望する市場役割に加え、将来はどのビジネスモデルが収益をもたらすかを考えます。さらに、メガトレンドがどのように会社とポートフォリオに影響するかという査定も行われます。最終的に目標を定めた方法でイノベーションを実現したいなら、チーム間で横断的にアイデアの交換を継続して行うことが成功の要因であることが分かっています。当然、デザインチームが念頭に置いているサイクルは常に意識します。現代の組織論で言えば、チャプターがこのような横断型交流を可能にします。さらに、それぞれの部署やビジネスユニット（スクワッドやトライブ）がミッションの方向性を誤らないためには、何より優先される戦略を計画的に練る必要があります。外部とのネットワーク作りは重要な成功要因です。

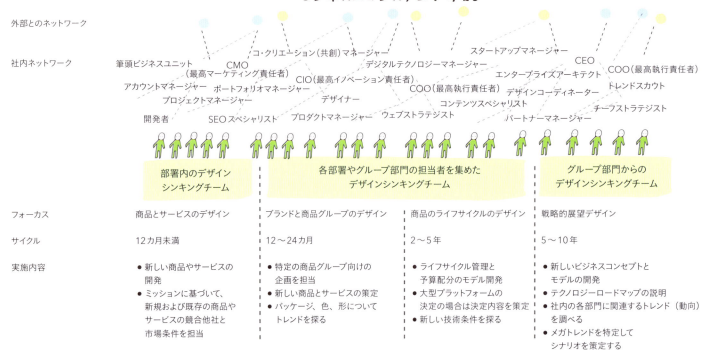

ビジネスエコシステムで考える

ここまでのポイント
ソリューションの
実行を成功させるには……

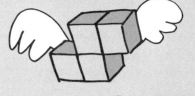

- 社内の該当するステークホルダーを早い段階で特定し、デザイン課題に参加させます。
- 実行に着手する前に、ステークホルダーマップに基づいて具体的な測定基準を策定します。
- 組織のアジャイルなリーン構造を確立して市場投入を促進します。
- パートナー、スタートアップ、顧客との外部協力プロジェクトを通じて実行プロジェクトにさらに拍車をかけます。
- アジャイル組織への転換に向けた段階的アプローチに従います。最初に少人数のアジャイルなチームを結成します。次に明確な戦略と指導により全社へと拡大します。
- すべてのプロジェクト、業界、タスクがアジャイルな組織形態で実現するのに適しているとは限らないことを受け入れましょう。
- アジャイルな組織では常に明確なビジョンを定義します。さもないと、トライブはタスクの特定に苦労してしまいます。スクワッドはミッションを一致させるための包括的ビジョンを必要とします。
- デザインチームはそれぞれ異なる計画サイクルがあるということをしっかり認識させます。
- ギルドなどを通じて横断的連携を推進します。

3.5 人間とロボットの関係をデザインする

ピーターはデジタル化の可能性にますます魅了されています。徐々にロボットがさまざまなレベルで配備され、自律的に人間とインタラクションを取るようになるでしょう。ビル・ゲイツはかつて、「2025年までに一家に1台ロボットがいる時代が来る」と言いました。ピーターは、さらに早い時期に実現するだろうと感じています。自動車は高速道路や私有地ではすでに自律運転していますし、クラウドロボティクスや人工知能の分野では新しい可能性が次々と登場しています。ブロックチェーンのような新しい技術によって、オープンな分散型システムでセキュアかつ高機能なやりとりが可能になるでしょう。

ただ、明日のシステムのためのソリューションを開発するとなると、デザイン基準にとっては何を意味するでしょうか。

将来はインテリジェントで自律的なモノがユーザーや顧客にもなるかも！

ユースケース
自律的道路交通

車が自律的にコミュニケーションし、駐車し、あなたを迎えに来て、運転します。

自宅までお願い。

目的地はどこですか、ピーター？

デジタル化以前の社会では、人間と機械の関係は主に顧客体験を高めるためでした。さまざまな優先事項を考慮しなければならないデジタル化の発展を見てみると、デザイン基準が時とともに拡張されているのが分かります。ロボティクスとデジタル化の分野における次の大きなアイデアにとって、新しい基準が登場しつつあります。システムが相互交流し、双方（ロボットと人間）が経験を積んで互いに学習し合うからです。ロボットと人間の間に関係が生まれ、1つのチームとして行動します。

そのため、人と機械のチーム関係においては、信頼と倫理が何よりも重要なデザイン基準となっています。いわゆるコグニティブ・コンピューティングは、人間の外観を持ち、自ら学習して動くロボットの開発を目指しています。現在では、業界にもよりますが、多くのプロジェクトやデザインの課題が、eビジネスからデジタルビジネスへの移行フェーズに留まっています。そのため、企業が新しいビジネスモデルを通じて競争力を維持し、今まで知られていない収入源を開拓しようとするなら、デジタル化が主要な焦点になります。

年代	1994年	2004年	2014年	未来
	アナログ/デジタル化以前の社会	インターネット/ウェブ	eビジネス デジタルマーケティング	デジタルビジネス/IoT	（半）自律型機械/「ロボット」
フォーカス	顧客体験向上のための人間との関係	新しい市場や国へと拡張された関係	グローバルかつ効率の良い顧客インタラクション	人と機械の関係の拡大	インテリジェントな（半）自律型機械が人や社会制度とインタラクションする
デザイン基準	・ニーズ ・シンプル ・機能性	・ネットワーキング ・利用可能性 ・データ	・情報 ・ビジネスインテリジェンス ・ビッグデータ	・知識 ・予測 ・センサーへのアクセス	・信頼 ・適合性 ・意図
システム	・人間	・人間 ・ウェブ	・人間 ・クラウド	・人間 ・センサー ・モノ	・人間 ・機械 ・ロボット ・社会制度 ・文化
結果	最適化された関係	拡張された関係	最適化されたチャネルとインタラクション	新しいビジネスモデル	密接な関係、人と機械のチーム

将来のデザイン基準はどのようなものになるか？

デザイン基準が変化を始めるのは、機械が半自律的に動作する時です。この場合、人間はロボットと連携します。ロボットは個々のタスクを実行しますが、両者の連携を管理するのは依然として人間です。

人間がロボットとチームとしてインタラクションを始めると物事はもっと面白くなります。このようなチームははるかに多くの可能性があり、

- より迅速な意思決定が可能になり、
- 多くの決定内容を同期して評価しながら、
- 困難なタスクを解決し、
- 複雑なタスクを実行できるようになります。

人間とロボットのチームが満たすべき関連基準は、タスクの具体的な構造から導き出されます。デザインシンキングはタスクの特性とチームメンバーの特性の理想的な組み合わせを実現しようとします。ただし、人間とロボットが将来チームとして一緒に行動する場合、人間にとって重要なのは、意思決定の権限を維持することと効率的なチームの一員であることのどちらなのかという疑問が生じます。結局はチームとして優れた成果を上げられるほうが重要となるでしょう。ただ、円滑に機能するチームを作ることは複雑な作業になります。なぜなら人間とロボットの関係には、人間、機械、そして社会または文化的環境という3つのシステムが関わるからです。

大きな課題は、システム同士がどのように理解し合うかという点です。機械は単純にデータと情報を処理することができます。人間は感情を認識し、その感情に行動を合わせる能力を持っています。ただ、どちらのシステムも知識という分野では困難を抱えています。相手が何を知っているかを知るということはきわめて大切です。その上に、社会システムの要素も絡んできます。人間の行動が一人ひとり大きく異なるのは、それぞれ異なる文化と異なる社会制度の中に存在しているからです。忘れてはならないのが倫理です。ロボットはぎりぎりの状況でどのように判断するのでしょうか？　たとえば、自走型トラックが道を右に逸れるか左に逸れるかを決定しなければならないぎりぎりの状況に追い込まれたとします。高齢の夫婦が右側に立っています。左にはベビーカーを押している若い母親がいます。意思決定の基盤となるのはどのような倫理的価値でしょうか？　乳飲み子のいる母親の命は、高齢者の命より重いでしょうか？

人間はこのようなぎりぎりの状況で、自分の倫理や知っている規則に基づいて直観的判断を行います。ぎりぎりの状況で、たとえば一時停止の標識のところでブレーキを踏まないというような規則を破るかどうかを決定することができます。ロボットはこの点については入力された規則に従うだけです。

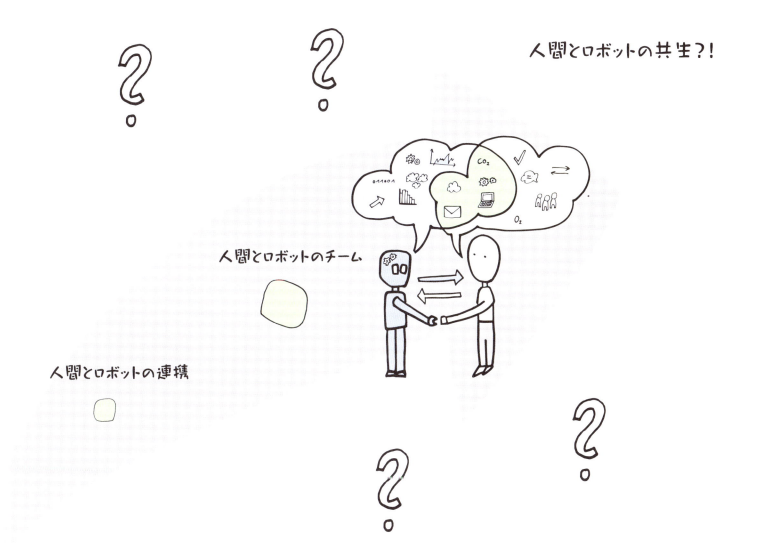

コーヒーを出すという簡単な動作でも、人間とロボットの関係における信頼、適応性、意図が設計上の課題になることを示しています。

ロボットは新たなデジタルソリューションにどう取り入れるべきか？

現在、ピーターのデザインシンキングの考察はまだ人間に焦点を置いています。彼は顧客体験を改善したり既存のプロセスを自動化したりするソリューションを構築しています。これはデジタル化1.0と呼べるものです。デジタル化の成熟度が高まれば、課題もさらに難易度が高まります。成熟度が高まるとともに、ロボットもさらに自律的になります。個々の機能やプロセスが自動化されるだけでなく、ロボットは状況に応じた形で人間とインタラクションを行います。そのため、ロボットは多次元的に動作します。信頼、そして適応性と意図は、最も重要なデザイン基準に数えられます。つまり、将来は人間と機械のインタラクションにおいて優れたデザインにはこれらすべてのデザイン基準が必要とされるということです。

ピーターには新しいデザイン課題があり、スイスのある大学と共同で解決したいと思っているので、大学の教授陣と連絡を取っています。ピーターのデザイン課題は、ドローンを登録させ位置を特定するためのソリューションを見つけることです。現在のところ、ほとんどの自律型ドローンはまだ自由に飛行できません。ただ、自律性は高まっているため、将来は自動飛行するようになるでしょう。監視、修理、配達といったタスクを実行し、関連するサービスを生み、あるいは単純に生活の一部として使用されるでしょう。

デザインの課題：

「どうすれば一元的なプラットフォームでドローン（30kg未満あるいは30kg以上）を登録・追跡するプロセスをデザインできるか？」

「デザインシンキングキャンプ」の参加者は作業に取りかかります。ドローンを登録して位置を特定する技術ソリューションはすぐに見つかるはずです。飛行監視の専門家をインタビューし、こうしたニーズが存在するという裏付けを得ます。フランスのある空港で起きた、旅客機が着陸間際にドローンとニアミスしたという事件もこのニーズを浮き彫りにしています。

この問題は誰もが関係しているため、参加者たちはさらに一歩踏み込んで市内の通行人にインタビューします。すぐに、一般市民の間にはドローンに対する歓迎ムードはあまりなく、ある一定の限度までしか受け入れていないことに気付きます。デザインシンキングチームは技術ソリューションよりはるかに手強い、人間と機械の関係という問題にぶつかりました。特にこのデザイン課題が起きているスイスの文化環境においては、政府やその他のアクターによる個人の自由の侵害防止といった一般的な規範や基準に留意することが重要であるようです。参加者はここに複雑な問題提起文を見出し、デザイン課題を次の質問で再構築します。

新しいデザイン課題：

「ドローンと人間のインタラクションをどうデザインすべきか？」

この新しいデザイン課題を基に、質問を新たな観点からとらえることができました。その結果、技術ソリューションは後回しにして、人間と機械の関係が最も重要なデザイン基準として優先されることになります。こうしてデザイン基準を拡大したことで、誰もがドローンの位置を特定しつつ、そのサービスの恩恵を受けられるようなソリューションが導き出されます。

ドローンが親し気なあいさつをする

ピーターが作成したプロトタイプでは、飛んでいるドローンからの交通情報がクラウド上に集められ、アプリからアクセスすることができます。位置データから、「ドローンレーダーアプリ」がドローンを検出します。主な特長は情報を取り出すドローンが通行人に「親し気な会釈」であいさつするという点です。この特長はインタビューをした人たちにとても好評で、いかに人間らしい行動がドローンに対する恐れを和らげるかを示しています。その他のプロトタイプも、親しみのこもった形で接触されるなどのサービスがこの関係を改善することを示しています。

「ドローンプロジェクト」を実施したピーターは、将来はどのような分野でロボットと人間が交流するのだろうかと考えています。どんなユースケースがあるでしょうか？

ロボットはどの感覚をとらえることができるでしょうか？

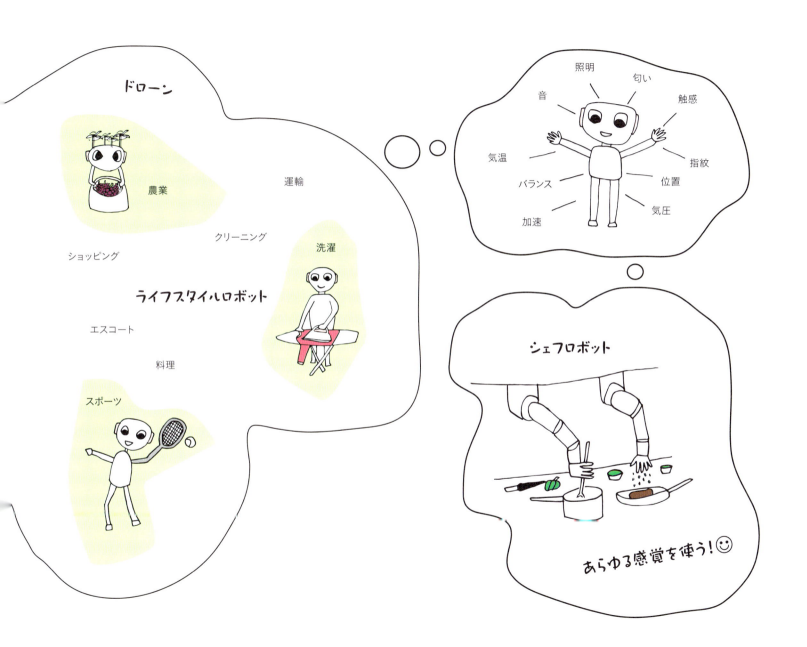

👑 エキスパートのヒント
ペルソナとロボナの共存

　自律型車両とドローンの例が示すように、将来は人間と機械の共存がテーマになります。人間とロボットの関係がこの体験を左右します。初期の検討事項として、ペルソナとともに「ロボナ」を作成することが有益であると証明されています。

　ロボナの作成は人とロボットのチームキャンバス（リューリック＆ライファー）から始まり、主な質問はその関係性を問うものになります。ロボナとペルソナの間のインタラクションと体験が重要な課題となります。一つには、両者の間で情報が交換されるからです。たいてい1対1のやりとりなので、情報の交換はわりと単純です。

　事態が複雑になるのは、感情がインタラクションの中心を占める時です。感情は解釈して適切な文脈でとらえなければなりません。知識の交換には学習システムが必要です。高度な交流ができて初めて正しく意図を評価して期待に応えることができるのです。複雑系には複雑なソリューションが求められるということがこの場合では特に当てはまります。人とロボットの関係やそのチームの目標においては、複雑さはさらにワンランク上がります。

エキスパートのヒント
ロボットとの「信頼」のデザイン

信頼はさまざまな形で構築して発展させることができます。最も単純な例はロボットを人間のような見た目にすることです。将来、人とコミュニケーションをしながら、相手に信頼できる印象を与える機械が登場するかもしれません。漫画の少女のようなロボットの頭部を作った「人間中心ロボティクスグループ」のプロジェクトはこの好例です。子供のような大きな目は純真な印象を与え、大きな頭に小さな身体という体形も子供や動物を思わせます。このロボットは、話しかけてきた人を認識することでも信頼を築きます。アイコンタクトを取ることで、相手に気を配っていることを伝えるのです。ロボットのふるまい方だけでなく、外見も文化的コンテキストに左右されることが少なくありません。アジアでは、ロボットの外観を人間に近づけようとしますが、ヨーロッパでは機械的なモノとして扱われます。アメリカ初のロボットは大きなブリキ男でした。日本初のロボットは笑みをたたえた大きな仏像のような姿でした。

ロボットが人間に似てくると、その用途も柔軟になります。高齢者の介護にも建設現場にも使われます。信頼は、人間が期待する通りにロボットがふるまう時、特にこの動作によって人間が安心した時に生まれます。作業中に人を傷つけないロボット、緊急事態には停止するロボットは信頼されます。これが、ロボットが人間とチームでインタラクションできる唯一の方法です。両者が学習し、信頼関係を築き、プロセスの中断を低減することができます。信頼という問題は、別の社会制度のもとで人間とロボットが活動する場合、あるいはロボットがクラウドにつながるようになった場合、ますます複雑になります。この場合、インタフェースを代表するのは人の信頼を引く大きな目ではなく、人に指示し、誘導して意思決定の根拠を提供する自律型ヘルパーです。

エキスパートのヒント
ロボットと「感情」のデザイン

　ロボットと人の関係における感情は信頼と同じくらい重要です。人間はロボットに、感情を認識してそれに応じて動作することを期待します。人間に感情があり、行動が感情に影響されることは疑いの余地がありません。分かりやすい例が道路交通における人間の行動です。人間の運転スタイルは感情に影響されます。さらに、他の人の運転スタイルに反応もします。急いでいるのは約束に遅れてはならないからです。リラックスしているのは休暇が始まったばかりだからです。イライラして運転しているのは、気分の悪い一日を過ごしたからです。自動運転車はこのような感情と傾向にどのように対処するのでしょうか？　ロボットはそれに応じて動作を変えなければならないので、たとえばスピードを上げたり（より攻撃的に）、あるいは下げたり（より慎重に）して運転するようになります。必要に応じて、景色を楽しむために、あるいはA地点からB地点にできるだけ早く到着するためにルートを変更しなければなりません。1つの可能性として、将来は、自分の性格や好みを個人のDNAのように分散型システムへ転送して情報をストックするようになるかもしれません。もう1つの可能性は、さまざまなセンサーが追加情報をリアルタイムで転送して、ロボットが感情的な状況に容易かつ迅速に対応して適切な決定ができるようにすることです。つまり、感情の認識と動作の状況適応は将来、さらに重要性が増すでしょう。この分野の最新型がソフトバンク社のヒューマノイドロボットで感情を読み取ることができる「ペッパー」です。

ここまでのポイント
ロボットとの関係を
適切にデザインするには……

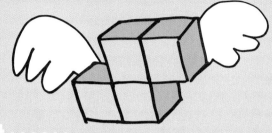

- 明日の顧客はロボットかもしれないという事実を受け入れましょう。
- 機械と人間の共存関係を反映したインタラクションをデザインします。
- 人とロボットはチームとして行動する時に最も高い効果を発揮するという事実を活用します。
- 人とロボットのインタラクションの必要な分野をすべてデザインします。情報、知識、感情の交流が含まれます。
- 信頼に焦点を当てます。信頼は対話の相手が期待通りの行動をした時に育まれます。
- ペルソナとともにロボナを使用して、インタラクションと関係が視覚化できるようにします。
- ロボットにとって学習が困難な倫理的決定を下すことと、プログラミングされたアルゴリズム通りに行動することの間のジレンマに対応するような戦略を立てます。
- デザイン基準は変わり、複雑系は複雑なソリューションを必要とすることを意識します。

3.6 デジタル変革を促進する

　今や誰もが話題にするデジタル変革では、デザインシンキングのマインドセット、共創、新しいソリューションと顧客体験を生む異分野連携チームの徹底的な連携が取りかかりの第一歩です。マークはすでにこのマインドセットでチームと仕事をしています。彼にしてみればアジャイルで反復的な仕事のやり方は、チームが実践する文化の本質的な部分であり当たり前のことです。これまで本書では、伝統的な会社でもこのマインドセットに切り替えられるためのツールとメソッドを紹介し、どうすれば次のことができるかを示しました。

- 戦略的展望で新しい道筋を定義する
- ビジネスモデルを（さらに）発展させる
- ビジネスエコシステムで考えて新しいバリューストリームを実現する
- 新しい組織形態で、アジャイルでネットワーク化された連携を行う

　他にも同じくらい重要な要素は多数ありますが、ほとんどは各業界に特有の内容です。データの収集と分析から始まり、自動化の成熟や、オープンシステムでの分散化とスマート化を促進する意欲までさまざまなものが考えられます。

デジタル変革をデザインシンキングの
ワークショップで始める

　プロダクト中心の伝統的な企業では、デザインシンキングのワークショップがデジタルデバイド（情報格差）を乗り越える第一歩、つまりはデジタルビジネスへの転換のスタートになることが多いものです。デジタル化を主導する人は明確なビジョンを持ち、技術イネーブラー（促進要因）に精通し、新たなマインドセットを実践し、戦略を実行する時にはチームの中のチームとして行動します。

　さまざまなチームが自主運営を基盤としながら明確な方向性に基づいて活動できるようになるには、はっきりとしたビジョンが求められ、ここからデジタル戦略が導き出されます。会社の発展の方向性がすべての関係者にとって明確でなければなりません。

　こうした新しいマインドセットはこれまでのより推論的な考え方からデザインシンキングのマインドセットへの移行にとって欠かせないものであり、すべての個人とチーム全体の姿勢が一致しなければなりません。異分野連携チームが優れた成果を生むには、前向きなエネルギーが必須です。

　どんな会社も業界も、どの技術と技術イネーブラーが必要で、どれが価値提案に含まれるのかを定義しなければなりません。こうした主要技術の知識が会社自体またはビジネスエコシステム内ですぐに入手できれば理想的です。1つの可能性として、スタートアップ起業や大学との連携があります。デジタル分野のスキルを持つ人材育成も進めなければなりません。技術的な専門知識に加え、方法論的知識や異分野連携チームとの連携も発展させる必要があります。

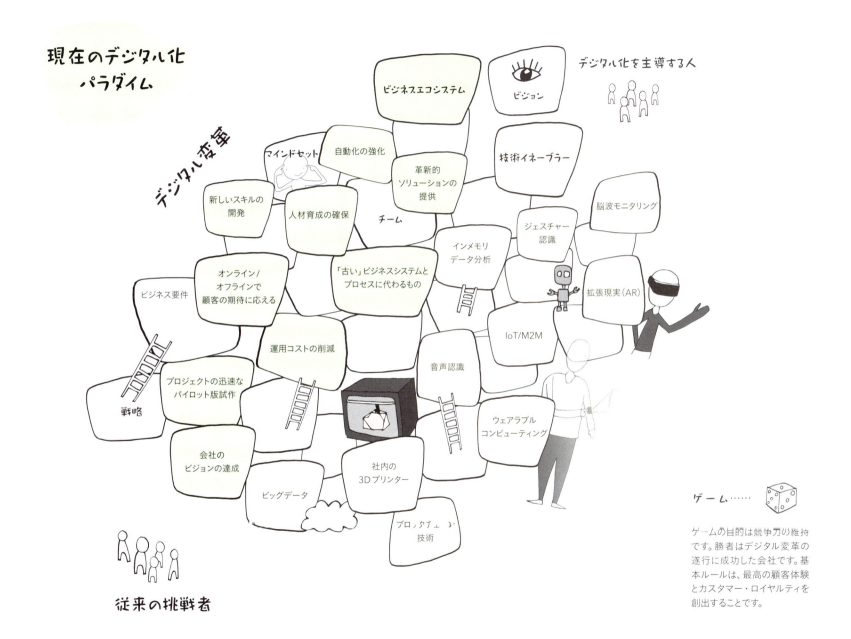

どうすれば…
デジタル変革を開始して段階的に発展できるか？

　前述のように、従来型の企業はデジタルデバイドを克服してデジタル変革に取りかかる必要があります。これまで妥当だったプロダクト中心の開発、伝統的な階層型組織構造、市場シェアの重視や仲介者との物理的取引チェーンといった前提条件はもはや当てはまらなくなります。多くの業界で、これは組織全体の転換を意味します。それを可能にするために考えられるステップは次の通りです。

1. 新しいマインドセットをデザインシンキングで構築します。新しいソリューションと顧客体験は顧客と一緒に開発します（共創）。

2. こうした作業や連携を組織全体へ拡張します。できるだけ多くのチームがアジャイルで横断的な方法で連携できるようにします。チームの中のチームが形成され、組織が内から外へと変化します。

3. 単一の独自のセールスポイントを備えた個々の商品やサービスではなく、ネットワーク効果を活用して統合されたデジタルビジネスエコシステムが開発されると、規模を広げやすくなります。

4. さらに、こうして得られた知見から組織を分散型構造へ転換させることができ、仲介者なしでビジネスプロセスや取引が実行できるようになります。アジャイルで横断的な連携はもはや組織内のチームだけではなく、会社全体で起こります。

　初めてデジタルデバイドの深層部をのぞき込むのは勇気がいります。デジタルビジネスの世界は複雑で多様性があり、新しいタイプのネットワーク化思考が求められます。

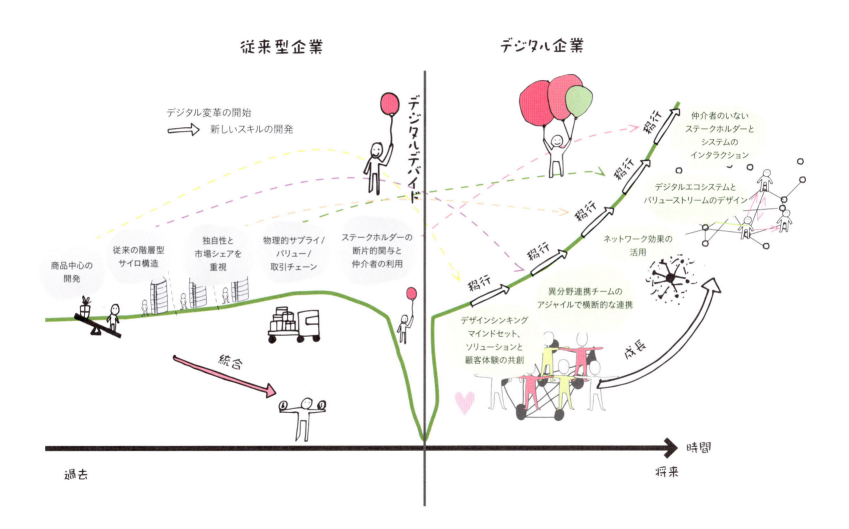

まずは振り返り、次に前向きなエネルギーで転換する

この数年、デジタル変革が他の変革管理と同じように検討を重ね、計画し、トップダウンで実行されるという事例を山ほど見てきました。取り組み方は上層部が決定し、緊急性をほのめかすことで組織に採用されました。残念ながらこうしたアプローチはことごとく失敗しました。このため、デジタル変革はデザインシンキングで始め、その後で前述のようにサイロを横断して会社全体で全員を巻き込んで取り組むべきです。結局誰もが望んでいるのは、それぞれの仕事の成果が上がるようなシステムです。経験から言えば、組織の中の人たちには、それぞれが自分で認知プロセスを経験し、新たな共通理解、つまりそれぞれの組織と社員に合致するマインドセットを形成するための余地を与えるとよいでしょう。「ビジネスエコシステムデザイン」のセクションで、妥当性確認と実現ループにおいて、各社の社員の重要性を指摘しました。こうした人々の姿勢とモチベーションは、目的とするビジネスエコシステムがうまく発展するためには欠かせません。

ただし、最初の必要なステップは常に、自分の思い込みを捨ててマインドフルネスを実践することです。この最初のフェーズは振り返りのフェーズと呼びます。以下のステップはよく知られたデザインシンキングの原則と一致しています。

テクノロジーを変革の機会ととらえる

テクノロジーが何度となく大変動の機会をもたらすということも事実です。デジタルおよびテクノロジーの大変動はすでに世界を変えてしまっただけでなく、将来はさらに速いペースで広範囲に変革をもたらすでしょう。現在は、たとえばブロックチェーンが技術イネーブラーとして次の変革の先駆けになろうとしています。新しい市場アクターが形成され、新しいバリューストリームが定義されます。しかしこれは同時に、古いやり方や特定の仲介者に固執する業界は中長期的に市場から押し出されることも意味します。

これは従来の挑戦者にとってどのような意味を持つか？

ブロックチェーンの世界で生き残りたいなら、エコシステムに関与するためのスキルとマインドセットを持ち、この役割を積極的に形成しなければなりません。ほとんどの会社にとってデジタル変革は依然として、主にプロセスの自動化という形でランダムかつその場限りのケースとして起きているだけにすぎません。前述のように、成熟度を高めるには、社内の大部分が新しい機会の探求に関与する必要があります。

個々のケースでは、すでにデジタル機能（センサーなど）を持つ商品やサービスがこの方法で生まれています。デザインシンキングのマインドセットが着実に普及することで、顧客とそのニーズを一層重視する姿勢が根付きます。顧客重視度が高いデジタルソリューションは、横断的でネットワーク化されているため、革新的なデジタルプレイヤーとして市場への参入が可能になります。革新的なデジタル商品またはサービスを確立するためにパートナーとの連携強化などを含め外部へ向かって門戸を開くことは、デジタルエコシステムのプレイヤーとして地位を築きたいなら決定的な要素です。経験から言えば、デジタル化において会社はＳ字曲線を次から次へと渡りながら進みます。個々のＳ字曲線内では、Ｓ字を描いて成長を遂げていきます。ただ、デジタル変革の次のＳ字曲線を狙うには、それだけの力や前向きなエネルギーが重なり合うことが必要です。

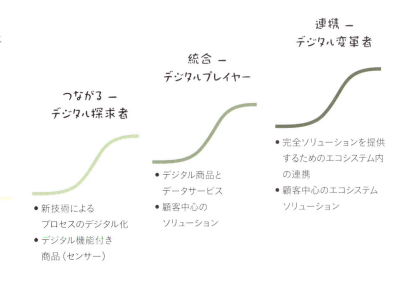

デジタル変革プロセス

ビジネスエコシステム内の他のアクターの成熟度を知ることはなぜ重要なのか

マークは今まさに、ビジネスエコシステムにおけるアクターについてこうした点を検討しているところです。この転換プロセスが保険会社にとってＳ字曲線上をどのように進んでいるかを分析し、自分のブロックチェーンのソリューションとメタデータのデータ分析に基づいて、どの時点から保険会社に対して収益の上がるバリューストリームを確立できるかを発見しました。マークはある保険会社に関して以下のフェーズを観察しました。

第1フェーズ：デジタル化（自動化など）の結果としてプロセスの最適化とコスト節約。

第2フェーズ：多次元デジタルチャネルとデジタルプロセスの積極的な活用、プロセスチェーンのデジタル化。

第3フェーズ：デジタル商品とデータ主導サービスを提供。この方法で生成されるデータはマネタイズして他のアクターと共有される。

第4フェーズ：確実に市場で成功し拡張させられる完全ソリューションを提供するためにネットワーク化された信頼できるエコシステムを構築。

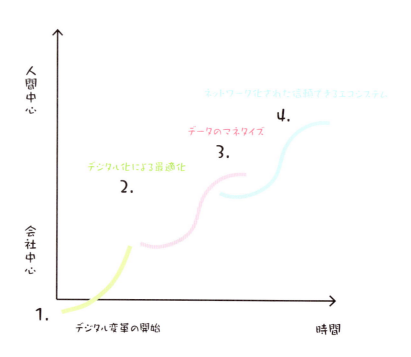

284

デザインシンキングのデジタル化ワークショップの順序

多くの会社にとってデジタル変革の手始めにはデザインシンキングのワークショップが良いと指摘してきました。もちろん、デザインシンキングのマインドセットを実践する方法は数え切れないほどあります。経験から言えば、具体的な質問はとても効果があります。他の可能性としては、戦略的展望から始めたり、最初にビジネスエコシステムデザインに取り組んだりする方法もあります。結局重要なのは、その会社がどの業界で営業しているのか、どの「デジタルデバイド克服策」をすでに実施しているのか、という点です。ピーターの例を使って1つ紹介しましょう。

ピーターもブロックチェーンについてさまざまな会社の潜在能力を探るという目標があります。そのためにピーターはブロックチェーンの可能性を企業パートナーへ伝える2日間のワークショップを計画し、さらにワークショップでは活用法やそこから生まれるビジネスチャンスについて話し合います。ピーターのアプローチでは、経営幹部をはじめ、ビジネスエコシステム内のブロックチェーンと新しいモデルの可能性に関心を持つイノベーションおよびテクノロジー担当の管理職などの意思決定者を主な対象としています。さらに、それぞれのエコシステムからアクターとスタートアップを招待して、ソリューションが最初から共同開発されるようにします。ピーターはデザインシンキングとそのマインドセットをワークショップに用いて、ビジネスエコシステムデザインと組み合わせます。ワークショップの最後には、開発したソリューションを市場でどのようにテストするかを決定します。

ワークショップ1日目

1. 理解とPoV（視点）
- ブロックチェーンとは何か？
- スマートコントラクトとは何か？
- プライベートブロックチェーン vs. パブリックブロックチェーン
- キーノートブロックチェーン
- ブロックチェーンのトレンドと展開
- ビジネスエコシステムのアクターとそのニーズ
- 焦点を決める

2. アイデア発想
- エコシステムとバリューストリームの視覚化
- ブロックチェーン技術を基にアイデアをブレインストーミング
- 業界での意義に応じてアイデアをクラスタ化

ワークショップ2日目

3. プロトタイプ
- 考えうる3つのユースケースの開発
- 適切なビジネスモデルを可視化しながら具体的なエコシステムに
- 仮想プロトタイプの作成

4. テストと決定
- 最初にビジネスエコシステム内のユーザーでテスト
- 優先度の決定と評価
- 価値提案とストーリーの作成
- 次のステップの定義

実行

実行
- 追加のMVP/MVEとテスト
- エコシステムの検証
- 詳細なコンセプト
- アジャイル開発と概念実証

どうすれば…
デジタル化が進んでいないビジネスを変えられるだろうか？

　デジタル経済では、どの業界でも同じような課題に取り組んでいます。4つの大きな課題といえば、不確実性、ビジネスモデルの多次元性、ビジネスエコシステムへの参加、そしてこれらのモデルで顕著な売上を達成するために必要なだけ拡張（成長）することです。将来を見据えた戦略の定義については、すでにいくつかの方法を示しました。ただ、次のような疑問は残ります。もしまだデジタルデバイドを克服できておらず、デジタル津波がもうすぐ襲いかかろうとしているとしたら、短期的にはどのような戦略を適用できるでしょうか。

　最初の課題は、将来はどのように発展するのかに関する不確実性です。不確実性はすべての業界で高まっているように見えます。幸いなことに、「あいまいさを受け止める」ことがデザインシンキングでは重要な要素であり、そのマインドセットはこれに取り組む手助けをしてくれます。

　第二の課題は多次元的ビジネスモデルです。こうしたビジネスモデルは通常、複数の顧客セグメントに完全に異なる価値提案を提供します。よく知られた例がGoogleです。顧客は通常、取引やインタラクションの履歴などネットワーク内に残したデジタルな痕跡を通して「支払い」をします。他のビジネスモデル（フリーミアムモデルなど）は、開始時には無料ですが追加サービスを使用した時にのみ支払いが必要になります。このようなデジタル収益モデルはやや複雑で、多くの従来型企業にとっては未知の領域と言えます。ほとんどの場合、目標を定めて実行するためには、ITプラットフォーム、API、データ分析、適切なパートナーとのビジネスエコシステムが必要です。

　第三の課題は主にエコシステムをどうデザインするかについてですが、これはセクション3.3で説明しました。

　第四の課題はモデルを拡張させ持続可能な成長を促すことです。デジタル化ビジネスモデルは国境が限界にならないことが多く、サイクルが短いので広い範囲で早く成長する必要があります。これはまた、インフラ、構造、プロセスもそれに応じて発展しなければならないことを意味します。

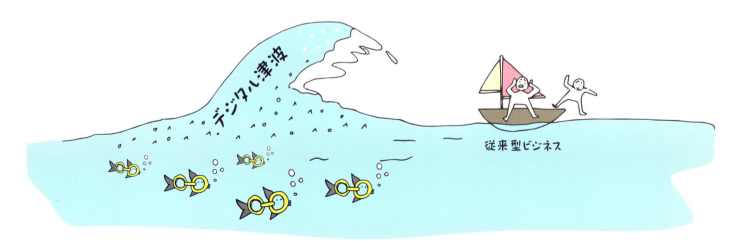

多くの企業がこうしたさまざまな課題に対応しています。ただ、課題に取り組むには事後反応的に防御として対応するだけでなく、積極的な立場で取り組むこともお勧めします。

(1) 阻止戦略

たとえば特許侵害の申し立てや著作権侵害の通知、法的ハードルの設定、その他規制による防御など、どんな手段を使ってでも創造的破壊の防止または軽減を試みます。

(2) 搾乳戦略

創造的破壊が不可避である場合、その前に脆弱な事業からできるだけの価値を引き出します（搾乳のようにビジネスからできる限り絞り出すという意味）。

(3) 投資戦略

脅威に対抗するため積極的に投資します。これには、「破壊的な」テクノロジー、スキル、デジタルプロセスへの投資、さらにはこうした属性を持つ企業の買収まで含まれます。

(4) 共食い戦略

以前のビジネスモデルと直接競合する新しい商品またはサービスを投入して、新しいビジネスのために本来の強みをさらに高めます。たとえば、規模、市場知識、ブランド、資本へのアクセス、ネットワークなどです。

(5) ニッチ戦略

創造的破壊が発生しにくく収益性の高いコア市場のニッチな部分に集中します（例：出張や複雑な旅行ルートに特化した旅行代理店、学術的ニッチ分野専門の書店や出版社）。

(6) コア戦略の再定義

新しいビジネスモデルをゼロから作り上げます。もし隣接するセクターで既存の知識とスキルを最適に活かせるなら移行もありかもしれません（例：IBMがコンサルティングに、富士フイルムが化粧品に）。

(7) 出口戦略

事業から撤退して資本を投資家に還元します。理想的にはこれは、会社にまだ価値があるうちに売却することで実現させます（例：MySpaceをNews Corp.に販売）。

(8) グリーンフィールド戦略

新しい会社を古い会社と並行してグリーンフィールド（未開拓分野）で立ち上げ、デジタル化に必要なスキル、インフラ、プロセスを備えます。古いコアビジネスを搾り取って新しいベンチャーを立ち上げ、軌道に乗ったらすぐに切り替えます。

ビジネスモデルの転換の成功要因とは？

たとえば、現在のコア戦略を再定義することを選んだ場合、さまざまなレベルで実行することができます。具体的な価値提案を詳しく調べ、それがどのように生まれるのかを知り、最適化することができます。その間にも常にビジネスエコシステム全体とパートナーネットワークにも目を向けるべきです。デジタル化はパートナーシップまたはオープンなビジネスモデルに基づく新しいビジネスモデルを促進するからです。新しいテクノロジーを常に探し求めることに加え、下位の市場区分でのイノベーションやブレークスルー（今あるもので創意工夫を凝らした解決策「ジュガール」、あるいは、最少の資源とコストで最大限の価値を引き出す「フルーガル・イノベーション」）にも注意を払う必要があります。その牽引役を特定する鍵は、対象の業界に関連するそれぞれのキーワード（例：IoTやインダストリー4.0）、ビジネスモデルのトレンド（例：シェア経済）、あるいはテクノロジー革新（例：ブロックチェーン）です。社員の変化も過小評価すべきではありません。新しいデジタルスキルが必要なので、全社員がそのスキルを習得する方法を見つけなければなりません。

十分に配慮すべき次元はどれか？

会社にとって新しいデジタルモデルをデザインする時に、人々のニーズへ焦点を当てることに加えて、経験上たいへん重要だと言える要素が4つあります。それは、経営モデル、適合されたテクノロジー、デジタルビジネスモデル、そして重要さを増しているビジネスエコシステムです。

サブ機能はアウトソースすることができます。たとえば、顧客アクセスを増やすため、中核ビジネスからエコシステム内のアクターへとアウトソースします。あるいは、MVE（実用最小限のエコシステム）をテストするのに既存のパートナーシップをうまく利用できるかもしれません。さらに、確立されたプラットフォームとデジタルサービスの組み合わせを通じてどのような副次的効果が得られるかも検討すべきです（たとえば、商品やサービスの組み合わせを一元化されたタッチポイントを通じて顧客に提供）。モデルの定義において、大局的視点を保ちつつ、最小限の単位（MVPとMVE）で探求することが不可欠です。

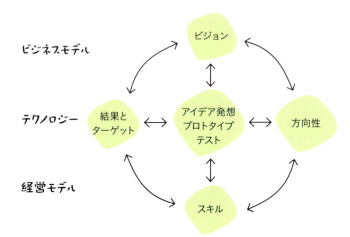

エキスパートのヒント
「4つの当たり」では不十分

　これまでフィットネスについて多く語ってきましたが、結局は顧客志向、適切なスキル、モチベーションの高い社員、優れた実行計画があれば山道を越えられるかもしれません。意欲が高く、自社にとっていわばレース・アクロス・アメリカのような競争で優勝争いに食い込みたい会社は、「8つの当たり」を目指すべきです（290ページを参照）。レース・アクロス・アメリカは世界有数の過酷な自転車レースです。このようなレースでは、各自がばらばらのフォームで無目的な行動をするようでは勝てません。リソースと意欲とビジョンの完全一致から、拡張されたエコシステムから新しいテクノロジーを取り入れる能力までが求められます。自分の組織について言えば、個々の姿勢をじっくり見直さなければなりません。結局、自転車に乗ってのんびりサイクリングがしたいのか、それとも世界最高の選手と競い合う意欲とビジョンがあるのかを決めるのは自分自身です。2015年にデイビッド・ハージは、センサー、気象データ、人工知能、ビッグデータ/分析を使ってレース・アクロス・アメリカを最適化しました。これにより状況に合わせたペース配分ができ、判断も最適化されました。

「デイビッドのインターネット」の作り方

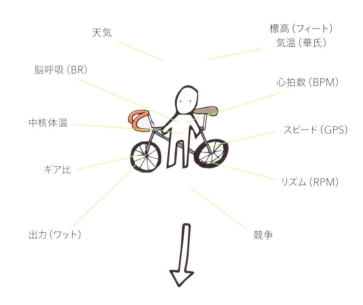

アプリ/データ
デイビッドのアプリの分析
ダッシュボード、
予測とレース/休憩の判定

商品
リアルタイムAPI
25,000ヵ所の地理的
経路点の予報

プラットフォーム
IoTプラットフォーム
デイビッドのインターネットのハブ、
ライブデータにアクセスして分析

ビジョン	人間中心の文化	リーダーシップ	チームの中のチーム	適切な人材	前向きなエネルギー	エコシステム	実行とアクションプラン	→	やった!
✓	✓	✓	✓	✓	✓	✓	✓	→	転換の成功
✗	✓	✓	✓	✓	✓	✓	✓	→	混乱
✓	✗	✓	✓	✓	✓	✓	✓	→	市場で不発
✓	✓	✗	✓	✓	✓	✓	✓	→	意義なし
✓	✓	✓	✗	✓	✓	✓	✓	→	機動性なし
✓	✓	✓	✓	✗	✓	✓	✓	→	フラストレーション
✓	✓	✓	✓	✓	✗	✓	✓	→	抵抗
✓	✓	✓	✓	✓	✓	✗	✓	→	成果なし
✓	✓	✓	✓	✓	✓	✓	✗	→	停滞

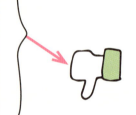

8つの当たり!

ここまでのポイント
デジタル変革を進めるには……

- デジタル変革はデザインシンキングのワークショップで始めます。
- デジタル商品やサービスを開発する時は顧客のニーズを考慮します。
- 新しいテクノロジーは大転換をもたらし続けると同時に、新しい市場機会を発見するチャンスを与えてもくれることを認識します。
- 新しいスキルを開発して「デジタルデバイド」を克服します（ネットワーク効果を利用するなど）。
- デジタルビジネスモデルにおいて最も効果的な手法は、ビジネスエコシステムを創出し、起業家の精神でデジタル変革を牽引することです。
- 戦略を検討する時は、既存ビジネスを確保するか、既存ビジネスを搾り取って新しいデジタルビジネスモデルを開発するかという2つの方向で考えます。
- デジタル変革は組織の変革も伴うものであり、異分野連携チームでのアジャイルで横断的な連携が求められます。
- こうした課題に対応できるように組織内で新しいマインドセットとチームを確立します。

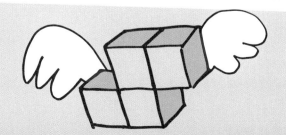

3.7 AIで顧客体験を変える

　顧客中心主義の企業の多くにとって、他社と差別化するための顧客体験を築くことは日常業務において不可欠となりつつあります。ピーターの会社では、すでにデジタル変革の一部として「顧客体験の次のレベル」への強固な基盤が作られています。社員はもはや部署別ではなく総体的かつ横断的に思考するようになっています。営業、カスタマーサービス、マーケティング、業務部門の各部署とともに、パートナーや再販業者も巻き込みます。

　ピーターの会社では、顧客とインタラクションする方法を差別化することに重点を置いています。データが重要な役割を果たします。実店舗の訪問からオンラインでの購入やポータルサイトでのやりとりまで、それぞれのインタラクションごとに大量のデータが収集されているからです。このデータベースで個々の顧客に対して体験全体をカスタマイズできます。今日では多くの会社がマルチチャネル戦略を採用しているため、一人ひとりに合わせた顧客インタラクションが確実にすべてのチャネルで行われ、それぞれのタッチポイントが顧客体験の差別化に確実に貢献することが重要です。カスタマージャーニーに沿って考えることが持続可能な顧客関係の形成には欠かせません。

顧客インタラクションにはどんな課題があるか？

かつて、顧客ライフサイクルは認知から周知、注文から導入、使用、支払いを経てサポートと提供終了まで順序に沿って進むもので、少数のチャネルに限定されていました。通常はいくつかの昔ながらのチャネルを介し、使用されるメディアや提供されるエクスペリエンスは各ステップ間で断絶されており、時にはそれが容認されていました。ピーターがミュンヘンの母校で学んだように、今日の顧客は幅広いチャネルを時には並行して進み、ステップを飛ばし、他のチャネルに移って続行し、他のデバイスを使うことも頻繁にあります。デジタル化は会社と顧客（さらに顧客同士）の新しいインタラクションの形につながり、より総体的な体験をデザインできるようになっています。こうした課題と機会は顧客体験のデザインで対応しなければなりません。

顧客の懸念と、インタラクションにおける顧客ライフサイクルのフェーズをできるだけ初期に特定することも課題の1つです。ピーターの雇用主にとってインタラクションデータを社内で収集し、顧客をできるだけ分類し、データのやり取りを認めて利用することが不可欠である理由はここにあります。

顧客が会社にコンタクトを取ってきた場合、その理由を早く特定できるほど、顧客をチャネルの中でうまく導くことができ、より良い体験を提供することもできます。複雑な過失が起きた場合に顧客が会社にコンタクトを取ると仮定して、問題は顧客チャットの優先度を上げることではなく、ビデオ会議や技術者による顧客の自宅の訪問といったもっと適切な対処法を選ぶことです。

ビジネスプロセスのデジタル化が高まるにつれ、顧客自身がポータルサイト上で簡単にあまり手間をかけずに処理できるような課題も増えています。しかも、会社自体が顧客ライフサイクル全体を通して顧客の唯一の接点だった時代はずいぶん前のことです。実際、会社は価値を創出してくれる外部のパートナーを巻き込む必要があります。顧客は問題を解決するために、たとえばコミュニティを頼ることができます。スイスのIT企業であるSwisscomを例に取ると、オンラインの顧客フォーラムを提供する他、技術に精通したオフラインコミュニティの「Swisscom Friends」も展開しています。

デジタルライフサイクルでの顧客インタラクションをデザインする時は、チャネルの切り替えを可能にするだけでなく、その切り替え自体を顧客体験に組み込んでデザインすることも引き続き必要です。その一環としてチャネルに依存しない顧客プロセスを作ることでシームレスな切り替えを可能にし、顧客は情報やステータスを失うことなく、問題を何度も繰り返して訴える必要がなくなります。こうした場合、顧客効果スコアまたは「イージースコア」を指標として使うことができます。これらの測定基準は顧客の視点から会社が顧客にとって問題解決をどの程度容易にしているかを示します。理想としては、この指標は早ければ顧客テストの開始時から顧客体験の反復的開発で採用すべきです。

従来型の顧客ライフサイクル

デジタル型の顧客ライフサイクル

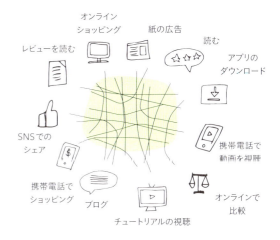

どうすれば技術によってサービス体験を向上させられるか?

飽和状態の市場で、顧客体験は顧客ロイヤルティにおける主要な差別化ポイントです。目的は、顧客が会社とのインタラクションを肯定的な差別化ポイントとして記憶し、そのブランドを好むようになることです。

技術変革は、より意図的にこれを可能にする新しい機会を生み出します。今日の企業は膨大なデータにアクセスできますが、このデータは顧客とのインタラクション、プロセス、センサー搭載の機器によって創出されたものです。

ビッグデータ分析はこうした大量のデータを処理してパターンを認識できるようにします。ここで得られる洞察は会社と顧客のインタラクションの性質をより深く理解して顧客体験全般を発展させる上で役立つだけでなく、一人ひとりの顧客とのインタラクションにおいて、カスタマイズしたサービス体験を提供できるようにもさせてくれます。

機械学習の分野での発展は、サービス体験において有限な人的資本などの制限要因によってこれまでアクセスできなかった分野への進出を可能にしています。これまで人間が行っていたタスク(顧客との対話など)は、現在では(部分的に)機械に移行することができるため、新しいサービスモデルを拡張してコスト効率の高い方法で実行する機会が開けます。

本書で示したデジタルのデザインシンキングのメソッドは「次のレベルのサービス体験」をデザインするために役立ちます。

人工知能によりどんな新しい顧客インタラクションが生まれるか?

人工知能(AI)の活用により、いよいよ顧客インタラクションの芯(スイートスポット)をとらえることができるようになりました。多くの顧客にその人だけのカスタマイズされた体験を提供できます。かつて、特別サービスの体験は選ばれた顧客グループのみに提供できるものでした。大多数の顧客には高額なコストのせいでこのサービス体験が与えられなかったのです。精一杯できることといえば、かなり制限されたサービス体験を大衆に提供することであり、これでは印象が長続きしたり差別化というインパクトを与えたりすることはなかなかできません。AIの活用により、今日ではその人だけの高品質なサービス体験を多数の顧客グループ(とそのスイートスポット)に向けて提供することができます。そのため、これまで採算の合わなかった分野にまで進出できるようになりました。デジタル化は、これまで人が行うにはコストが高すぎた、いわゆる人工支援サービスモデルの実現を可能にしました。この技術的競争力の優位性を活用する方法を知っている企業がそのサービス分野の新しいリーダーとなることができるのです。

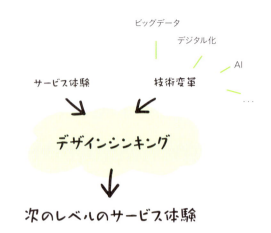

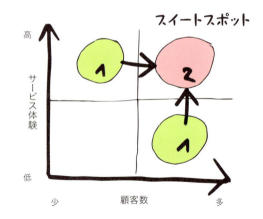

どの顧客インタラクションをAIに委ねるべきか？

　AIはタスク解決時に人間の動作を模倣しようとします。これは、AIが自らの観察と既存データ（インタラクションなど）から学習して、取得した知識によって今後のタスクを解決できることを示しています。AIの特性の1つに、テキスト、言語、画像といった非構造化データ、つまり人間のコミュニケーションを理解する能力が挙げられます。さらに、AIは過去の決定からのフィードバックを将来の決定に活かすため、知能は時間とともに高まっていきます。人間と比較して、AIはより迅速かつ正確に判断するだけでなく、はるかに大量のコンテキスト情報を考慮することができます。人間にとってこれは、顧客インタラクションをデザインする時に、特定のパターンに従う活動を機械に任せられることを意味します。人間を配置するのは、専門的でルーチン化されず感情的負荷の高いタスクが求められる場所だけにします。

顧客とAIの対話は将来どのようなものになるか？

AIとの連携の最初のステップには、機械が認識して理解できる大量のインタラクションデータが蓄積されている分野を推奨します。そうした分野なら、AIによってルーチン活動が特定される用途を見つけ、将来的にAIに委ねることができます。そうすれば、顧客インタラクションでAIの活用によって得られるメリットは、開始時点からかなり明確に評価できます。

このようにスタートさせれば、より多くの選択肢を的確に評価できるようになるだけでなく、それに基づいてさらに多くの用途分野も発見できるようになります。良い出発点としてメールを通した顧客との対話が挙げられます。メールでの顧客インタラクションは効率化の余地がまだまだあり、たいていはしっかりデータが蓄積されているからです。

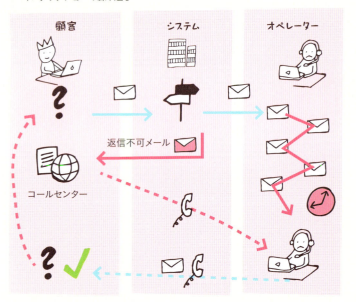

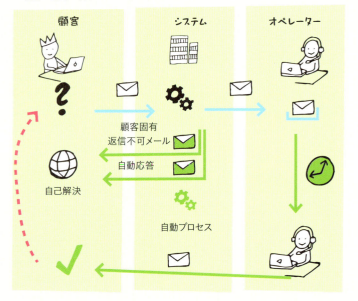

エキスパートのヒント
ソーシャルCRMの利用

ソーシャルCRM（SCRM）とは、SNSでのインタラクションを利用して従来のCRM（顧客関係管理）を拡張する手法です。これにより、直接会社に関係していない顧客データをCRMに取り込み、顧客とその関心についてよりよく知るための追加情報として使用します。SNSを通して顧客データを収集することで、よりニーズ主導の積極的な対応で自社のサービスを最適化します。このためには、顧客がデータの共有を希望するかどうかが重要になります。これは情報を会社と共有することに顧客がどれだけの価値を感じているかに大いに左右されます。ここで非常に重要なのは、顧客の視点から見て会社と（個人）情報の公平な交換が行われているということです。

たとえば、顧客の公開されているFacebookアカウントに蓄積されたデータを組織的に収集している場合、その顧客がSNS上で議論しているテーマを認識できます。この情報をトリガーとして利用して、マッチングする商品やサービスで積極的にこの顧客にアプローチすることができます。

SCRMの代替としていわゆるデータプロバイダーがいます。顧客データを収集し販売するビジネスです。居住地、買い物や旅行の習慣、子供やペットの数、洋服のサイズなどの情報について関心を示す企業に売却します。この情報がもたらす貴重な洞察は、さらにマッチ率が高いサービスや商品のデザインに活用できます。このようなデータの売買や利用をどの程度まで行うかは、各企業の倫理観によって大きく左右されます。

CRMからSCRMへの進化

CRM		ソーシャルCRM
各部署が担当	誰が？	全員
会社がプロセスを定義	何を？	顧客がプロセスを定義
営業時間内	いつ？	顧客が時間を定義
定義されたチャネル	どこで？	顧客がチャネルを決定
取引	なぜ？	インタラクション
内側から外側へ	どのように？	外側から内側へ

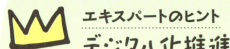

エキスパートのヒント
デジタル化推進者としてのマーケティングマネージャー

技術変革はマーケティングマネージャーに新しい課題を投げかけます。顧客を主役に据えると同時に社内で適切なテクノロジーを利用することで成功を目指すというものです。今日では、AIの利用によりビッグデータのリアルタイム分析や、パターン認識と予測が可能です。成功するマーケティングマネージャーは顧客をさらに理解してニーズを予測するためにこれを利用します。データに基づく顧客体験の管理を行い、それによって顧客対応を改善し、顧客体験を積極的に形作っていきます。顧客には真の付加価値を提供できます。たとえば、顧客の人生における決定的瞬間とでも呼べるような変化や時期を把握することで完璧なショッピング体験を創出したり、商品の利用がより大きな意味を持つようにします。マーケティングマネージャーの役割として、従来のR&Dおよびデジタルマネージャーと並んで社内のイノベーターにもなります。多くの会社ではイノベーションマネージャーという役割を追加あるいは進化させ、技術とプラットフォームのさらに密接な統合を推進させます。

マーケティングマネージャーはイノベーターとして次のように自問します。

- 顧客は人生の時期または日常のルーチンにおいてどの位置にいるか？
- 顧客は何をいつどこでしているか？
- 今この瞬間、顧客は何を必要としているか？
- どのように顧客にリーチできるか？
- 私はどのデータにアクセスできるか？

こうした質問は、マーケティングマネージャーが顧客に自社との独特な体験を提供するためのものです。

マーケティングマネージャーの新しい役割

- ハイブリッドモデルを適用
- 決定の基盤は何よりもデータ
- 顧客に焦点を置く
- 顧客に多次元的な体験を提供するためにパートナーと連携
- デジタルスキルを習得した社員の採用加速を計画
- 業界外の企業との競争が激しくなることを知っている
- カスタマー・ロイヤルティのためのデジタルソリューションを提供

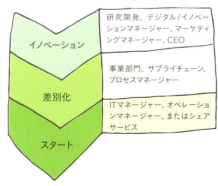

ステークホルダー

イノベーション	研究開発、デジタル/イノベーションマネージャー、マーケティングマネージャー、CEO
差別化	事業部門、サプライチェーン、プロセスマネージャー
スタート	ITマネージャー、オペレーションマネージャー、またはシェアサービス

エキスパートのヒント
社内アウトサイダーとしてのイノベーションマネージャー

マーケティングマネージャーのイノベーターとしての役割を説明したので、次はイノベーションマネージャーの役割を見てみましょう。この役職も変化しています。イノベーションマネージャーの役割は、市場の要件、変化するビジネスモデル、ITの理解と利用に関する基本的な要求などによって決まるようになっています。さらにイノベーションマネージャーには、市場とビジネスのメカニズムの根本的変化に対応して新しいマインドセットを組織にもたらし、適切なスキルを適応させ確立するために必要な変革を促すという仕事があります。さらに、内部のイノベーションシステムと外部の世界のつなぎ役にもなります。外部の世界とは、スタートアップ、アクセラレータープログラム、大学などです。このため、イノベーションマネージャーは別の役職に就いていた数年間で社内ネットワークを構築しており、外部システムと自由に交流するゆとりが与えられていると良いでしょう。イノベーションマネージャーは社内アウトサイダーとしてこの役職を務めます。ビジネスモデルについても、もっと些細なことについても革新的な発想を持ち、新たな技術や市場のニーズについて常に全般的に把握しています。

以下の質問はイノベーションマネージャーにとってますます重要になっています。

- 新しい市場機会のために必要なペースメーカーと主要テクノロジーはどれか？
- この業界ではどのビジネスモデルが有効か？
- どのスタートアップとの戦略的提携が付加価値をもたらすか？
- 成長のための取り組みを実行するにあたり機動性を高めるにはどうすればよいか？
- どうすれば将来のシナリオでイノベーションの取り組みを顕著にできるか？
- この会社にはどのマインドセットが適しているか？　どうすれば横断的に普及できるか？

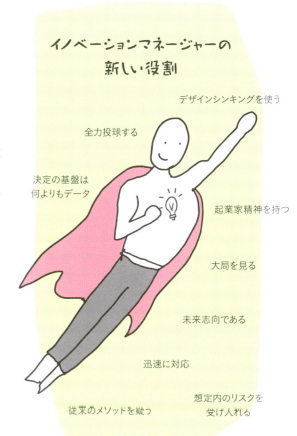

イノベーションマネージャーの新しい役割

- デザインシンキングを使う
- 全力投球する
- 決定の基盤は何よりもデータ
- 起業家精神を持つ
- 大局を見る
- 未来志向である
- 迅速に対応
- 従来のメソッドを疑う
- 想定内のリスクを受け入れる

エキスパートのヒント
デジタル変革を促すデジタルマネージャー

　デジタルマネージャーはデジタル商品やサービスの開発について最も戦略的優先度の高いトピックに専念します。今日では一般的に、マーケティング、業務部門、IT、イノベーション、最高経営責任者（CEO）をつなぐ役割を果たします。CEOがデジタル変革を企業戦略の中核的課題にしたとします。デジタルマネージャーの仕事は、「シームレスな体験」に必要なスキル、プラットフォーム、技術的要素を提供し、デジタルな取り組みを実行することです。

多くの業界でデジタル分野の自動化や成熟が進んでいるため、マーケティング部はAI担当になりつつあり、マーケティングマネージャーのデジタル化推進者としての役割も変化しています。多くの分野でデジタルマネージャーはすでに顧客のインタラクションやコミュニケーション、そして顧客体験のデジタル化を担っています。さらにデジタルエコシステムの設計者にもなり、このエコシステムでは新しいテクノロジーによってバリューストリームの再定義とビジネスモデルの転換も行います。

実践でのイノベーション

デジタルマネージャーの新しい役割

- デジタル戦略を実行
- 迅速に対応してデジタル戦略を常に更新
- 社内外のデジタルエキスパートとつながる
- 機械学習、AI、データ主導実験の推進
- 新しいテクノロジーの兆候を認識
- ビジネスエコシステムデザインを利用し従来の業界ルールを打破
- 顧客のニーズをデジタルな体験へと転換する（将来はさらに増加）

ここまでのポイント
次のレベルのサービス体験を
提供するには……

- 一般大衆のデータなどを利用して顧客インタラクションをさらに差別化します。
- カスタマー・エクスペリエンス・チェーンで考え、マルチチャネル戦略によって顧客がすべてのチャネルで最高の体験を得られるようにします。
- チャネル間の切り替えに特に注意を払い、このような切り替えを顧客にとってできるだけシンプルなインタラクションになるよう慎重にデザインします。
- 人工知能（AI）などのテクノロジーを使って次のレベルのサービス体験を実現します。
- 多数のグループに向けて手頃な価格で一人ひとりに合わせた高品質のサービス体験を創出します（スイートスポット）。
- 専門的でルーチン化されず感情的負荷の高いタスクを実行しなければならないインタラクションだけを人間に任せます。
- ソーシャルCRMを使ってSNS上の顧客データを収集します。サービスチャネルをデータで最適化し、ニーズに応じて積極的に対応します。
- 社内のデジタル化推進者を決めます。候補としては技術に精通したマーケティングまたはデジタル化マネージャーで、イノベーターとしてリアルタイムのビッグデータ分析（AIを利用）、パターン認識、予測を活用します。
- 適切なスキルを持つT型人材の社員を採用します。この人材は第一に技術を理解し、第二にエコシステム内で革新的な活躍を見せます。

3.8 データ分析を取り入れる

会社における職務や役割は全体的に変化しつつあり、新しい職務が次々に生まれています。最近までピーターは自分の仕事が社内で最もクールだと思っていました。何と言ってもコ・クリエーション＆イノベーションマネージャーとして明日のイノベーションを形作っているのですから。ところが先日、『ハーバード・ビジネス・レビュー』誌の記事に、データサイエンティストが「21世紀の最もセクシーな仕事」だと書かれていました。将来はデータサイエンティストがイノベーションを創出し、問題を解決し、顧客を満足させ、ビッグデータ分析によってさらに顧客のニーズを把握するようになるでしょう。ピーターの会社のCEOもデジタル変革に関するブログの記事でデータ主導型ビジネスについて触れ、最近ではあらゆるビジネスの問題が新しいテクノロジーで解決されていると書いていました。

どうすればデータサイエンティストを問題解決に巻き込めるか？

ビッグデータ分析を活用するには、デザインシンキングをデータサイエンティストのツールと組み合わせる手順のモデルが必要です。そのためには「ハイブリッドモデル」（リューリック＆リンク）が最適です。このモデルはデザインシンキングの要素を基に開発されました。これは機動性を促進してさらに優れたソリューションをもたらすことを約束します。ハイブリッドアプローチは会社がパイオニアの地位を獲得してデータ主導型企業になる機会をもたらします。

データサイエンティスト：世界で最もセクシーな仕事！

データは「WHAT」をもたらす

人間は「WHY」を知っている

ビジネスインテリジェンス
直観ではなくデータを根拠とするため意思決定が改善される。

ビッグデータ／分析
急速に変化するデータの増加。通常はインターネット企業が収集。

デザインシンキング

ハイブリッドモデル
企業はビッグデータ分析をデザインシンキングと組み合わせてプロセスを改善し、商品／サービスの幅を広げようとする。

- デザインシンキング
- スモール + ビッグデータ
- 分析

このモデルには4つの要素があります。(1) ハイブリッドなマインドセット、(2) 既存のデザインシンキングと新しいビッグデータ分析のツールでいっぱいのツールボックス、(3) データサイエンティストとデザインシンキング実践者の連携、(4) すべての関与者に方向性を与えるハイブリッドプロセスです。つまりハイブリッドモデルとは、デザインシンキングのマインドセットを拡張させ、ビッグデータ分析との組み合わせによる優れたソリューションを生み出す1つの方法です。

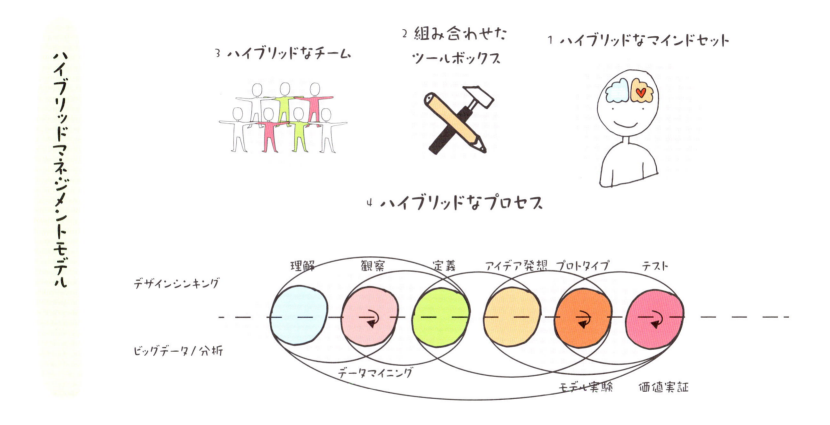

ハイブリッドモデルの利点として、そのマインドセットは、従来型企業における懐疑的な人たちと対峙する時に役立つ論拠を与えてくれます。よく出される批判に、デザインシンキングは観察やアンケートといった民族学や社会学の手法でしかニーズに関する情報を生み出していないという意見があります。ハイブリッドアプローチでは、この弱点を取り除くことができます。ビッグデータの収集と分析のためのツールで拡張すれば、デザインシンキングのプロセスは全体的にレベルアップします。

どうすれば…ハイブリッドモデルのフェーズを進むことができるか?

　ハイブリッドモデルはデザインシンキングのプロセスに従っているので、ここでは主に追加点を説明します。デザインシンキングの場合と同様に、顧客のニーズと解決すべき問題提起文(ペイン)が出発点です。理性的な課題の場合も、感情的な課題の場合もあります。最終的なソリューションは、新たに定義された物理的商品、ダッシュボードの形のデジタルソリューション、あるいは両方の要素を兼ね備えた混合ソリューションであることもあります。

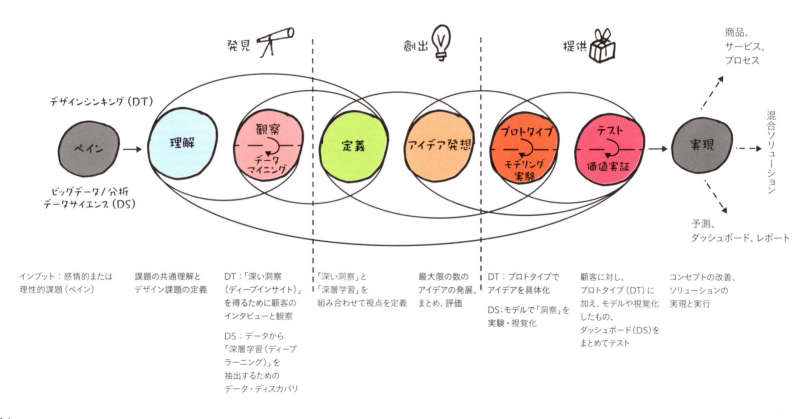

1

最初のフェーズは「理解」です。課題の理解を共同で発展させます。データサイエンティストとデザインシンキング実践者はすでにここで連携していることが重要です。たとえば、従来のユーザー調査で集められたデータよりも広い基盤を持つSNSデータの分析からなんらかの新しい事実を見極められることがあります。

2

観察＆データマイニングのフェーズは「深い洞察」と「深層学習」の収集に専念します。「深い洞察」は顧客、ユーザー、エクストリームユーザーなどの従来の観察から生まれます。「深層学習」を取得するには、データを収集、記述、分析する必要があります。これにより初期パターンを特定して視覚化することができます。両方の観察からの洞察を議論して次のステップを見直すことをお勧めします。

3

定義フェーズでは、「深い洞察」と「深層学習」を組み合わせます。より正確な視点をこの方法で定義できます。PoV（視点）は、特定の顧客が持つニーズと、そのニーズを基盤とする洞察を表します。両者の組み合わせによって顧客像をより明確に描くことができます。ここでもつまずきの原因となるのがPoVの定義です。これについてはすでにセクション1.6で説明しました。ハイブリッドアプローチによってPoVを裏付ける「洞察」がより多く生み出されますが、これがさらなる矛盾を生むこともありえます。

4

アイデア発想フェーズの目的はできるだけ多くのアイデアを創出することであり、そのアイデアは自分たちでまとめて評価します。このフェーズの終わりには、次のステップで使うアイデアがいくつか出ています。

5

次はプロトタイプ＆モデリング実験フェーズです。このフェーズではプロトタイプを作成し、モデルで実験を行います。プロトタイプはアイデアを明確にして分かりやすくします。すでに説明したように、プロトタイプは多種多様な形式を取ります。たとえばアルゴリズムもシンプルなプロトタイプの一種です。データ実験からの洞察を表す最善の方法はモデルの視覚化です。データサイエンスでは具体化のための最善のソリューションであるとされています。

6

テストと価値実証フェーズでは、プロトタイプを潜在的ユーザーに対してテストし、フィードバックから学習してソリューションを顧客のニーズに適合させます。ここに含まれるデータサイエンスのモデル、視覚化、ダッシュボードがプロトタイプの基盤を形成します。

7

最終フェーズの実現では、アイデアをイノベーションに転換します。このためにモデルを実践に移します。通常、データサイエンスはデータに基づくソリューションを生み、デザインシンキングでは商品やサービスが開発されますが、ハイブリッドプロセスではデータサイエンスとデザインシンキングからの混合ソリューションが生まれる可能性があります。これにより、さまざまなデータソースの集合による付加価値が加わったサービスを提供するビジネスモデルが生まれるかもしれません。例として、アプリの使用により交通渋滞を避けるドライバーの行動の変化が挙げられます。

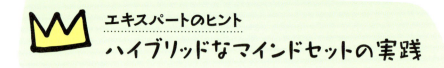

エキスパートのヒント
ハイブリッドなマインドセットの実践

　ビッグデータ分析とデザインシンキングの組み合わせが成功するには、ハイブリッドモデルのためのマインドセットが普及する必要があります。プロジェクトにデータサイエンティストらが参加しているなら、対応する要素をデザインシンキングに追加すると効果があります。考えうるマインドセットを以下に示します。

人間の洞察とデータから得られた洞察を組み合わせます（例：PoVで）。

総体的アプローチで分析的思考法と直観的思考法を組み合わせます。

未知のことに関心を持ち、クリエイティブな分析アプローチを通じて明確さを確立します。

不確実性を受け入れ、統計的相関関係をユーザーの置かれた文脈で解釈します。

デザインシンキング実践者とデータサイエンティストの組み合わせを歓迎します。相互インスピレーションは成功要因になります。

ハイブリッド思考者のマインドセット

両方の思考傾向で楽観的アプローチを実践してデザインサイクル全体で反復します。

データや経験からプロトタイプや視覚化の形でストーリーを生み出します。

アプローチを振り返り、常にハイブリッドマインドセットを発展させます。

試行錯誤やミスを許容することでクリエイティブな分析ツールの扱いを習得します。

エキスパートのヒント
ハイブリッドモデルでのチームの組み方

　ハイブリッドモデルで作業するには異分野連携チームが必要です。メンバーはデザインシンキング実践者、データサイエンティスト、実行の責任者です。

　方法論の知識を持つファシリテーターが引き続きチームをサポートします。チームメンバーは幅広い分野から集まり、それぞれの専門知識を提供します。状況に応じて、データサイエンスの専門家も参加してもらいます。実行責任者もチームの一員です。

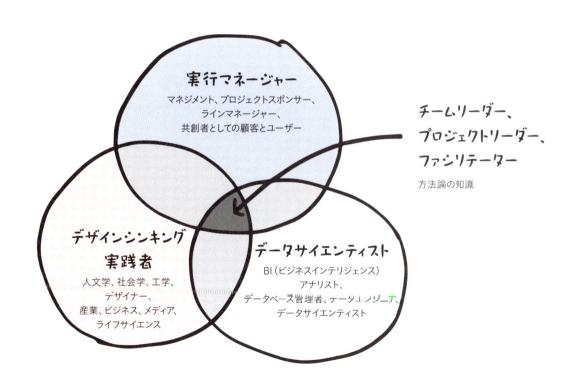

エキスパートのヒント
ハイブリッドモデルのツールボックス

　デザインシンキングの通常のメソッドとデータサイエンスのツールを入れた混合ツールボックスを用意することをお勧めします。デザインシンキングと同様に、重要なのは最適なメソッドを最適な時点で使用することです。デザインシンキングには多くの役立つメソッドがあり、誰でも簡単に適用してすぐに習得できます。データサイエンスではもう少し話は複雑になります。多くのツールは専門家の知識が求められるからです。ただ、ユーザーフレンドリーなツールが次々と登場しており、プログラミングのスキルや専門家の知識がなくてもデータ分析ができるものもあります。さらに、こうしたスキル習得のための社員研修を行う会社も増えています。たとえばTableau（タブロー：セルフサービス型BIツールのデータディスカバリーツール）はこれまで大いに役立ってきました。これは使いやすいツールで、データ実験で何かがうまくいかない時のための「戻る」機能もあります。

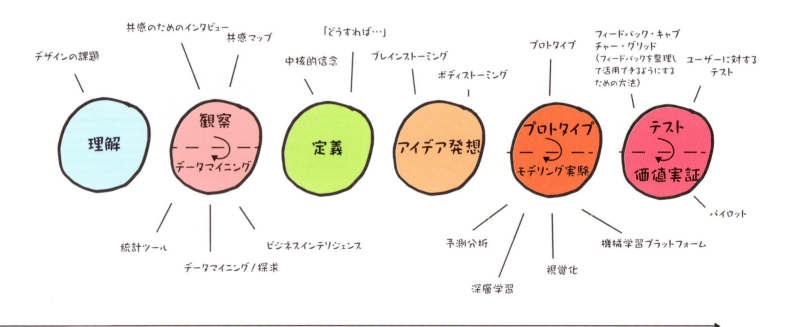

エキスパートのヒント
ステークホルダーにアプローチを納得してもらう

ハイブリッドアプローチは単一のアプローチの弱点を補います。混合マインドセットは1つずつ順番に採用するより成功の確率が高まります。

経験から言えば、トップダウンでもボトムアップでもうまくいきます。

ボトムアップアプローチでは、デザインシンキングを担当する社員とデータを担当する社員との間の交流が推進されます。ワークショップでは、2つのグループがそれぞれのアプローチとその課題を発表し合います。すぐに2つのアプローチが補い合うことが明らかになります。目標は連携を最初にテストできるような共通のパイロットプロジェクトを発見することです。

トップダウンアプローチでは、ハイブリッドモデルのメソッドを利用して最初のパイロットプロジェクトを実施するという目標に向けて、両方のマインドセットの長所と短所が経営上層部に提示されます。パイロットプロジェクトの完了後、経験データが集められ、利点が経営上層部とステークホルダーに報告されます。一般に、ハイブリッドアプローチは多くのリスク要因を低減します。たとえば、初期の実験のイノベーションリスクを低減します。異分野連携チームでは、新しいスキルだけでなく異なるアイデアもプロジェクトにもたらされるため、視野が広がります。同じことがシステムシンキングとデザインシンキングの組み合わせや、戦略的展望をデザインシンキングとつなげるプロジェクトにも言えます。

ハイブリッドアプローチ：パラダイムシフトがリスクを低減

パラダイムシフト	低減可能なリスク要因
全体像に焦点を当てる（人間+データ）	イノベーションリスク/アイデアの探求分野にまつわるリスク
新しいマインドセット	文化リスク
新しいチーム編成	スキルリスク
新しいハイブリッドプロセス	モデルリスク

従来のアプローチ	低減可能なリスク要因
サポート、経営上層部	実行リスク
デジタル化またはデータ主導企業への転換の一環	戦略フィットリスク/マネジメントリスク

エキスパートのヒント
ダブルダイヤモンドのマインドセット

これまでに、ハイブリッドモデルがいかに有益かが明らかになりました。機動性が高まる上に、混合のアプローチとマインドセットでより多くの洞察が生まれ、ソリューション案の数も増えます。優れたイノベーターはマインドセットについてさらに一歩先を進み、開発サイクル全体でデザインシンキングとシステムシンキング、およびデータ分析の間を切り替えます。クワドラプル（ダブルの2倍）・ダイヤモンドによって、最適なマインドセットがサイクルの各ポイントで確実に適用されます。特に範囲の広い複雑な問題提起文では、対象のデザインチーム、スクワッド、または実験ラボが作業を最適化してさまざまなスキルを順番に、または混合形式で適用することができます。該当するチャプターまたはギルドからの各エキスパートが結集し、必要なスキルが各フェーズで活用できるようになります。ファシリテーターまたはトライブのリーダーは、より高いレベルの方法論的専門知識が必要とされ、各フェーズで適切なメソッドとツールを適用できるようにならなければなりません。

3つのアプローチは、それぞれ同じステップをたどります。クワドラプル・ダイヤモンドはデザインシンキングのダブルダイヤモンドにデータ分析とシステムシンキングを組み合わせて強化したものです。プロジェクトに応じて、マインドセットはそれぞれの反復で混合することができます。

順番に適用する場合、単一のアプローチが実行されます。反復の最後の振り返りで、その先の方向性と次の反復で使用するメソッドが決定されます。

主にデザインシンキングで進められるプロジェクトの場合（例1）、システムシンキングは少なくとも最後に1回適用してすべての洞察を系統立てて説明して分類します。システムシンキング主導のプロジェクトで、すでにシステムが2〜3回の反復で改善されている場合、重要な仮説をデザインシンキングの実験でチェックしてシステムの妥当性を確認する必要があります（例2）。

結局のところ重要なのは、混合チームで混合メソッドによって作業することにより、問題のあらゆる方面をすべての角度から理解することです。ダブルダイヤモンドの2つ目の部分で、適切なソリューションも混合アプローチによって発見されます。例3は、デザインシンキングとデータ分析の組み合わせを示します。

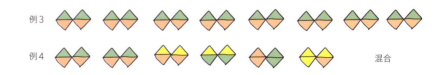

3つのアプローチをすべて組み合わせることもできます。ただしこれは経験豊かなチームとファシリテーターが揃っている場合にのみ行うべきです。すべてのアプローチを組み合わせることは、当然ながら

セクション3.1で説明したように、デザインシンキングとシステムシンキングをすべてのプロジェクトで使用することをお勧めします。

ら3つすべてに関するノウハウが求められます（例4を参照）。

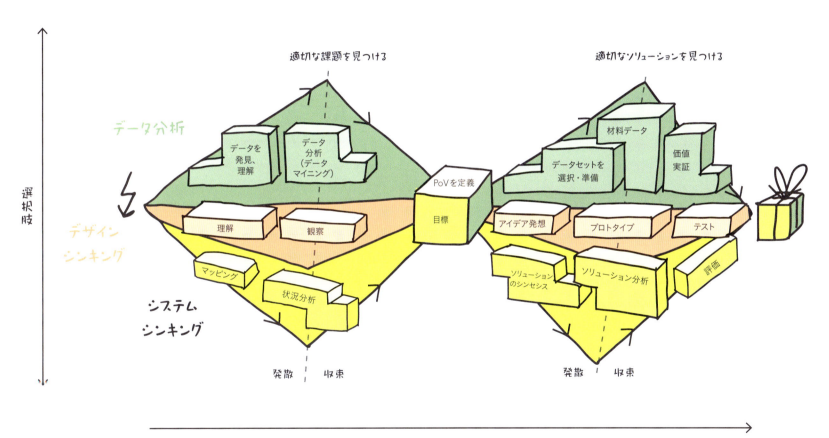

ハイブリッドモデルと同様に、マインドセット、チーム、ツールセットを組み合わせることが重要であり、プロセスだけにとらわれないことです。

クワドラプル・ダイヤモンド

トリプルより強い

ここまでのポイント
ハイブリッドモデルが
うまくいくためには……

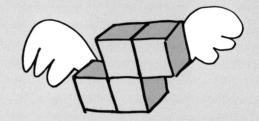

- よりアジャイルな方法でイノベーションを起こすために、ビッグデータ分析と機械学習の技術的可能性を活用します。
- 問題提起文を新しいデータサイエンティスト部隊とともに定義します。
- 人とデータを観察して共通の結論を引き出します。
- 深層学習がデータから生まれることを受け入れます。
- 共通のデザインプロセスを確立して、どのフェーズで何をすべきかを明確にします。
- 共通のマインドセットを設定してハイブリッドモデルを確立します。
- 混合チームで取り組みます。チームにデータ分析の専門家を組み入れます。
- データに基づくソリューションとプロトタイプを受け入れます。
- 人間中心よりもデータ中心のイノベーションに対してオープンになること。
- 経営上層部にハイブリッドモデルを認めてもらうか、パイロットプロジェクトをボトムアップで進めます。
- さまざまなマインドセットの間で切り替え、デザインシンキング、システムシンキング、データ分析を組み合わせます。

結びの言葉

このジャーニーで学んだことは？

本書のジャーニーを通じて、また読者という潜在的ユーザーとのインタラクションを通じて、多くのことを学びました。リリー、ピーター、マーク、プリヤ、ジョニー、リンダに別れを告げる前に、成功要因について振り返ってみましょう。

未来の市場機会を見つけ出してそれを獲得するには、従来のマネジメントパラダイムを疑わなければならないという考えは確信となりました。従来の機械的な推論的アプローチでは、企業にとって価値創出チェーン全体を再定義してビジネスモデルを新しい顧客要件に適合させることは難しくなっていくでしょう。ところが残念ながら、イノベーションはアイデア探求から実行まで順序が明確な決められたステージゲートプロセスの果てに起きるという考え方が、いまだに多くの企業で役員や部長やイノベーション担当者の間で根強く広がっています。こうしたモデルはすでに10年も前に時代遅れになっているのですが。

組織全体で革新的アプローチへの根本的な転換が必要です。モチベーションの高い異分野連携チームが自主運営ネットワーク構造で活動できれば理想的です。このチームの仕事は顧客ニーズに基づき、目標を絞った方法で新しいサービス、商品、ビジネスモデル、ビジネスエコシステムを導入することを目指します。次の大きな市場機会を探す時にデザインシンキングは強固なマインドセットを提供しますが、このマインドセットはさらに発展させて他のアプローチと組み合わせる必要があります。1つのサイズですべてのものに合うはずはなく、それぞれの組織で独自の方法と適切なマインドセットを見つけなければなりません。

すでに転換を始めた企業の多数の管理職と交流して観察した結果、イノベーション、共創、チームへの刺激、ファシリテーションなどにおいて、デザインシンキングはほとんどの企業でまだ包括的に採用

されていないことに気付きました。デザインシンキングの取り組みは専任の組織単位内で行われ、新しいマインドセットが社内に勢いよく普及する場合もあれば、あまり普及しないままの場合もあります。同様に、ビッグデータ分析とデザインシンキングを組み合わせたハイブリッドモデルの着実な適用を目指した活動もあまり見られません。このような組み合わせによって、機動性が高まりソリューション案の数も増える可能性があります。また、ビジネスエコシステムのアプローチを採用している例はほんの数件しか見当たりません。大企業のほとんどのプロダクトマネージャーは、新しいソリューションを分散型ネットワークでマネタイズするために必要なスキルを学習していないか、そのような指示を受けていません。さらに、多くの企業では明確なビジョンが欠落しています。また、たとえば起こりうる将来のマッピングを改善するため、戦略的展望またはシステムシンキングをデザインシンキングと組み合わせて使用することも同様にあまり行われていません。変革には時間がかかり、また企業のトップに明確なビジョンを持った強い個性の人物が必要です。

それでも私たちは、マインドセットは組織においてボトムアップで横断的に普及することもあると期待しています。明日の朝は日常業務に取り掛かる時に、新しいマインドセットを実践したり、どのマインドセットが自分の組織にフィットするかを考えたりすることを心がけましょう。さあ、顔を上げて始めましょう！

将来の強いビジョンのない会社は必ず過去へ戻ってしまいます

将来の明確なビジョンのある会社はチームに意義と目的を与え、将来は市場でどのような役割を引き受けるかを示します

旧世界 新世界

ビジネスシンキング：
うつむきがち

期限を重視する

ビジネスシンキング：
上向き

機会を重視する

私たちは大学でのデザインシンキングの研修や採用が急速に普及していることに気付きました。具体的な問題の解決を通した学習は多くの参加者や学生にとって大切な経験となります。これはデザインシンキングに限らず、現代のあらゆる学習科目において一般的な手法となっています。ここで参加者は、積極的に問題提起文に対応する中で、チームがどのようにアジャイルで大胆に活動するかを学び、他の参加者とのネットワークを築きます。ここで培ったつながりによってビジネスアイデアの実行に最適な共同創業者が見つかることも多いのです。企業ももっと関与して問題提起文を学生に準備させるべきです。このような機会はスタンフォード大学のME310のコースで提供されています。SUGARという国際的産学連携プログラムで、さまざまな留学生チームが次の大きな市場機会を探しています。さらに、ヨーロッパやアジアで有名なプログラムが実施されており、北米でも多数の機関が実施しています。

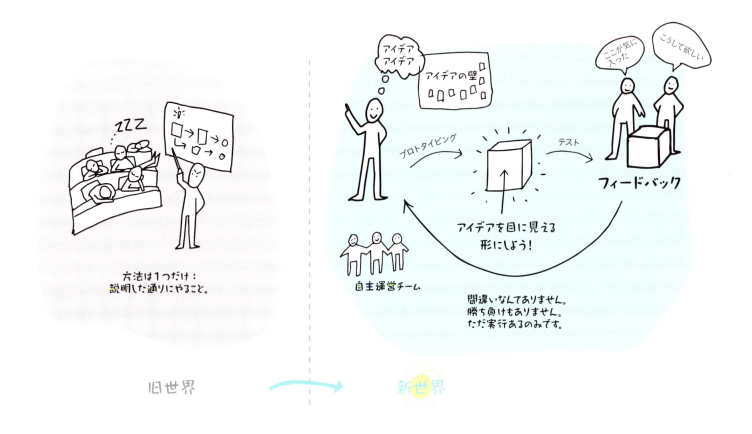

Tschüss、ピーター！ Zàijiàn、リリー！ Bye-bye、マーク！ Hello、未来！

　ピーター、リリー、マークはペルソナとして本書を通じて一緒に歩んできてくれました。読者の皆さんも、彼らの日常の課題や問題提起、個性に自分自身を重ねてくださっていれば幸いです。このトリオの行く末が気になって仕方ありません。

　リリーはデザインシンキングのコンサルティング会社について詳細まで詰めたので、とうとう会社を設立しました。この会社のキャッチフレーズは"The future is not enough."（未来だけじゃ足りない）です。ジョニーは勤めている銀行のプロジェクト立ち上げを彼女に依頼しました。この顧客はリリーの価値提案をさらに発展させるのにうってつけです。この提案では、リリーはデザインシンキングのソフトアプローチとリーンスタートアップの方法論をベースにしています。さらに、少なくともグローバルな銀行ではかなり広く受け入れられている旧世界の多数のモデルを自らのデザインシンキングアプローチに取り入れています。アジアのビジネス慣習をうまく取り入れた提案は残念ながらまだ出来上がっていません。さらに、リリーは妊娠3カ月で、近い将来にちびジェームズが幸せを運んできてくれるのを楽しみにしています。

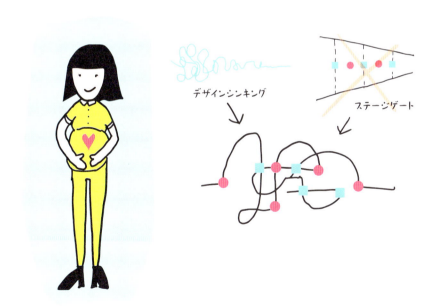

ピーターは、雇用主や顧客のデジタル化における課題として挙げられているようなデザインの課題にますます注目するようになっています。特に新しいスマートモビリティからスマートシティまで、「スマート」なトピックがお気に入りです。ヨーロッパ向けのマルチモーダル・モビリティプラットフォームを夢見ています。このプラットフォームでは、すべての公営および民間のモビリティプロバイダーがサービスを提供するようになります。EU圏内の市民も旅行者も最適な旅の予定を立て、最新のテクノロジー（ブロックチェーンなど）を使って飛行機や電車のチケットを予約し、決済処理をするという独自の顧客体験ができます。さらに、個別の移動データと行動データが各国と各都市に提供され、すべてがさらにスマート化します。こうして、交通だけでなく都市空間計画も最適に管理されるようになります。これが他のどの国にも負けない「スマート国家」への第一歩になります。ピーターは、このデザインの課題は厄介な問題だということも十分に分かっていますが、デザインシンキングをシステムシンキング、ハイブリッドモデル、適切なマインドセットと組み合わせることで解決できるかもしれません。

マークとそのスタートアップチームは引き続き壮大な案を考えています。医療システムの改革です！チームは患者向けのプライベート・ブロックチェーンに関するアイデアの最初の機能を実現しました。現在のMVPは限定された機能しかありませんがMVEで使用され、「医療記録」用にどのデータが作成され、いつどこでそれが行われたのかに関する情

報をすでに患者に提供しています。同時にこのスタートアップでは、医療メタデータ分野の解析の開発を手掛けることに興味を示した実績ある技術系企業と協力もしています。協力パートナーはハイブリッドモデルをイノベーションプロジェクトに使用しています。そのため、ビジネスチームとデータ分析チームの視点で優れたソリューションが繰り返し誕生しています。

スタンフォード大学のアクセラレーター「StartX」で、マークとそのチームは最近、ビジネスアイデアとソリューションの最初のMVP/MVEを発表する機会を得ました。発表後、数社がチームと面会を申し入れてきました。特にビジネスエコシステムの多次元的ビジネスモデルはすべてのステークホルダーにとって利点があるため、参加者や潜在的出資者にも認められました。技術としてのブロックチェーンもこれに最適であるとして認識され、評価されました。マークはリンダをビジネスアイデアのプレゼンテーションに招待して、医療専門家として紹介しました。このスタートアップは追加の資金調達を実現し、コミュニティで大きな注目を集めました。マークとチームには全体が明確に見えています。引き続きこのマインドセットを実践し、MVPで次の機能群を迅速かつ機動的に反復して、機能をMVEでテストします。目標は数カ月以内に新規仮想通貨公開（ICO）でさらに資金を調達することです。

ありがとう!

ジャーナ、エレナ、マリオ、ダニエル、イザベル …

本書『デザインシンキング・プレイブック』を出版するにあたり、
デザインシンキングのさまざまな側面、ツール、拡張に
光を当ててくれた多くのエキスパートに御礼を申し上げます。

総復習：ここまでのポイント

- デザインシンキングをシステムシンキングとハイブリッドモデルに組み合わせることで、複雑な問題を解決することができ、機動性が強化され、さまざまなアプローチの統合を通してソリューションの範囲が広がります！
- リーンキャンバスを使って知見をまとめます。これがデザインシンキングの最終プロトタイプとリーンスタートアップフェーズをつないでくれます！
- ビジネスエコシステムのデザインはネットワーク構造の主要な特性になっています。すべてのステークホルダーにとってバリューストリームやwin-winの状況を考え、実用最小限のエコシステム（MVE）を創り出します！
- デジタル化では新しいデザイン基準が不可欠です。人工知能の利用や人間とロボットのインタラクションには、情報、知識、感情の交流が伴います。このインタラクションを意識的にデザインし、複雑系にはより複雑なソリューションが必要であることを受け入れます！

- 空間だけでなく職場環境もデザインします。クリエイティブな空間はモノがあふれないように注意しましょう。少ないほうが豊かな空間となります！
- T型人材とπ型人材を集めて異分野連携チームを結成します。思考傾向を明らかにすることが優秀なチームの形成に役立ちます！
- サイロのない組織構造と組織にマッチするマインドセットを創出します。これがデザインシンキングを社内で横断的に広める唯一の方法です。
- 期待する将来を計画してデザインする方法として戦略的展望を適用します。成功する企業には明確な戦略があり、こうしたビジョンを推進するリーダーがいます。

- マインドセットとデザインシンキングのプロセスを自分のものとし、短い反復で仕事をし、グロウン・ゾーンの意識を高めます。これが最終的に成功するためには重要です！
- 潜在的ユーザーの実際のニーズと背景を理解して共感を高めます。これが真のイノベーションを実現する唯一の方法です！
- 時間の制約の下でプロトタイプを作成し、できるだけ早期に現実世界でテストします。さまざまなステークホルダーをテストに巻き込みます。原則は、「気に入るか、変えるか、捨てるか」！

マイケル・リューリック

#デジタル化 #アプローチの組み合わせ
#デザインシンキング

パトリック・リンク

#アジャイル開発 #拡張するアイデア
#デザインシンキング

略歴

マイケルは過去数年間にさまざまな役割を果たしてきました。戦略的成長担当者、CIO（最高イノベーション責任者）、さらに転換期にある業界で多数の成長イニシアチブの基礎を築きました。多くの大学で客員教授としてデザインシンキングの講義をしています。彼の支援により、多数の国際企業が抜本的なイノベーションを開発して商業化しています。彼はデジタル化においてさまざまなデザインシンキングのアプローチを組み合わせる新しいマインドセットを提唱しました。

パトリックは2009年からルツェルン応用科学芸術大学工学・建築学科の技術経営研究所でプロダクトイノベーション学教授を務めています。チューリッヒ工科大学で機械工学を学び、プロジェクトエンジニアとして働いた後、チューリッヒ工科大学でイノベーションマネジメントの分野で博士号を取得。Siemens社で8年間勤務した後、プロダクトマネジメントの教授としてプロダクトマネジメント、デザインシンキング、リーンスタートアップにおけるアジャイルメソッドの発展に精力的に取り組んでいます。

あなたにとってデザインシンキングとは？

私が初めてデザインシンキングに出会ったのは2005年、ミュンヘンでのことです。当時は、スタートアップが新しい商品を開発し定義するのをどう支援するかということに取り組んでいました。最近は、スタンフォード大学を通じて出会ったさまざまな企業のプロジェクトを支援しました。異なる業界でさまざまな役割を経験したことで、私は主要顧客、スタートアップ、その他のエコシステムのアクターと多くの共創ワークショップを立ち上げることができたので、さまざまなメソッドとツールを発展させることができました。

初めてデザインシンキングに触れた時に、異分野連携にとってこのアプローチが持つポテンシャルにすぐに気付きました。それ以来、このアプローチを多くの研修で利用してきました。特に、直観的な循環アプローチと分析メソッドの組み合わせは得るものが多いと思います。業界の仲間とともに、デザインシンキングやその他のアジャイルメソッドを推進し、ワークショップやコースを開催しています。

デザインシンキングに関する最も重要なアドバイスは？

広く普及しているデザインシンキングのアプローチに全力投球でコミットして実践しているエキスパートを何人も知っています。まさにここに、デザインシンキングのマインドセットを常に振り返って熟考し、進化させなければならない理由があります。新しいテクノロジーや進化するデジタル化はアイデアの発展や顧客体験のデザインに新たな機会をもたらします。私からのアドバイスは、各デザインフェーズでビッグデータ/分析とシステムシンキングをもっと徹底的に活用すること、今日のデジタル化の新しいデザイン基準を明日のイノベーションの発展に取り込むことの2つです。

厳密に数値化できない科学では特に、エキスパートが布教のように自らのアプローチを説いて回って人々を説得しようとする危険性があります。マインドセットと、それを該当するコンテキストへ適応させることはプロセスやメソッドよりも重要です。すべてのアジャイルおよびリーンアプローチは基本的に同じマインドセットに基づいているため、他のアプローチやエキスパートから多くを学ぶことができます。デザインシンキングと他のアプローチの組み合わせも試してみましょう（ハイブリッドモデル）。

ラリー・ライファー

#デザインシンキング

ナディア・ランゲンサンド

#視覚化

略歴	ラリーはスタンフォード大学機械工学デザイン科教授であり、同大デザイン研究センター（CDR）とハッソ・プラットナー・デザイン研究所デザインシンキング研究プログラムで創設時からディレクターを務めています。デザインシンキングの分野では最も影響力のあるパイオニアの一人です。デザインシンキングを世界に紹介し、異分野連携チームでの働き方に注目しています。
あなたにとってデザインシンキングとは？	私は数十年にわたってデザインシンキングに取り組み、この分野の研究をしています。対象はグローバルなチームの力学、インタラクションデザイン、適応可能なメカトロニクスシステムです。ME310プログラムでは、多彩なプロジェクトやユースケースで文化的な違いを観察することができ、スタンフォードで教育や研究をする上で重要な結論を導き出すことができました。
デザインシンキングに関する最も重要なアドバイスは？	スティーブ・ジョブズは"Think different!"と簡潔に表しています。もちろん、文法的に正しい表現は"Think differently!"でしょう。このキャッチフレーズでジョブズはデザインシンキングのエッセンスを表しています。正しいこととして想定され理解されている通りに物事を行う必要はない、ということです。人間とロボットのインタラクションのデザインは将来、重要性を増すことでしょう。デザイン基準を定義する際に感情的要素をさらに強調する必要があります。

325

出典

Blank, S. G. (2013): Why the Lean Start-Up Changes Everything. *Harvard Business Review, 91(5)*, pp. 63-72.

Blank, S. G., & Dorf, B. (2012): *The Start-Up Owner's Manual: The Step-by-Step Guide for Building a Great Company.* Pescadero: K&S Ranch.
［スティーブン・G・ブランク他『スタートアップ・マニュアル』翔泳社］

Brown, T. (2016): *Change by Design.* Wiley Verlag.
［ティム・ブラウン『デザイン思考が世界を変える』早川書房］

Buchanan, R. (1992): Wicked Problems in Design Thinking. *Design Issues, 8(2)*, pp. 5-21.

Carleton, T., & Cockayne, W. (2013): *Playbook for Strategic Foresight and Innovation.* Download at: http://www.innovation.io

Christensen, C., et al. (2011): *The Innovator's Dilemma.* Vahlen Verlag.
［クレイトン・クリステンセン『イノベーションのジレンマ』翔泳社］

Cowan, A. (2015): Making Your Product a Habit: The Hook Framework. Accessed Nov. 2, 2016, http://www.alexandercowan.com/the-hook-framework/

Davenport, T. (2014): *Big Data @ Work: Chancen erkennen, Risiken verstehen.* Vahlen Verlag.
［トーマス・H・ダベンポート『データ・アナリティクス3.0』日経BP社］

Davenport, T. H., & Patil, D. J. (2012): Data Scientist: The Sexiest Job of the 21st Century. *Harvard Business Review,* Oct. 2012
https://hbr.org/2012/10/data-scientist-the-sexiest-job-of-the-21st-century/

Gerstbach, I. (2016): *Design Thinking im Unternehmen.* Gabal Verlag.

Herrmann, N. (1996): *The Whole Brain Business Book: Harnessing the Power of the Whole Brain Organization and the Whole Brain Individual.* McGraw-Hill Professional.
［ネッド・ハーマン『ハーマンモデル』東洋経済新報社］

Hsinchun, C., Chiang, R. H. L., & Storey, V. C. (2012): Business Intelligence and Analytics: From Big Data to Big Impact. *MIS Quarterly, 36(4)*, pp. 1165-1188.

Kim, W., & Mauborgne, R. (2005): *Blue Ocean Strategy.* Hanser Verlag.
［W・チャン・キム他『ブルー・オーシャン戦略』ダイヤモンド社］

Leifer, L. (2012a): Interview with Larry Leifer (Stanford) at Swisscom, Design Thinking Final Summer Presentation, Zurich.

Leifer, L. (2012b): Rede nicht, zeig's mir. *Organisations Entwicklung, 2,* pp. 8-13.

Lewrick, M., & Link, P. (2015): Hybride Management Modelle: Konvergenz von Design Thinking und Big Data. *IM+io Fachzeitschrift für Innovation, Organisation und Management (4),* pp. 68-71.

Lewrick, M., Skribanowitz, P., & Huber, F. (2012): Nutzen von Design Thinking Programmen, 16. Interdisziplinäre Jahreskonferenz zur Gründungsforschung (G-Forum), University of Potsdam.

Lewrick, M. (2014): Design Thinking–Ausbildung an Universitäten. In: Sauvonnet and Blatt (eds.), *Wo ist das Problem?* pp. 87-101. Neue Beratung.

Link, P., & Lewrick, M. (2014): Agile Methods in a New Area of Innovation Management, Science-to-Business Marketing Conference, June 3-4, 2014, Zurich, Switzerland

Maurya, A. (2010): *Running Lean: Iterate from Plan A to a Plan That Works. The Lean Series (2nd ed.).* O'Reilly.

[アッシュ・マウリャ『Running Lean――実践リーンスタートアップ』オライリー・ジャパン]

Moore, G.A. (2014): *Crossing the Chasm: Marketing and Selling Disruptive Products to Mainstream Customers, 3rd Edition*. Harper Business.
[ジェフリー・ムーア『キャズム』翔泳社]

Moore, J.F. (1993): Predators and Prey: A New Ecology of Competition. *Harvard Business Review, 71*, pp. 75-86.

Moore, J.F. (1996): *The Death of Competition: Leadership & Strategy in the Age of Business Ecosystems*. Harper Business.

Ngamvirojcharoen, J. (2015). Data Science + Design Thinking. Thinking Beyond Data - When Design Thinking Meets Data Science. Accessed Dec. 12, 2015, http://ilovedatabangkokmeetup.pitchxo.com/decks/when-design-thinking-meets-data-science

Norman, D. (2016): *The Design of Everyday Things: Psychologie und Design der alltäglichen Dingen*. Vahlen Verlag.

Oesterreich, B. (2016): *Das kollegial geführte Unternehmen: Ideen und Praktiken für die agile Organisation von morgen*. Vahlen Verlag.

Osterwalder, A., et al. (2015): *Value Proposition Design*. Campus Verlag.
[アレックス・オスターワルダー 他『バリュー・プロポジション・デザイン』翔泳社]

Osterwalder, A., & Pigneur, Y. (2011): *Business Model Generation*. Campus Verlag.
[アレックス・オスターワルダー 他『ビジネスモデル・ジェネレーション』翔泳社]

Porter, M. E., & Heppelmann, J. E. (2014): How Smart, Connected Products Are Transforming Competition. *Harvard Business Review 92(11)*, pp. 11-64.

Ries, E. (2014): *Lean Startup: Schnell, risikolos und erfolgreich Unternehmen gründen*. Redline Verlag.
[エリック・リース『リーン・スタートアップ』日経BP社]

Sauvonnet, E., & Blatt, M. (2014): *Wo ist das Problem? Mit Design Thinking Innovationen entwickeln und umsetzen, 2nd ed.*, 2017. Vahlen.

Savoia, A. (2011): Pretotype it. Accessed Jan. 2018, http://www.pretotyping.org

Schneider, J., & Stickdorn, M. (2011): *This Is Service Design Thinking. Basics - Tools - Cases*. BIS Publishers.
[マーク・スティックドーン 他『THIS IS SERVICE DESIGN THINKING. Basics - Tools - Cases』ビー・エヌ・エヌ新社]

Siemens (2016): Pictures of the Future, Accessed Nov. 1, 2016, http://www.siemens.com/innovation/de/home/pictures-of-the-future.html

Szymusiak, T. (2015): *Prosumer – Prosumption – Prosumerism*. OmniScriptum GmbH & Co. KG, pp. 38-41.

Uebernickel, F., & Brenner, W. (2015): *Design Thinking Handbuch*. Frankfurter Alllgemeine Buch.

Ulwick, A. (2005): *What Customers Want: Using Outcome-Driven Innovation to Create Breakthrough Products and Services*. McGraw-Hill Higher Education.

Vandermerwe, S., & Rada, J. (1988): *Servitization of Business: Adding Value by Visionaries, Game Changers, and Challengers*. Wiley.

von Hippel, E. (1986): Lead Users. A Source of Novel Product Concepts. *Management Science, 32*, pp. 791-805.

訳者紹介

今津　美樹 (Miki Imazu)

ITアナリスト、明治大学リバティアカデミー講師
WinDo's代表、組織のためのビジネスモデル協議会代表理事

通信およびAI関連ソフトの設計・開発をはじめ、ヒューレット・パッカード（元DEC）など米国系IT企業にてマーケティングスペシャリストとしての長年の実績と20カ国以上におよぶグローバルでの経験を活かし、マーケティングアウトソーサー ウィンドゥースを設立、代表を務める。
ビジネスモデルデザインやITを活用したマーケティングに関する講演・企業研修など幅広く活動し、ITアナリストとしてラジオ解説、執筆活動・解説・書評等多数。技術者の経験を活かし、デザインアプローチによるビジネスモデル構築の分野で多くの実績を持つ。
『走りながら考える新規事業の教科書』（かんき出版）、『図解ビジネスモデル・ジェネレーション ワークショップ』（翔泳社）、『図解ビジネスモデル・ジェネレーション ワークブック』（翔泳社）の著者であり、ビジネスモデル・ジェネレーションおよびビジネスモデルYOUのグローバルコミュニティメンバーとして、国内外の数多くの企業および大学でのビジネスモデルの研修を手掛け、受講者は延べ20,000人を超える。

日本語版ブックデザイン　武田厚志(SOUVENIR DESIGN INC.)
組版・制作　　　　　　木村笑花・小林愛実(SOUVENIR DESIGN INC.)
イラスト　　　　　　　ナディア・ランゲンサンド

デザインシンキング・プレイブック
デジタル化時代のビジネス課題を今すぐ解決する

2019年9月25日　初版第1刷発行

著者　　マイケル・リューリック
　　　　パトリック・リンク
　　　　ラリー・ライファー
訳者　　今津 美樹
発行人　佐々木 幹夫
発行所　株式会社 翔泳社 (https://www.shoeisha.co.jp)

印刷・製本　日経印刷株式会社

本書は著作権法上の保護を受けています。本書の一部または全部について、株式会社 翔泳社から文書による許諾を得ずに、いかなる方法においても無断で複写、複製することは禁じられています。
落丁・乱丁はお取り替えいたします。03-5362-3705 までご連絡ください。
ISBN 978-4-7981-5950-8　　　　　　　　　　　　　　　Printed in Japan

本書内容に関するお問い合わせについて

このたびは翔泳社の書籍をお買い上げいただき、誠にありがとうございます。弊社では、読者の皆様からのお問い合わせに適切に対応させていただくため、以下のガイドラインへのご協力をお願いいたしております。下記項目をお読みいただき、手順に従ってお問い合わせください。

●ご質問される前に
弊社Webサイトの「正誤表」をご参照ください。これまでに判明した正誤や追加情報を掲載しています。
正誤表　https://www.shoeisha.co.jp/book/errata/

●ご質問方法
弊社Webサイトの「刊行物Q&A」をご利用ください。
刊行物Q&A　https://www.shoeisha.co.jp/book/qa/
インターネットをご利用でない場合は、FAXまたは郵便にて、下記"翔泳社 愛読者サービスセンター"までお問い合わせください。
電話でのご質問は、お受けしておりません。

●回答について
回答は、ご質問いただいた手段によってご返事申し上げます。ご質問の内容によっては、回答に数日ないしはそれ以上の期間を要する場合があります。

●ご質問に際してのご注意
本書の対象を超えるもの、記述箇所を特定されないもの、また読者固有の環境に起因するご質問等にはお答えできませんので、あらかじめご了承ください。

●郵便物送付先およびFAX番号
送付先住所　〒160-0006　東京都新宿区舟町5
FAX番号　03-5362-3818
宛先　(株)翔泳社 愛読者サービスセンター

※本書に記載されたURL等は予告なく変更される場合があります。
※本書の出版にあたっては正確な記述につとめましたが、著者や出版社などのいずれも、本書の内容に対してなんらかの保証をするものではなく、内容に基づくいかなる結果に関してもいっさいの責任を負いません。
※本書に記載されている会社名、製品名はそれぞれ各社の商標および登録商標です。